अफगानिस्तान : कल, आज और कल

अफगानिस्तान
कल, आज और कल

डॉ. वेदप्रताप वैदिक

राजकमल प्रकाशन

ISBN : 978-81-267-0462-0

मूल्य : ₹795

पहला संस्करण : 2002
This book is printed on **Print on Demand** Technology : 2024

प्रकाशक : राजकमल प्रकाशन प्रा.लि.
1-बी, नेताजी सुभाष मार्ग, दरियागंज
नई दिल्ली-110 002

शाखाएँ : अशोक राजपथ, साइंस कॉलेज के सामने, पटना-800 006
पहली मंजिल, दरबारी बिल्डिंग, महात्मा गांधी मार्ग, प्रयागराज-211 001
1, अनमोल सोराबजी संतुक लेन, धोबी तलाव, मरीन लाइंस, मुम्बई-400 002

वेबसाइट : www.rajkamalprakashan.com
ई-मेल : info@rajkamalprakashan.com

AFGHANISTAN : KAL AAJ AUR KAL
by Dr. Ved Pratap Vaidik

यह ग्रंथ अपने बेटे

सुपर्ण

के लिए,

जो कई वर्षों से मुझे इस तरह का ग्रंथ लिखने
के लिए प्रेरित करता रहा और स्वयं
अफगानिस्तान पर मेरे लिए सामग्री जुटाता रहा।

पुरोवाक्

इक्कीसवीं सदी की सबसे ज्वलंत और सबसे पहली कोई अन्तरराष्ट्रीय समस्या है तो वह अफगानिस्तान है। बीसवीं सदी की अगर पहली बीस समस्याओं की गिनती करें तो उस सूची में भी अफगानिस्तान का नाम कुछ ऊपर ही होगा। ऐसे महत्वपूर्ण विषय पर भारत में एक पुस्तक का भी प्रकाशित नहीं होना कितना आश्चर्यजनक है। भारत दक्षिण एशिया की मान्य महाशक्ति है और वह विश्व-स्तरीय महाशक्ति का दर्जा पाने के लिए बेताब है लेकिन उसके पिछवाड़े में जो विश्व-स्तर की घटनाएँ घट रही हैं, उसके बारे में उसके पास कोई भी प्रामाणिक ग्रंथ तक नहीं है। हिन्दी की बात जाने दें, प्रभु-भाषा अंग्रेजी में भी एक भी ऐसा ग्रंथ नहीं है, जो पाठकों को यह बताए कि पिछले तीन दशकों से अफगानिस्तान में जो उथल-पुथल मची हुई है, उसका कारण क्या है। साधारण पाठकों को क्या, हमारे विदेश नीति-निर्माताओं, अन्तरराष्ट्रीय राजनीति के विशेषज्ञों और संपादकीय-लेखकों को भी अफगानिस्तान के बारे में उतनी ही मोटी-मोटी जानकारी होती है, जितनी कि अखबारों में छपती है। अखबारों में छपे तथ्यों का विश्लेषण करने में भी उन्हें बड़ी कठिनाई होती है, क्योंकि आवश्यक पष्ठभूमि उपलब्ध नहीं होती। विश्लेषणों के लिए तो उन्हें पश्चिमी विद्वानों पर निर्भर रहना ही पड़ता है, खबरों के लिए भी पश्चिमी अखबारों और न्यूज़ एजेन्सियों की बाट जोहना पड़ती है। काबुल, तेहरान और ताशकंद में किसी भारतीय अखबार या समाचार समिति का संवाददाता नहीं होता। हमारा महत्वाकांक्षी भद्रलोक भारत को महाशक्ति तो बनाना चाहता है लेकिन भारत के पड़ौस में जो कुछ घट रहा है, उसे देखने के लिए उसके पास अपनी आँखें नहीं हैं, अपनी दष्टि नहीं है। उसे अपनी नेत्र-शक्ति बढ़ाने के लिए पश्चिम का चश्मा लगाना पड़ता है। 'अफगानिस्तान : कल, आज और कल' ग्रंथ अफगानिस्तान को देखने के लिए भारत की आँखें और भारत का चश्मा सिद्ध होगा। किसी भारतीय की नज़र से अफगानिस्तान कैसा दिखता है, यह इस ग्रंथ से पता चलेगा।

यह ग्रंथ मैंने अपने पिछले शोधग्रंथों की तरह पारम्परिक शैली में नहीं

लिखा है। यह विश्वविद्यालयों के बँधे-बँधाए ढर्रे पर भी तैयार नहीं किया गया है। न तो इसमें अगणित पाद-टिप्पणियाँ है, न उद्धरण हैं और न ही विभिन्न घटनाओं के लंबे और उबाऊ ब्यौरे ! इस ग्रंथ का लक्ष्य पिछले पाँच हजार साल के अफगान इतिहास को इतने सरल और सरस ढंग से उपस्थित करना है कि साधारण पाठक भी उसे उपन्यास की तरह पढ़ता चला जाए। पढ़ता ही न चला जाए, उसे समझता भी चला जाए। उसकी समझ पैनी और गहरी तभी होगी जबकि बीते हुए कल को गुजरते हुए आज के साथ जोड़ा जाए। इस ग्रंथ का शायद ही कोई ऐसा अध्याय होगा, जिसमें अतीत और वर्तमान, कल और आज, आपको जुगलबंदी करते हुए न मिलें। इस जुगलबंदी में से ही प्रश्नों के आलाप उठते हैं और उत्तरों के राग फूटते हैं।

कई तरह के प्रश्न उठते हैं। अफगानिस्तान विश्व-आतंकवाद का अड्डा क्यों बन गया, मुस्लिम देश होते हुए भी पाकिस्तान के साथ उसका झगड़ा क्यों होता रहता है, भारत-पाक-अफगान त्रिकोण के रहस्य क्या-क्या हैं, इस्लाम अफगानिस्तान कैसे पहुँचा, इस्लाम के पहले जो अफगानिस्तान आर्याना कहलाता था, वह कैसा था और आज का अफगानिस्तान कितना इस्लाम से और कितना इस्लाम के पहले की परम्पराओं से संचालित होता है, अफगानिस्तान मानव-चेहरों का अजायबघर कैसे बन गया, वह प्राचीन विश्व की धुरी क्यों कहलाता था, पिछले दो सौ साल में कभी ब्रिटेन, कभी रूस और कभी अमेरिका जैसी महाशक्तियाँ उस पर कब्जा क्यों कर लेती हैं, कब्जा करनेवाली महाशक्तियों को अफगान लोग कैसे मार भगाते हैं, काबुल में बार-बार हिंसक सत्ता-पलट क्यों होता हैं, सत्तारूढ़ दलों और राजवंशों में जानलेवा फूट क्यों पड़ जाती है, हर दो-चार सौ बरस में अफगानिस्तान समूलनाश के कगार पर क्यों पहुँच जाता है, सदियों से एशिया का भौगोलिक केंद्र होते हुए भी वह आधुनिकता की दौड़ में क्यों पिछड़ जाता है, शीतयुद्ध के दौर में जब महाशक्तियाँ एक-दूसरे का गला काट रही थीं तब अफगानिस्तान ने समदूरी की बजाय सम-सामीप्य की विलक्षण रणनीति में सफलता कैसे पाई, अफगानिस्तान के पड़ौसी देश उसकी अंदरूनी राजनीति में इतनी ज्यादा दखलंदाजी कैसे करते हैं, मध्य एशिया के अथाह गैस और तेल के भंडारों का अफगानिस्तान से क्या संबंध है ? इन प्रश्नों के उत्तर पाठकों को अपने आप मिलते चले जाते हैं। इन उत्तरों में भावी समस्याओं के संकेत भी हैं और समाधान भी।

यदि अफगानिस्तान ने गांधारी जैसी महारानी, पाणिनी जैसा वैयाकरण और गोरखनाथ जैसा गुरू उत्पन्न किया तो खुशहाल खान खत्तक जैसा कवि, जमालुद्दीन अफगानी जैसा विचारक और महमूद तर्जी जैसा बुद्धिजीवी भी पैदा किया। यदि तुर्की से आए गुलामों के बेटे महमूद गज़नी ने अफगानिस्तान के 'हिन्दूसाही' राजा

त्रिलोचनपाल को पराजित किया और इस्लाम का भारत-प्रवेश करवाया तो कनिष्क, हुविष्क और वासुदेव ने अफगानिस्तान से ही बौद्ध धर्म को सारे विश्व में फैलाया। यदि अफगानिस्तान कभी विश्व विजेता सिकंदर, सम्राट अशोक, चंगेज खान और बाबर जैसे योद्धाओं की क्रीड़ा-भूमि रहा तो शीत युद्ध के ज़माने में आइज़नहावर और ख्रुश्चौफ जैसे विश्व नेता भी वहाँ पहुँचने को मजबूर हुए। सिर्फ नाम और समय बदला है, काम तो वही होता रहा है। अफगानिस्तान की भौगोलिक विलक्षणता और अनंत ऊर्जा का उपयोग इतिहास के किस-किस पुरोधा ने नहीं करना चाहा है ? उसामा बिन लादेन की विश्व-व्यापी महत्वाकांक्षा में अफगानिस्तान आज वही भूमिका निभा रहा था, जो उसने हजार-दो हजार साल पहले निभाई थी। इस तरह की अगणित भूमिकाएँ और भूमिकाओं की धारावाहिकता इस ग्रंथ में अनावृत्त हुई हैं।

इस ग्रन्थ में जितने प्रश्न और जितने उत्तर अपने आप चलते चले आए हैं, अगर उन्हें पारम्परिक शैली में प्रस्तुत किया जाता तो यह ग्रंथ हाथी के आकार का हो जाता, हिरण के आकार में न रहता। हजारों पष्ठों में फैल जाता, सिर्फ दो सौ पष्ठों में न समाता। इस ग्रंथ के तथ्य और तर्क हिरण की तरह कुलाँचें भरते हैं और अपनी कुलाँचों में सैकड़ों वर्षों को पलक झपकते ही लाँघ जाते हैं। कहीं-कहीं कुछ-कुछ तथ्यों और तर्कों का दोहराव भी होता है लेकिन इसीलिए होता है कि जहाँ जो प्रसंग चल रहा है, उसका सांगोपांग विवेचन हो। हर घटना की युक्तिसंगत व्याख्या हो। इस ग्रंथ का लक्ष्य घटनाओं का सिर्फ क्रमवार ब्यौरा देना भर नहीं है बल्कि अफगानिस्तान के अतीत और वर्तमान के आर-पार देखना है और जैसा खुद को दिखता हो, वैसा ही अपने पाठकों को भी दिखाना है। अपनी इस विनम्र इच्छा की पूर्ति मैं कहाँ तक कर पाया हूँ, यह तो प्रबुद्ध पाठकगण ही बताएँगे।

पाठकगण इस ग्रंथ को पारम्परिक ग्रंथों से इस रूप में भी ज़रा लीक से हटकर पाएँगे कि यह सिर्फ ग्रंथों के आधार पर लिखा गया ग्रंथ नहीं है। इसमें जितनी कागज़ की लेखी है, उससे ज्यादा आँखिन की देखी है। इसमें संदेह नहीं कि पिछले 37 वर्षों में मैंने अफगानिस्तान पर कई भाषाओं में छपे सैकड़ों ग्रंथ पढ़े हैं और अब भी पढ़ता रहता हूँ लेकिन इस ग्रंथ के निष्कर्षों का आधार मेरा अपना निजी अनुभव है। पिछले साढ़े तीन दशक में या तो मैं अफगानिस्तान में रहा हूँ या अफगानिस्तान मुझमें रहा है। अपनी अगणित शोध और कूटनीतिक यात्राओं में मुझे लगभग पूरे अफगानिस्तान को देखने का मौका मिला है। अगर रूसी सीमांत पर आमू दरिया (वक्षु सरिता) के किनारे पैदल-पैदल चला हूँ तो लश्करगाह के रेगिस्तान को भी पार किया है। पाक-अफगान सीमांत पर खैबर का दर्रा लांघा है तो ईरान-अफगान सीमांत पर हेरात से मशद तक सड़क-यात्रा भी की है।

काबुल, कंधार, हेरात, मज़ारे-शरीफ, बल्ख, कुंदूज़, जलालाबाद, गज़नी–कौन-सा ऐसा शहर है, जिसमें रहने का अवसर मुझे नहीं मिला। पिछले 50 वर्षों में अफगानिस्तान में जितने भी राष्ट्रपति और प्रधानमंत्री हुए हैं, लगभग सबसे मेरा व्यक्तिगत परिचय रहा है। उनसे अफगानिस्तान में और उसके बाहर भी बराबर भेंट होती रही है। काबुल विश्वविद्यालय में पहले पढ़ने और बाद में पढ़ाने का अवसर भी मुझे मिला है। अफगानिस्तान पर किए जा रहे मेरे प्रारंभिक शोध-कार्यों के कारण ही मुझे न्यूयॉर्क की कोलाम्बिया यूनिवर्सिटी, लंदन के इंस्टीट्यूट ऑफ ओरियंटल स्टडीज़ और मास्को के प्राच्य-विद्या संस्थान में पढ़ने का अवसर मिला। पिछले 20-22 वर्षों में दुनिया भर में फैले प्रवासी अफगानों से भी सतत सम्पर्क बना रहा है। पिछले तीन दशकों के अफगानिस्तान के लगभग हर प्रमुख उत्थान, पतन और परिवर्तन को मैंने न केवल निकट से देखा है बल्कि उसकी व्याख्या की है और अफगानिस्तान के प्रेमी के तौर पर उसमें हिस्सेदारी भी की है। अफगानिस्तान के खातिर अनेक गोपनीय मिशनों पर मुझे कई बार काबुल, कंधार, तेहरान, मास्को, रोम, न्यूयॉर्क, पेशावर और इस्लामाबाद आदि भी जाना पड़ा है। इन व्यक्तिगत अनुभवों ने अफगान मामलों को बारीकी से समझने की जो क्षमता मुझे दी है, उसका उपयोग इस ग्रंथ में मैंने यथासंभव किया है।

तालिबान की समाप्ति के साथ अफगानिस्तान के महानाटक का पटाक्षेप नहीं होगा। अफगानिस्तान ज्यों-ज्यों शांत और स्थिर होता जाएगा, उसका महत्व भी बढ़ता चला जाएगा। सदियों से चली आ रही महाशक्तियों की प्रतिस्पर्धा नए-नए रूप धारण करके अफगान रंगमंच पर अवतरित होगी। अब कथानक भी फैलेगा और पात्र भी बढ़ेंगे। महाभारत के इस प्राचीन रंगमंच पर भारत की भूमिका क्या हो सकती है, अगर यह समझने में यह ग्रंथ ज़रा भी मदद कर पाए तो मेरा श्रम सार्थक होगा। विभिन्न प्रधानमंत्रियों से मैत्रीपूर्ण संबंध होने के बावजूद भारत सरकार की अफगान-नीति पर मुझे कठोर टिप्पणियाँ करनी पड़ी हैं। तालिबान-विरोधी अमेरिकी कार्रवाई के शुरू होने से अंत तक तत्काल लिखे गए निबंधों की मुख्य चिंता भी यही है कि भारत के हितों की रक्षा हो रही है या नहीं ? भारत और अफगानिस्तान के हित परस्पर पूरक हैं। यदि भारत शुभंकर महाशक्ति बनना चाहता है, भयंकर नहीं, तो उसका मार्ग अफगानिस्तान होकर ही जाएगा। जैसे डेढ़-दो हजार साल पहले बौद्ध धर्म अफगानिस्तान से ही सारी दुनिया में फैला, वैसे ही दक्षिण एशिया में समद्धि और खुशहाली का फैलाव भी अफगानिस्तान के माध्यम से हो सकता है। वह दक्षिण एशिया और मध्य एशिया के बीच का सहज सेतु है। इस सेतु की अन्तर्कथा और आर-पार कथा ही इस ग्रंथ का मर्म है।

राजकमल प्रकाशन के स्वामी श्री अशोक महेश्वरी का धन्यवाद कि जिनके प्रेमाग्रह पर यह ग्रंथ लिखा गया और 'नई दुनिया' के प्रधान संपादक श्री अभय छजलानी का आभार कि जिन्होंने अपने दीपावली विशेषांक (2001) के लिए मुझसे अफगानिस्तान पर इतना लिखवा लिया कि उस सामग्री के लिए विकसित होकर ग्रंथ-रूप में प्रकट होना अनिवार्य हो गया। 'नई दुनिया' के प्रबुद्ध पाठकों की प्रतिक्रिया इस ग्रंथ का पाथेय बनीं, यह कहने की आवश्यकता नहीं है।

1 फरवरी, 2002

—वेदप्रताप वैदिक

क्रम

अफगानिस्तान कहाँ है ? कैसा है ?

बहुत-से लोगों को अब भी पता नहीं कि अफगानिस्तान कहाँ है, कैसा है, पहाड़ी है या मैदानी, समतल है या ऊबड़खाबड़, हरा-भरा है या रेगिस्तानी, ठंडा है या गरम! कई लोगों को यह भी नहीं पता कि अफगानिस्तान के पड़ौस में कौन-कौन-से देश हैं तो उन्हें यह कैसे पता होगा कि उसके अन्दर कौन-कौन-से प्रदेश हैं ! अब से 33 साल पहले प्रधानमंत्री दाऊद खान की एक महिला मित्र मैरी वाटकिन्स ने अमेरिका में मेरा व्याख्यान रखा। व्याख्यान का विषय था– 'अफगानिस्तान' ! वहाँ आए कई सुधि अमेरिकियों ने व्याख्यान के पहले मुझसे पूछा 'यह अफगानिस्तान कहाँ है ? क्या भारत में है ?' मैं जब उनकी तरफ प्रश्निल मुद्रा में देखने लगा तो उन्होंने फिर पूछा 'तो क्या पाकिस्तान में है ?'

आज अफगानिस्तान हर व्यक्ति के दिलो-दिमाग में है। लेकिन ज़मीन पर वह जहाँ है, वह जगह कभी दुनिया का चौराहा रही है। उस चौराहे से कौन-कौन नहीं गुजरा ? कनिष्क, हुविष्क, सिकन्दर, फाह्यान, ह्वेनसांग, चंगेज खान, तैमूर लंग, शैबानी खान, बाबर और पता नहीं कौन-कौन ? पूरब से पश्चिम और पश्चिम से पूरब पहुँचने का कई शताब्दियों तक सबसे सरल रास्ता अफगानिस्तान होकर ही जाता था। उसे 'रेशम पथ' भी कहा जाता था। कई सदियों ने इस पथ पर रेशम और अंगारे साथ-साथ बिछे हुए देखे हैं।

नक्शे पर अफगानिस्तान ऐसा दिखता है, जैसे पीपल के पत्ते को किसी ने उल्टा लटका दिया हो। लगभग सात लाख वर्ग कि.मी. में फैले हुए इस देश के पश्चिम में ईरान है, पूर्व और दक्षिण में पाकिस्तान है और उत्तर में तीन देश हैं। तुर्कमेनिस्तान, उज़बेकिस्तान और ताज़िकिस्तान। उत्तर-पूर्व का वाखान नामक एक सुदूर कोना चीन की सीमा को भी छूता है। यदि 1963 में पाकिस्तान ने कब्जाए हुए कश्मीर की ज़मीन चीन को भेंट नहीं की होती तो कानूनी तौर पर अफगानिस्तान की सीमा भारत को भी छूती। 1991 तक तुर्कमेनिस्तान, उज़बेकिस्तान और ताज़िकिस्तान सोवियत संघ के अंग थे, इसलिए तब तक अफगानिस्तान का उत्तरी पड़ौसी सोवियत रूस था। नेपाल की तरह अफगानिस्तान

भी चारों तरफ से घिरा हुआ देश है। उसकी सीमा को समुद्र कहीं भी नहीं छूता। पड़ौसी देशों की अनुमति के बिना अफगानिस्तान से थल-मार्ग द्वारा आवागमन सम्भव ही नहीं है। एक ज़माना वह भी था जबकि इन सब पड़ौसी देशों के आवागमन के लिए अफगानिस्तान ही रास्ता था। पिछले पचास साल में पाकिस्तान कई बार अफगानिस्तान का रास्ता रोक चुका है।

अफगानिस्तान की अधिकतम लम्बाई 1350 कि.मी. है और चौड़ाई 950 कि.मी.। बलूचिस्तान को छूनेवाली अफगान सीमा हिन्द महासागर से 450 कि.मी. दूर है। आकार में अफगानिस्तान बर्मा के बराबर है। वह फ्रांस और जर्मनी से भी बड़ा है। भारत का वह लगभग 1/5 है। उत्तर में पहले सोवियत संघ और अब तीनों मध्य एशियाई राष्ट्रों के साथ अफगानिस्तान की स्वाभाविक सीमा बनी हुई है–आमू दरिया। यह नदी 1200 कि.मी. लम्बी है। सीमा का शेष भाग पामीर के पठार आदि में है। इस पठार को 'दुनिया की छत' कहा जाता है। आमू दरिया के किनारे अफगानिस्तान के अनेक पुराने शहर और गाँव बसे हुए हैं। यह दरिया बहुत चौड़ा नहीं है। आमू के इधर खड़े हों तो अफगानिस्तान और उधर खड़े हों तो सोवियत संघ ! एक पार खड़े होकर आप दूसरे पार के लोगों को देख सकते हैं। इस दरिया में कहीं-कहीं नाव और छोटे जहाज भी चलाए जा सकते हैं। इसी दरिया पर स्थित तरमेज़ नामक बन्दरगाह से ही रूसी फौज-पाटा अफगानिस्तान में प्रवेश करता रहा है। आमू दरिया के आसपास के इलाके में पहाड़ तथा खाई-खंदकें उतनी नहीं हैं, जितनी मध्य और पूर्वी अफगानिस्तान में हैं। मध्य एशिया के विश्वप्रसिद्ध विशाल मैदानों के दर्शन यहीं से शुरू हो जाते हैं।

अफगानिस्तान के पूर्व में पाकिस्तान है, लेकिन अफगान सरकार के प्रकाशनों में कहा जाता है कि पख्तूनिस्तान है। वे मानते ही नहीं कि पाकिस्तान के साथ अफगानिस्तान की कोई सीमा भी है। पाकिस्तान और अफगानिस्तान के बीच झगड़े की जड़ यही सीमा है। इसका नाम डूरेन्ड-लाइन है। 1893 में अंग्रेज अफसर सर मोर्टिमेर डूरेन्ड ने यह लाइन ब्रिटिश भारत और अफगानिस्तान के बीच खींची थी, जिसे तत्कालीन अफगान अमीर अब्दुर रहमान ने बाक़ायदा स्वीकार किया था। इस सीमा-रेखा के कारण कई अफगान कबीले दो टुकड़ों में बँट गए थे। उन्होंने इसे कभी भी स्वीकार नहीं किया। इस सीमा के दोनों ओर ऊँचे-ऊँचे पहाड़, खाइयाँ, खन्दकें, दर्रे और कहीं-कहीं जंगल भी हैं। खैबर का दर्रा और चमन इसी सीमा-रेखा पर स्थित हैं। ईरान और अफगानिस्तान में भेद बतानेवाली फख़री लाइन पर वैसा विवाद कभी नहीं रहा जैसा कि डूरेन्ड लाइन पर रहा।

अफगानिस्तान का आधे से ज्यादा हिस्सा पहाड़ी है। इसीलिए उसे 'एशिया का

स्विटजरलैंड' कहा जाता है। इसके पहाड़ों की ऊँचाई लगभग 25 हजार फुट तक है। वे एवरेस्ट से मुकाबला करते हैं। कई पहाड़ों पर पूरे साल बर्फ जमी रहती है। ज्यादातर अफगान पहाड़ गंजे हैं। भारतीय पहाड़ों की तरह उन पर लम्बे-लम्बे पेड़ नहीं होते। अफगानिस्तान के पहाड़ ज्यादातर उत्तर-पूर्व, दक्षिण-पश्चिम और कुछ मध्यवर्ती इलाकों में हैं। ज्यों-ज्यों पश्चिम की तरफ बढ़ते जाएँ यानी ईरान की तरफ, पहाड़ घटते जाते हैं। हिन्दुकुश पर्वतमाला लगभग 800 कि.मी. लम्बी है। यह भारत के हिमालय, काराकोरम और पामीर पर्वतमालाओं का ही विस्तार है। एशिया के अनेक साम्राज्यों के उत्थान-पतन की कहानियाँ हिन्दुकुश पर्वतमाला में गुँथी हुई हैं। हिन्दुकुश के कई दर्रे–खैबर, खावाक, सलांग आदि एशियाई इतिहास के सन्दर्भ-स्थल हैं। सुलेमान पर्वतमाला अफगानिस्तान की पूर्वी और दक्षिणी सीमा के साथ-साथ चलती है। यह सिन्धु घाटी और अफगान पठारों को अलग करती है। यह पठानों का मूल निवास रही है। इसके दर्रों–शोरावाक, बोलन, गोमल, तोची और पैवार अनेक युद्धों के साक्षी रहे हैं। हिन्दुकुश और सुलेमान के दर्रे इतने ऊँचे और सँकरे हैं कि छापामार युद्धों के लिए इनसे बढ़िया जगह एशिया में कहीं नहीं मिल सकती है। इन क्षेत्रों में पहाड़ियाँ इतनी ऊँची-ऊँची और नज़दीक हैं कि उनके बीच जहाज और हेलिकॉप्टर नहीं उड़ाए जा सकते। इसके अलावा पहाड़ों के नीचे इतनी गहरी खाइयाँ, खन्दकें और खोह बनी हुई हैं कि उनके अन्दर छिप जाने पर दुश्मन के हवाई हमले निरर्थक हो जाते हैं और दुश्मन की पैदली सेनाओं को दर्रों में घेरकर मारना भी आसान हो जाता है। प्रथम अफगान-युद्ध के दौरान सम्पूर्ण ब्रिटिश सेना का कत्लेआम इसी तरह हुआ था। पंजशेर घाटी में अहमदशाह मसूद ने रूसी हेलिकॉप्टरों और गनशिपों का कब्रिस्तान बना दिया था। सुदूर उत्तर-पूर्व के बदख्शान और नूरिस्तान क्षेत्रों में फैले काराकोरम तथा पामीर के पर्वत दुनिया के सबसे ऊँचे पहाड़ों में से हैं और अनेक स्थानों पर वे लगभग अगम्य हैं। इन पहाड़ों में कहीं-कहीं अत्यन्त सुरम्य झीलें हैं। इन झीलों का पानी इतना स्वच्छ है कि आप सैकड़ों फुट नीचे तक उसके आर-पार देख सकते हैं। गर्मियों के प्रारम्भ में इन पहाड़ों पर उगनेवाली हरी घास ऐसा समाँ बाँधती है, जैसे निसर्ग ने अफगान पहाड़ों को हरे गलीचों से ढक दिया हो। दूसरे मौसमों में या तो इन पहाड़ों पर बर्फ जमी रहती है या रंग-बिरंगी चट्टानोंवाले पहाड़ लोहे या ताँबे की परत से ढके हुए मालूम पड़ते हैं। ऐसे पहाड़ों के बीच हरी-भरी घाटियाँ और फलों से लदे बगीचे अत्यन्त मनोरम दृश्य उपस्थित करते हैं।

अफगानिस्तान के उत्तरी मैदान अगर समुद्र तल से 1200 फुट ऊँचे हैं तो काबुल और बामियान जैसी घाटियाँ 5000 से 9000 फुट की ऊँचाइयों पर बसी हुई

हैं। पहाड़ों के बीच घाटियों में स्थित शहरों का सौन्दर्य विलक्षण होता है। पहाड़ों पर चारों तरफ बर्म जमी होने के कारण सूर्य का प्रकाश उन पर प्रतिबिम्बित होकर नीचे पहुँचता है। सारी घाटी चाँदी के कटोरों की तरह चमकती है और उनमें बनी हुई डम्मर की काली सड़कें शहद की रेखाओं की तरह लगती हैं। इन पहाड़ों में अफगानिस्तान के बहुमूल्य खनिजों के ख़जाने भी छिपे हुए हैं। अगर बदख्शान के पहाड़ों में नील-प्रस्तर (लेपिस लजूली) है तो हजाराज़ात की हाजीगाक पर्वतमालाओं में लौह-अयस्क है। ग़जनी के पहाड़ों में सोना, हेरात के पहाड़ों में कोयला और गैस तथा शिबरगान, बल्ख और मज़ारे-शरीफ़ के पहाड़ों और मैदानों में गैस और तेल के भंडार भरे हुए हैं। अफगानिस्तान की इस अकूत सम्पदा का दोहन अभी तक नहीं हुआ है।

अफगानिस्तान में जल-शक्ति की भी कमी नहीं है। उसके पहाड़ों से दर्जनों छोटी-बड़ी नदियाँ निकलती हैं। आमू दरिया तो अफगानिस्तान की सबसे बड़ी नदी है ही। इसे संस्कृत साहित्य में वक्षु सरिता, ग्रीक साहित्य में ऑक्सस और अरबी साहित्य में जायहून दरिया के नाम से जाना जाता है। इसके अलावा हरिरूद, हेलमंद, अरघन्दाब, मुर्गाब, कोकचा, ग़जनी और काबुल आदि नदियाँ भी उल्लेखनीय हैं, जो इस पहाड़ी और रेगिस्तानी देश की प्यास बुझाती हैं और इसे हरा-भरा रखती हैं। ये नदियाँ यथेष्ट पन-बिजली पैदा करने में भी सक्षम हैं। आमू के अलावा किसी अन्य नदी का इस्तेमाल जल-मार्ग की तरह नहीं हो पाता, हालाँकि हेलमन्द अफगानिस्तान के अन्दर बहनेवाली नदियों में सबसे बड़ी है।

पहाड़ियों, नदियों और पठारों के अलावा अफगानिस्तान के दक्षिणी इलाके में दूर-दूर तक रेगिस्तान फैला हुआ है। इस इलाके का नाम ही रेगिस्तान है। इसमें बहुत कम लोग रहते हैं और यहाँ 45 डिग्री सेंटीग्रेड तक गर्मी पड़ती है। यों अफगानिस्तान के ज्यादातर इलाके ठंडे हैं। दिसम्बर-जनवरी में तापमान शून्य से 15-20 डिग्री तक नीचे चला जाता है। भयंकर शीत और हवा के तेज थपेड़े कलेजा चीर माहौल बना देते हैं। सड़कों पर इतनी अधिक बर्फ जम जाती है कि मोटरों और ट्रकों के पहियों पर साँकल लपेट दी जाती है ताकि वे बर्फ पर फिसल न जाएँ। कई प्रदेशों में यातायात बिल्कुल ठप हो जाता है। लोग अँगीठियों से गरमाए हुए घरों से बाहर नहीं निकलते और अपने ऊनी चप्पनों (चोगों) के नीचे छोटी अँगीठियाँ सीने से चिपकाए रहते हैं। ठंड से बचने के लिए हर साल लाखों पठान अपनी भेड़-बकरियों को लेकर डूरेन्ड-रेखा पार कर लेते हैं और पाकिस्तानी सीमा में अपने अड्डे जमा लेते हैं। मौसम के इस रौद्र रूप के आगे बड़ी-बड़ी विदेशी फौजों को अपने घुटने टेकने पड़े हैं। इसीलिए अमेरिकियों की कोशिश है कि शीत-लहर

की चपेट में फँसने के पहले वे विजय हासिल कर लें।

इस कठोर मौसम के कारण अफगानिस्तान पेट भर अनाज पैदा नहीं कर पाता। उसे अन्न सदा आयात करना पड़ता है लेकिन कुछ क्षेत्रों की जलवायु इतनी अच्छी है कि जितने मीठे और बड़े फल अफगानिस्तान में पैदा होते हैं, कहीं नहीं होते। कन्धार के अनार, जलालाबाद के सरदे और चमन के अंगूर तो सारी दुनिया में प्रसिद्ध हैं। अब्दुल वाहिदी बादाम, सन्देखानी किशमिश और मर्व के पिस्ते भी लाजवाब होते हैं। अफगानिस्तान में उगनेवाली सब्जियों के रंग, आकार, सुगन्ध और स्वाद के क्या कहने ? टमाटर का आकार बैंगन जितना, बैंगन का आकार कद्दू जितना और कद्दू का आकार बड़े ढोल के जितना। तुरई मूली के बराबर, मूली बड़ी लौकी के बराबर और लौकी खुद ग्राहक के बराबर ! काबुल या जलालाबाद में किसी सब्जी की दुकान पर अगर कोई भारतीय पहली बार चला जाए तो वह सब्जियों को देखकर भौंचक ही रह जाएगा। अफगान सब्जियाँ स्वाद और सुगन्ध में तो बेजोड़ होती ही हैं, उनके रंग इतने गहरे और मोहक होते हैं कि सब्जी की दुकान किसी कला-वीथि से कम नहीं लगती। शाकाहारियों के लिए अफगानिस्तान स्वर्गतुल्य है। ये बात दूसरी है कि पूरे अफगानिस्तान में आज तक एक भी शुद्ध शाकाहारी व्यक्ति मुझे नहीं मिला। अफगान जलवायु ने जहाँ ऐसे विलक्षण फल और साग-सब्जी पैदा किए, वहाँ अफगानों को जबर्दस्त भूख भी दी है। लगभग एक-सवा फुट चौड़ी, एक इंच मोटी और एक गज लम्बी नान-रोटी कोई भी अफगान आसानी से खा लेता है जबकि वह तीन भारतीयों के लिए भी ज्यादा होगी। अफगान लोग मांसाहार अधिक करते हैं। इसीलिए काबुल, कन्धार, जलालाबाद और हेरात जैसे शहरों में पशु-पक्षी बहुत कम दिखाई पड़ते हैं। जो अफगान मांस खरीदने में असमर्थ होते हैं, वे या तो चाय के पानी में नान डुबो-डुबोकर खाते रहते हैं या नान में अंगूर लपेटकर खा लेते हैं। इसके बावजूद जलवायु की श्रेष्ठता के कारण अफगानों का स्वास्थ्य सामान्यतः बहुत अच्छा होता है। हृष्ट-पुष्ट, चुस्त-दुरुस्त और दम-खमी होने की वजह से वे जल्दी हिम्मत नहीं हारते। कठिन से कठिन परिस्थितियों में भी वे अपना काम करते रहते हैं।

एक ज़माना था कि मौसम के साथ-साथ अफगान भूगोल भी लोगों के जीवन को दूभर बना देता था। अभी सौ साल पहले तक अफगानों को एक शहर से दूसरे शहर या क्षेत्र में जाने के लिए कई दिन और कभी-कभी कई हफ्ते भी खराब करने पड़ते थे। आपको यह जानकर आश्चर्य होगा कि वहाँ रेल तो अब तक भी नहीं है। अफगान लोग रेल को फिल्मों में देखकर पहचानते हैं। अफगान बादशाह अमीर अब्दुर रहमान (1880-1901) ने रेल डालने का विरोध किया, क्योंकि उन्हें डर

था कि उस पर बैठकर अंग्रेजी फौजें अफगानिस्तान में घुस आएँगी। कच्चे और मामूली रास्तों को आधुनिक सड़कों में बदलने का काम पहली बार बड़े पैमाने पर अब से 45 साल पहले प्रधानमंत्री दाउद खान ने शुरू किया। उन्होंने रूस और अमेरिका पर कुछ इस तरह डोरे डाले कि शीतयुद्ध के गलाकाट ज़माने में भी रूस ने पूरे उत्तरी और अमेरिका ने पूरे दक्षिणी अफगानिस्तान को जोड़नेवाली पक्की डम्मर की सड़कें बना दीं। ये दोनों सड़कें जुड़कर अफगान नक्शे पर एक विशाल छल्ले की तरह दिखाई पड़ती हैं। इसे अफगान रिंग रोड भी कहा जा सकता है। यह वही सड़कतन्त्र है, जिस पर सारी दुनिया की निगाहें लगी हुई हैं। इसी सड़कतन्त्र का इस्तेमाल कर मध्य एशिया के अथाह तैल और गैस को हिन्द महासागर तक ले आने की जोड़-तोड़ पिछले पचास साल से चल रही है। इसी सड़कतन्त्र पर कब्जा करने या उसे तोड़ने-काटने के लिए आजकल तालिबान या संयुक्त मोर्चा (उत्तरी गठबन्धन) कमर कसे हुए हैं। राजधानी काबुल से ग़ज़नी 149 कि.मी., कन्धार 482 कि.मी., हेरात 1063 कि.मी., मजारे-शरीफ 482 कि.मी., कुंदूज़ 335 कि.मी., फैज़ाबाद 580 कि.मी., जलालाबाद 145 कि.मी. तथा बामियान 234 कि.मी. दूर है। ये वे स्थान हैं, जिनके नाम आजकल अखबारों की सुर्खियों में चमकते रहते हैं। इन सब स्थानों पर पहुँचने में अब कुछ घंटे ही लगते हैं। लगभग सभी प्रमुख शहरों में हवाई अड्डे बने हुए हैं। काबुल को उत्तरी अफगानिस्तान से जोड़नेवाली सलांग नामक सुरंग का सामरिक महत्त्व सुविख्यात है। इसी पाँच कि.मी. लम्बी सुरंग के कब्ज़े के दम पर अहमदशाह मसूद ने रूसियों का दम फुला रखा था। इस सुरंग के बाहर लगभग पूरे वर्ष भर बर्फ जमी रहती है। इस तरह की सुरंगों, गहरी खाइयों, कन्दराओं, भूमिगत सूखी नहरों और पहाड़ों के नीचे बनी प्राकृतिक गुफाओं का छापामार युद्धों में जबर्दस्त इस्तेमाल होता है। इसीलिए अफगानिस्तान का इतिहास समझने के लिए उसका भूगोल जानना बहुत जरूरी है।

जातियों का अजायबघर है अफगानिस्तान

अफगानिस्तान में बाक़ायदा जन-गणना कभी नहीं हुई। इसीलिए उसकी जनसंख्या अपने-अपने अनुमान के आधार पर बता दी जाती है। 1978 के इन्कलाबे-सौर (कम्युनिस्ट क्रान्ति) के पहले की सरकारी किताबों में यह आँकड़ा सवा करोड़ से डेढ़ करोड़ तक बताया जाता था। अब अगर लगभग 50 लाख लोग देश छोड़कर भाग गए और कई लाख मारे गए तो माना जा सकता है कि अफगानिस्तान की आबादी इस समय एक करोड़ के आसपास होगी। ये एक-डेढ़ करोड़ लोग कौन हैं? हैं तो सब के सब अफगान लेकिन इनमें दर्जनों जातियाँ हैं, जिनके चेहरे-मोहरे, बोलचाल, खान-पान, कपड़े-लत्ते देखकर ही अन्दाज़ लग जाता है कि वे पठान हैं या ताज़िक हैं या उज़बेक हैं या तुर्कमेन हैं या हजारा हैं, याकि किज़िलबाश हैं या हिन्दू या सिख हैं। अफगानिस्तान मानव चेहरों का अजायबघर है। यदि आप काबुल के चाराहे-तुराबाज़ खान पर आधा घंटा खड़े रहें तो आपकी आँखों के आगे विविध चेहरों की बारात-सी गुज़र जाएगी। आपको कोई चेहरा बुद्ध जैसा, कोई सिकन्दर जैसा, कोई कनिष्क जैसा, कोई चंगेज खान जैसा, कोई बाबर जैसा और कोई रणजीसिंह जैसा दिखाई पड़ेगा। इतिहास और भूगोल की लम्बी लकीरों से बनीं ये विविध मुखाकृतियाँ मिलकर ही अफगान राष्ट्र का निर्माण करती हैं।

अफगान जन के बारे में एक विलक्षण तथ्य यह भी है कि प्रमुख जातियों में से अगर हजारा लोग को छोड़ दें तो शेष सभी जातियों का पड़ौसी देशों से गहरा सम्बन्ध रहा है। हजारा लोग मंगोलों के वंशज हैं और आज का मंगोलिया अफगानिस्तान से काफी दूर है। पठानों का पहले भारत और अब पाकिस्तान से, ताज़िकों का ईरान, समरकन्द, बुखारा और ताज़िकिस्तान से, उज़बेकों का उज़बेकिस्तान से, तुर्कमेनों का तुर्कमेनिस्तान से तथा किरगिजों का किरगिज़िस्तान से गहरा सम्बन्ध रहा है। हज़ारा लोग शिया हैं, इसलिए ईरान से भी उनका अन्तरंग सम्बन्ध बन गया है। तात्पर्य यह कि अफगान लोग यों तो पक्के राष्ट्रवादी हैं लेकिन संकट की घड़ी में घुटने पेट की तरफ ही मुड़ते हैं अर्थात् जिस जाति का जिस पड़ौसी देश के साथ जातीय सम्बन्ध होता है, वह वहीं आश्रय, सहायता और प्रोत्साहन खोजती है। इसीलिए जैसे पठान

तालिबान पाकिस्तान की तरफ झुके वैसे ही ताज़िक नेता बुरहानुद्दीन रब्बानी और अहमदशाह मसूद ताज़िकिस्तान की तरफ मुड़े, जैसे उज़बेक कमाण्डर अब्दुल रशीद दोस्तम उज़बेकिस्तान की तरफ मुखातिब हुए, हजारा नेता करीम खलीली ईरान से जीवन-रस पाते रहे। इसी पड़ौसी तत्त्व का लाभ उठाकर दो दशक पहले अफगान कम्युनिस्ट सोवियत संघ के कन्धे पर सवार हो गए थे।

इस प्रकार यदि अफगान जनता के विभिन्न समुदायों को पड़ौसी देशों का भ्रातभाव सदा सुलभ रहता है तो इसी मार्ग से उनका हस्तक्षेप भी अफगानिस्तान के अन्दर आ जाता है। पड़ौसी राष्ट्र यदि लाखों अफगानों को शरण देते हैं तो वे इन्हीं जन-समुदायों के ज़रिए अपने राष्ट्रहितों को अफगान राजनीति में प्रतिबिम्बित करने में ज़रा भी नहीं झिझकते। वरना क्या वजह है कि पाकिस्तान के राष्ट्रपति मुशर्रफ अफगानिस्तान की भावी सरकार में 'उदार तालिबान' का राग अलापे जा रहे हैं और रूस तथा ताज़िकिस्तान संयुक्त मोर्चे (उत्तरी गठबंधन) की वकालत किए जा रहे हैं। पाकिस्तान तालिबान का उसी तरह इस्तेमाल करना चाहता है, जैसे 20-22 साल पहले सोवियत संघ ने परचमियों और खल्कियों का किया था। यदि अफगान सरकार लोकप्रिय और सुदढ़ हो और देश में शान्ति और व्यवस्था कायम हो तो पड़ौसी देशों की दखलंदाजी बहुत कम हो जाती है। बल्कि कभी-कभी उल्टा भी होता है याने अफगान जातियाँ अपने प्रिय पड़ौसी देशों की आँख का काँटा बन जाती हैं, जैसे अफगानिस्तान के पख्तून पाकिस्तान जाकर पख्तूनिस्तान का आन्दोलन छेड़ देते हैं और उत्तर अफगानिस्तान के ताज़िक और उज़बेक लोग आमू-पार के इलाकों में इस्लामवाद की चिंगारियाँ सुलगा आते हैं। 1919 में बादशाह अमानुल्लाह ने भी आमू-पार क्षेत्र में भड़के विश्व-इस्लामी आंदोलन को काफी हवा दी थी। काबुल के सिंहासन पर बैठनेवाले अमीरों, बादशाहों, राष्ट्रपतियों और प्रधानमंत्रियों को अफगान जनता के इस उभयगामी चरित्र पर कड़ी नज़र रखनी पड़ती है।

आज इस्लाम के नाम पर इन्हीं अफगानों का कहाँ-कहाँ इस्तेमाल नहीं हो रहा है ? कश्मीर, चेचन्या, सूडान, सोमालिया, कसोवो, फलस्तीन, लेबनान आदि मर्मस्थलों से लेकर वर्ल्ड ट्रेड टॉवर और पेन्टगॉन तक अफगान लपटें पहुँच चुकी हैं। स्वयं अफगानिस्तान अनेक देशों के आतंकवादियों की सराय बन गया है। पड़ौसी देशों की बात जाने दें, अब अफगानिस्तान में उस देश का हस्तक्षेप हो रहा है, जो हजारों मील दूर बसा हुआ है। पहले वह अफगानों के लिए लड़ा और अब वह अफगानों से लड़ रहा है। ऐसे अफगानों के जातीय चरित्र, स्वभाव, रीति-रिवाज, रहन-सहन के बारे में जाने बिना न अफगानिस्तान के इतिहास को

समझा जा सकता है और न ही वर्तमान को।

अफगानिस्तान के लोगों में सबसे बड़ा समुदाय पठानों का है। आजकल उनकी संख्या 40-50 लाख से ज्यादा क्या होगी ? भारत में जिन्हें पठान या खान कहा जाता है, उन्हें ही अफगानिस्तान में पश्तून या पख्तून कहा जाता है। पठान शब्द पश्तानाह (पख्तून का बहुवचन) का सरल भारतीय रूप है। पठानों की भाषा पश्तो है। पश्तो पर संस्कृत और फारसी का गहरा प्रभाव है। पश्तो के दो रूप हैं। उत्तर-पूर्व के पठानों का उच्चारण कठोर होता है और दक्षिण-पश्चिम के पठानों का मदुल ! पहलों की भाषा पख्तो और दूसरों की पश्तो कहलाती है। पेशावर के आसपास रहनेवाले पठानों के उच्चारण में कठोर ध्वनियाँ होती हैं। यह माना जाता है कि जितने पठान अफगानिस्तान में हैं, उनसे थोड़े ही कम पाकिस्तान में हैं। लेकिन 30 लाख शरणार्थियों के कारण यह स्थिति अब बिल्कुल उलट गई है। दोनों तरफ के पठानों को डूरेन्ड सीमा-रेखा बाँटती है, जो 1893 में अमीर अब्दुर रहमान और ब्रिटिश राज के प्रतिनिधि सर मोर्टीमेर डूरेन्ड के बीच तय हुई थी। इस सीमा-रेखा को पठानों ने कभी नहीं माना। हालाँकि यह पाक-अफगान सीमा है लेकिन हर साल गर्मियों में लगभग 10 लाख पठान अपनी भेड़-बकरियों को चराने के लिए पाकिस्तान में घुस जाते हैं। इन खानाबदोश पठानों के गाँव के गाँव ऊँटों, तम्बुओं और भेड़ों को अपने साथ लेकर चलते हैं। इन्हें कूची कहा जाता है।

पठान समुदाय कबीलों के आधार पर संगठित हैं। हर पठान अपने मूल नाम के साथ अपने कबीले का नाम जोड़ना जरूरी समझता है। कबीला उसकी पहचान है। पठानों के उपनामों के अन्त में ई (का) ज़ई (पुत्र), ज़ादे (पुत्र), खेल (कुल) आदि ध्वनियाँ होती हैं, जैसे वज़ीरी, पोपलज़ई, खलीलज़ादे, काकाखेल आदि ! जिस कायदे के मुताबिक इन कबीलों को चलना होता है, उसका नाम है, 'पश्तूनवाली'। हालाँकि पठान पक्के सुन्नी मुसलमान होते हैं लेकिन अगर शरिया (इस्लामी कानून) और पश्तूनवाली में टक्कर हो जाए तो वे पश्तूनवाली को ही प्राथमिकता देंगे। पश्तूनवाली में आतिथ्य, शरणागति और प्रतिशोध का विशेष महत्त्व है। किसी भी पठान के लिए उसकी कबीलाई निष्ठा के आगे प्राय: शेष सभी निष्ठाएँ छोटी होती हैं। इसीलिए पठानों के आपसी झगड़े कभी खत्म नहीं होते। दुर्रानियों और गिलज़इयों के बीच पिछले ढाई सौ साल से लगातार खींचतान चलती रहती है। ज़ाहिरशाह दुर्रानी हैं और तालिबान गिलज़ई हैं, इसलिए भी आजकल मामला ज्यादा उलझता जा रहा है। काबुल के सिंहासन पर पिछले सवा सौ साल में जितने भी लोग आसीन हुए, उनमें सिर्फ अमीर अब्दुर रहमान (1901) की स्वाभाविक मौत हुई अन्यथा सभी शासकों की हत्या हुई या वे निर्वासित किए गए। जिनकी हत्या

हुई–हबीबुल्लाह (1919), बच्चा-ए-सक्का (1929), नादिरखान (1933), दाऊद (1978), तरक्कइ (1979), हफीजुल्लाह अमीन (1979), नजीबुल्लाह (1996); जिन्हें निर्वासित किया गया–ज़ाहिरशाह (1973), बबरक कारमल (1986) और बुरहानुद्दीन रब्बानी (1996) ! ऐसा क्यों होता रहा, इसका जवाब शायद हमें अफगानिस्तान की कबीलाई समाज-व्यवस्था में से मिल जाए।

किसी ज़माने में अफगान और पठान, ये दोनों शब्द एक-दूसरे के पर्याय माने जाते थे, क्योंकि जब से वर्तमान अफगानिस्तान स्थापित हुआ है (1747), उसके लगभग सभी शासक पठान हुए हैं। केवल दो अपवाद हुए–एक अमानुल्लाह के बाद बच्चा-ए-सक्का (1929) और दूसरा, 1992 में नजीबुल्लाह के बाद बुरहानुद्दीन रब्बानी। ये दोनों ताज़िक थे। इसीलिए अफगानिस्तान में पठानों के विरुद्ध अन्य सभी समुदाय प्राय: एक हो जाते हैं। इस बात को लेकर भी खींचातानी चलती रहती है कि अफगानिस्तान में पठानों की संख्या कितनी है। पठान कहते हैं कि वे साठ प्रतिशत हैं जबकि गैर-पठान कहते हैं कि पठानों की संख्या 40 प्रतिशत से ज्यादा नहीं है। जनगणना हो तो सही संख्या का पता चले लेकिन यह सत्य है कि अफगानिस्तान के लगभग सभी प्रान्तों में पठान फैल चुके हैं और पूर्वी तथा दक्षिणी इलाकों में उनका लगभग एकाधिकार है। पठानों की भाषा पश्तो और गैर-पठानों की फारसी है लेकिन शहरों में रहनेवाले ज्यादातर पठान फारसी ही बोलते हैं। पश्तो और फारसी, दोनों ही राजभाषाएँ हैं लेकिन फारसी का प्रयोग अपेक्षाकृत अधिक होता है। पहाड़ी पख्तून कबीलों में मुख्यतया पश्तो का प्रयोग होता है। पश्तो के विकास के लिए शासन ने 'पश्तो अकादमी' आदि संस्थाओं का भी निर्माण किया है। पश्तो भाषा में खुशहालखान खत्तक जैसे महान कवि भी हुए हैं।

पठानों के बारे में यह माना जाता है कि वे बहादुर, सुदढ़, स्वाभिमानी और सीधे-सच्चे लोग होते हैं। वे स्वभाव से ही युद्धप्रेमी होते हैं। खैबर, गोमल और बोलन के दर्रों की पहरेदारी करनेवाले पठानों ने दुनिया के बड़े-बड़े योद्धाओं को भी नहीं बख्शा। उधर से जो भी गुजरा, उससे पठानों ने जबरन कर वसूल कर लिया। काबुल के पठान बादशाहों ने अपनी चतुराई के जोर पर रूसी और ब्रिटिश साम्राज्यों को जमकर निचोड़ा। दोनों से जमकर फायदे उठाए। इसी प्रक्रिया का सरदार दाऊद ने ज़रा उदात्तीकरण किया और शीतयुद्ध के गलाकाट युग में रूस और अमेरिका को मजबूर किया कि वे दोनों मिलकर अफगानिस्तान के आधुनिकीकरण में हाथ बटाएँ।

अफगानिस्तान की दूसरी प्रमुख जाति ताज़िकों की है। ताज़िकों की संख्या 25 प्रतिशत के आसपास आँकी जाती है। याने 25 से 35 लाख तक। ये लोग प्राय:

अफगानिस्तान के उत्तरी और पश्चिमी इलाकों में रहते हैं। बदख्शान, कटागान, हेरात, मज़ारे-शरीफ, काबुल, पंजशेर घाटी, चारीकार, घोरबन्द आदि स्थानों में ताजिकों का विशेष जमावड़ा है। ये लोग सुन्दर, मदुभाषी, गौरवर्णी और शान्त स्वभाववाले होते हैं। इन्हें युद्ध-पिपासु नहीं माना जाता लेकिन अहमदशाह मसूद ने पहले रूसियों और फिर तालिबान के दाँत खट्टे करके यह सिद्ध कर दिया है कि मुसीबत पड़ने पर ताज़िक लोग भी पठानों की तरह लड़ सकते हैं। 19वीं सदी में ताज़िक किसानों और पठान जमींदारों के बीच लम्बे संघर्ष चलते रहे हैं लेकिन पिछले सौ वर्षों में ताज़िकों ने खेती, बागवानी और पशु-पालन में अपनी किस्मत चमकाई है। शिक्षा, प्रशासन, पत्रकारिता, साहित्य, संस्कृति आदि क्षेत्रों में ताज़िकों की भूमिका अग्रणी हो गई है। राजनीतिक पद चाहे पठानों के पास रहते हों, देश का प्रशासनिक तन्त्र प्राय: ताज़िक ही सँभालते रहे हैं। ताज़िक लोग प्राय: सुन्नी हैं लेकिन उनमें ऐसे अनेक समूह भी हैं जो अपनी इस्लाम से पहले की परम्पराओं का भी पालन करते रहते हैं। पीरी-मुरीदी और मज़ारी समूहों के अलावा इस्माइली सम्प्रदाय के अनुयायी भी ताज़िकों में पाए जाते हैं।

ताज़िकों की जीवन-शैली पर ईरानी और यूनानी सभ्यताओं का काफी असर दिखाई पड़ता है। उनके चेहरे-मोहरे पर तो वह छाप है ही, उनकी भाषा भी फारसी है। फारसी को अफगानिस्तान में 'दरी' कहते हैं। दरी शब्द 'दर' से निकला है याने राजदरबार। दरबार की भाषा ! दरी का हमारी दरियों या दरवाज़े से कोई सम्बन्ध नहीं है। अफगानिस्तान के ताज़िकों को फारसी भाषा का ढाई हजार साल का खज़ाना विरासत में मिल गया है। इसके अलावा वे ईरान, ताज़िकिस्तान, समरकन्द, बुखारा, पामीर तथा मध्य एशिया के कई अन्य फारसीभाषी इलाकों से ममत्व महसूस करते हैं। ईरान जानेवाले अफगान शरणार्थियों में ज्यादातर ताज़िक हैं। फारसी के कारण वे अफगानिस्तान के हज़ारा, किज़िलबाश, ऐमक, जमशेदी आदि अन्य अनेक जातियों के साथ अपना जुड़ाव पाते हैं। ये जातियाँ भी फारसी बोलती हैं। ये शिया हैं, इससे ज्यादा फर्क नहीं पड़ता। ताज़िकों को अफगानिस्तान का मूल निवासी माना जाता है। इनकी भाषा आर्य संस्कृत परिवार की भाषा है। पठानों की तरह ये कबीलों में नहीं रहते लेकिन इनमें पारिवारिक एकजुटता काफी गहरी होती है।

अफगानिस्तान के तीसरे प्रमुख लोगों में उज़बेकों की गिनती होती है। भारत में किसी को 'उज़बक' या 'अहमक' क्यों कहा जाता है, यह सबको पता है लेकिन आज मध्य एशिया में उज़बेक लोग सबसे अधिक प्रगतिशील और ताकतवर माने जाते हैं। अफगानिस्तान की जनसंख्या में उनका हिस्सा 10 से 15 प्रतिशत तक

माना जाता है याने 10 से 20 लाख तक ! उज़बेक लोग प्रायः आमू दरिया और हिन्दुकुश के बीच के क्षेत्र में रहते हैं। कुन्दूज, ताश कुरगन, खानाबाद, बल्ख, शिबरगान, मज़ारे-शरीफ, मैमाना आदि स्थानों पर उनकी घनी बस्तियाँ हैं। काबुल के कुछ मोहल्लों में भी उनका वर्चस्व है। देखने में वे लम्बे-चौड़े और पीले-गोरे होते हैं। उनकी आँखें बादामी आकार की होती हैं। वे तुर्कों और मंगोलों के मिश्रण मालूम पड़ते हैं। उन्हें चगताई भी कहा जाता है। सांस्कृतिक दष्टि से वे और ताज़िक लोग लगभग एक-जैसे हैं। ताज़िकों की भाषा फारसी है और उज़बेकों की तुर्की, लेकिन लगभग सभी उज़बेक फारसी समझते और बोलते हैं। आमू दरिया के उत्तर में रहनेवाले और अफगानिस्तान के उज़बेकों के कबीलों के नाम एक-जैसे हैं, हालाँकि उज़बेकों में कबीलाई व्यवस्था अब समाप्तप्रायः है। सोवियत क्रान्ति के बाद हजारों उज़बेक आमू दरिया पार करके अफगानिस्तान में आ बसे। अफगान उज़बेकों में ज्यादातर सुन्नी मुसलमान हैं लेकिन सोवियत उज़बेकों पर मज़हब का असर नहीं के बराबर है। 16वीं सदी के शुरू में उज़बेक योद्धा शैबानी खान ने मध्य एशिया के लम्बे-चौड़े इलाके पर अधिकार कर लिया था। बाबर भी उज़बेकों और मंगोलों का वंशज था। उसके पिता तैमूर की पाँचवीं पीढ़ी से थे और माता चंगेज की तेरहवीं पीढ़ी से थी। मुगल शब्द मंगोल से ही निकला है। बाबर का जन्म-स्थान ओश नामक स्थान माना जाता है, जो कि आधुनिक उज़बेकिस्तान और किरगिजिस्तान के सीमान्त पर अवस्थित है। उज़बेकों को अपनी बहादुरी और स्वच्छन्दता पर गर्व है। लम्बे समय तक पठानों और उज़बेकों में लड़ाइयाँ चलती रहीं लेकिन अमीर अब्दुर रहमान के ज़माने में उज़बेक क्षेत्र को अफगानिस्तान में भली-भाँति आत्मसात कर लिया गया। उज़बेक लोग खेती और पशु-पालन करते हैं। उनके क्षेत्र में कपास बहुतायत में उगाया जाता है। वे निपुण घुड़सवार भी होते हैं।

अफगानिस्तान के चौथे प्रमुख लोग हज़ारा हैं। हज़ारा शब्द हज़ार से निकला है। चंगेज़खान की फौज में हज़ार-हज़ार सैनिकों की टुकड़ियाँ होती थीं और हज़ारा लोग चंगेज के वंशज हैं। इसीलिए उनका नाम हज़ारा पड़ गया, यह आम मान्यता है। कुछ इतिहासकारों का कहना है कि हज़ारा लोगों में इतने अधिक कबीले हैं कि कबीलों की बहुतायत के कारण उनका नाम हज़ारा पड़ गया। कुछ इतिहासकारों का यह मानना है कि 13वीं सदी के बहुत पहले से याने चंगेज़ के अफगानिस्तान आने के बहुत पहले से हज़ारा लोग अफगानिस्तान में रहते आए हैं। वे उन चीनियों और तिब्बतियों के वंशज हैं, जो बौद्ध काल में बामियान के आस-पास आ बसे थे। लेकिन इसमें ज़रा भी शक नहीं है कि हज़ारा लोग मंगोल वंश के हैं। उनकी बादामी आँखें, पीला रंग, चपटी नाक, चौड़ा माथा, चौकोर चेहरा और भारी-भरकम

देह-यष्टि उन्हें अपनी एक अलग पहचान देती है। काबुल के बाज़ारों में कड़ी मेहनत करनेवाले इन लोगों को देखते ही आप पहचान सकते हैं। पूरे अफगानिस्तान में इनकी आबादी 8-10 लाख के आस-पास मानी जाती है। हज़ाराजात इनका गढ़ है। यह प्रान्त अफगानिस्तान के हृदय में स्थित है। काबुल से पश्चिम की तरफ डेढ़-दो सौ कि.मी. चलने पर हज़ाराजात शुरू हो जाता है। बामियान इसी क्षेत्र में है। पहाड़ों से घिरी ये सुन्दर घाटियाँ कई सौ वर्षों तक दुनिया के विख्यात आक्रान्ताओं, व्यापारियों और धर्म-प्रचारकों का मार्ग प्रशस्त करती रही हैं। हज़ाराजात बौद्ध धर्म का केन्द्र रहा है। चंगेजखान अपना अलग कबीलाई धर्म मानता था लेकिन उसके वंशज बौद्ध थे। अब हज़ारा लोग बौद्ध तो नहीं रह गए लेकिन अन्य अफगानों की तरह वे सुन्नी भी नहीं हैं। लगभग सभी हज़ारा शिया हैं। उनका शिया मज़हब ईरानियों जैसा है। इसीलिए हज़ारा लोग ईरान के ज्यादा निकट हैं। उनकी भाषा भी फारसी है, हालाँकि उसमें तुर्की और मंगोल भाषाओं के शब्द भी पाए जाते हैं। हज़ारा लोग प्राय: गरीब और मेहनतकश लोग हैं। अभी डेढ़ सौ साल पहले तक उन्हें गुलामों की तरह खरीदा और बेचा जाता था लेकिन अपने क्षेत्रों में अपनी स्वायत्तता बनाए रखने के लिए उन्होंने जबर्दस्त लड़ाइयाँ लड़ी हैं। उनकी सामाजिक व्यवस्था में अब भी कबीलों का काफी महत्व है। उनके कुछ कबीलों ने ब्रिटिश भारतीय फौज में गोरखों की तरह अपनी बहादुरी की छाप छोड़ी है। पिछले 22-23 वर्षों के दौरान हज़ारा संगठनों ने पठानों और उज़बेकों के संगठनों से जमकर लोहा लिया है। तालिबान के साथ उनकी रोमांचकारी मुठभेड़ें हुई हैं।

चहार-ऐमक नामक कबीलों को भी हज़ारा में ही गिना जा सकता है। इनकी संख्या दो-तीन लाख है। जमशेदी, फिरोजकोही, तैमूरी और तैमिनी कबीले भी फारसीभाषी हैं। ये प्राय: सुन्नी हैं। इनमें कई इस्माइली भी हैं। इनमें जो घुमन्तू हैं, वे तम्बुओं में रहना पसन्द करते हैं। यद्यपि क़िजिलबाश हज़ारा नहीं हैं लेकिन वे भी शिया हैं और फारसीभाषी हैं। वे ज्यादातर काबुल में ही रहते हैं। वे ढाई-पौने तीन सौ साल पहले ईरानी सेनापतियों के साथ अफगानिस्तान आए थे। अफगान फौजों में उनकी उल्लेखनीय भूमिका रही है। धीरे-धीरे शासन और प्रशासन में भी उन्होंने अपना अच्छा स्थान बना लिया है। शिक्षा और व्यापार के क्षेत्र में भी अनेक किज़िलबाश परिवारों ने अग्रणी स्थान पा लिया है। किज़िलबाश लोगों को काबुली पठान 'मू-ए-सुर्ख' भी बोलते हैं याने लाल बालवाले लोग। इन लोगों के पूर्वज ईरानी सैनिकों की तरह पहले लाल रंग की ऊँची हैदरी टोपी पहना करते थे। इनकी संख्या एक लाख से भी कम है, लेकिन प्राय: शहरी होने के कारण अफगान समाज में इनकी स्थिति काफी मजबूत है।

तुर्कमेन जाति का भी अफगान लोगों में उल्लेखनीय स्थान है। इनकी संख्या दो-तीन लाख है लेकिन यह घटती-बढ़ती रहती है, क्योंकि तुर्कमेन लोग अपने आमू-पार इलाकों में भी आते-जाते रहते हैं। अफगानिस्तान के उत्तर में तुर्कमेनिस्तान है ही। तुर्कमेन लोग आमू दरिया के किनारे दौलताबाद, बाला मुर्गाब, अकचा, मज़ारे-शरीफ, मैमाना, शिबरगान आदि स्थानों में बसे हुए हैं। उज़्बेकों और ताज़िकों के साथ इनका घनिष्ठ सम्बन्ध रहता है। इनकी भाषा तुर्की है लेकिन उस पर फारसी का गहरा प्रभाव है। ये लोग मूलतः पशु-पालन करते हैं। विश्वप्रसिद्ध काराकुल भेड़ों के स्वामी होने के कारण तुर्कमेन परिवार अपेक्षाकृत अधिक सम्पन्न हैं। काराकुल खाल की आमदनी अफगान-अर्थव्यवस्था का एक सुदढ़ स्तम्भ है। सुन्दर गलीचों और दरियों के लिए तुर्कमेन कारीगर काफी प्रसिद्ध हैं। तुर्कमेनों और किज़िलबाशों की संख्या कम होने के कारण अफगान शासक उन्हें निरापद और विश्वसनीय मानते रहे हैं। इसीलिए फौज और राजमहल में उन्हें उनके अनुपात से अधिक महत्त्व मिलता रहा है।

ताज़िक, उज़्बेक, तुर्कमेन के अलावा किरगिज़ और कज़ाक लोग भी अफगानिस्तान में पाए जाते हैं। इनकी संख्या कुछ हजार से ज्यादा नहीं है लेकिन उत्तरी सीमान्त के संवेदनशील इलाकों में रहने के कारण इन्हें भी महत्त्वपूर्ण माना जाता है। ये भी सुन्नी मुसलमान हैं। इनकी भाषा मूलतः सीमा-पार के गणतन्त्रों में बोली जानेवाली तुर्की ही है लेकिन अपने दैनन्दिन व्यवहार में ये भी फारसी ही बोलते हैं। अफगानिस्तान में गिनती के कुछ ही यहूदी परिवार थे, जिन्हें देखकर अलग से पहचानना मुश्किल था। वे व्यापार आदि में संलग्न रहे हैं। घर में भी वे फारसी और पश्तो अन्य अफगानों की तरह बोलते थे। इसी तरह पिछले दो-ढाई सौ साल से हिन्दुओं और सिखों का अफगान अर्थव्यवस्था पर अच्छा प्रभाव रहा है। उनकी संख्या 20–25 हजार तक रही है। वे मुख्यतः काबुल, कन्धार, जलालाबाद, गज़नी और हेरात में रहते रहे हैं। अमानुल्लाह और बबरक कारमल के ज़माने में हिन्दुओं को मंत्रिपद तक मिले हैं। अमीर अब्दुर रहमान के अत्यन्त विश्वस्त लोगों में कुछ हिन्दू भी थे। ज़ाहिरशाह के ज़माने में एक सिख सज्जन अफगानिस्तान की संसद के सदस्य भी रहे। काबुल की सराय शहजादा याने पैसों की मण्डी पर हिन्दुओं का ही वर्चस्व था। कई शहरों में मन्दिर और गुरुद्वारे बने हुए हैं। पिछले तीन दशकों की उथलपुथल में ज्यादातार हिन्दू भाग खड़े हुए हैं। कुछ हिन्दू परिवार ऐसे भी हैं, जो दावा करते हैं कि वे अफगानिस्तान के मूल निवासी हैं और वे पंजाब से चलकर वहाँ नहीं पहुँचे हैं। दक्षिणी अफगानिस्तान के गाँवों में रहनेवाले ये परिवार स्थानीय बोली ही बोलते हैं, अन्य हिन्दू और सिखों की तरह पंजाबी नहीं। अफगानिस्तान के हिन्दू चेहरे-मोहरे

और उच्चारण से बिल्कुल अफगान ही लगते हैं।

अफगानिस्तान के 'काफ़िरों' का ज़िक्र किए बिना वहाँ के लोगों की जानकारी अधूरी ही रह जाएगी। हिन्दू राजाओं के पतन के बाद सारा अफगानिस्तान मुसलमान बन गया, लेकिन पंजशेर के उत्तर और कुणार घाटी के पास स्थित 'काफिरिस्तान' के लगभग 60-70 हजार लोग अभी एक सौ पाँच साल पहले तक अपने पुराने धर्म और रीति-रिवाज़ को मजबूती से पकड़े रहे। उन्हें जिहादी लोग काफिर कहते रहे। लेकिन जब 1896 में अमीर अब्दुर रहमान ने उन्हें मार-मारकर मुसलमान बनाया तो उन्हें 'नूरी' और उनके प्रदेश को 'नूरिस्तान' कहने लगे। नूर अर्थात् उजाला। इस्लाम का प्रकाश ! इसके पहले सुल्तान महमूद गज़नी, तैमूर लंग, बाबर, अकबर और जहाँगीर की लाख कोशिशों और हमलों के बावजूद ये लोग अपनी परम्परा पर अडिग रहे। काफिरिस्तान के लोग हिन्दुओं की तरह अनेक देवी-देवताओं की पूजा करते थे और पशु-बलि में भी उनका विश्वास था। उनकी भाषा लगभग संस्कृत जैसी ही थी। उन्हें उनकी वेशभूषा से पहचाना जाता था। एक समूह काले कपड़े पहनता था, उसे 'सियाहपोश' और दूसरा सफेद कपड़े पहनता था, उसे 'सफेदपोश' कहा जाता था। अनेक स्थानों के नाम देवग्राम, महादेव, मंडी, रामगुल, कामदेश, कुलम आदि थे। 1896 के पहले तक यह इलाका लगभग आज़ाद ही था। कभी-कभी (आजकल पाकिस्तानी प्रदेश) चित्राल के 'महत्तर' का प्रभाव कुछ कबीले जरूर स्वीकार कर लेते थे। अमीर अब्दुर रहमान ने 1896 में काफिरिस्तान को जीतने के बाद उसके हजारों लोगों को अपने इलाके से हटाकर दूसरे प्रदेशों में बसा दिया।

पिछले तीन दशकों की उथलपुथल के कारण लगभग एक-तिहाई जनसंख्या तो अफगानिस्तान छोड़ चुकी है और जो लोग अब भी अफगानिस्तान में बचे हुए हैं, उनमें अपनी जातीय पहचान पहले से अधिक प्रबल हो गई है। अमीर अमानुल्लाह (1919-29) के ज़माने से अफगानिस्तान के आधुनिकीकरण का जो अभियान चला था, उसके कारण जातीय पहचान पर राष्ट्रीय पहचान भारी पड़ती जा रही थी। पठानों और ताज़िकों तथा ताज़िक, उज़बेकों, किरगिज़ों आदि में रोटी-बेटी के सम्बन्ध बढ़ने लगे थे और लोगों में अफगानियत की भावना उभरने लगी थी। लेकिन ताज़ातरीन घटनाओं ने इतिहास के चक्र की गति को मन्थर और दिशाहीन कर दिया है। इसके बावजूद अफगान जनता के स्वभाव की विलक्षणता अक्षुण्ण है। इसीलिए प्रयत्न यह हो रहा है कि जातीय आधार पर अफगानिस्तान के बँटवारे की साजिशें खत्म हो जाएँ और अहमदशाह अब्दाली के विविधतामय लेकिन एकीकृत अफगानिस्तान को पुनर्जीवित किया जाए।

अफगानिस्तान कभी आर्याना था!

आज अफगानिस्तान और इस्लाम एक-दूसरे के पर्याय बन गए हैं, इसमें शक नहीं लेकिन यह भी सत्य है कि वह देश जितने समय से इस्लामी है, उससे कई गुना समय तक वह गैर-इस्लामी रह चुका है। इस्लाम तो अभी एक हजार साल पहले ही अफगानिस्तान पहुँचा, उसके कई हजार साल पहले तक वह आर्यों, बौद्धों और हिन्दुओं का देश रहा है। धतराष्ट्र की पत्नी गांधारी, महान संस्कृत वैयाकरण आचार्य पाणिनी और गुरु गोरखनाथ पठान ही थे। जब पहली बार मैंने अफगान लड़कों के नाम कनिष्क और हुविष्क तथा लड़कियों के नाम वेदा और अवेस्ता सुने तो मुझे सुखद आश्चर्य हुआ। अफगानिस्तान की सबसे बड़ी होटलों की श्रंखला का नाम 'आर्याना' था और हवाई कम्पनी भी 'आर्याना' के नाम से जानी जाती थी। भारत के पंजाबियों, राजपूतों और अग्रवालों के गोत्र-नाम अब भी अनेक पठान कबीलों में ज्यों के त्यों मिल जाते हैं। मंगल, स्थानकजई, कक्कर, सीकरी, सूरी, बहल, बामी, उष्ट्राना, खरोटी आदि गोत्र पठानों के नामों के साथ जुड़े देखकर कौन चकित नहीं रह जाएगा ? ग़ज़नी और गर्देज़ के बीच एक गाँव के हिन्दू से जब मैंने पूछा कि आपके पूर्वज भारत से अफगानिस्तान कब आए तो उसने तमककर कहा 'जब से अफगानिस्तान ज़मीन पर आया।' इस अफगान हिन्दू की बोली न पश्तो थी, न फारसी, न पंजाबी। वह शायद ब्राहुई थी, जो वर्तमान अफगानिस्तान की सबसे पुरानी भाषा है और वेदों की भाषा के भी बहुत निकट है।

छठी शताब्दी के वराहमिहिर के ग्रन्थ 'वहत् संहिता' में पहली बार 'अवगाण' शब्द का प्रयोग हुआ है। इसके पहले तीसरी शताब्दि के एक ईरानी शिलालेख में 'अबगान' शब्द का उल्लेख माना जाता है। फ्रांसीसी विद्वान साँ-मार्टिन के अनुसार अफगान शब्द संस्कृत के 'अश्वक' या 'अशक' शब्द से निकला है, जिसका अर्थ है–अश्वारोही या घुड़सवार ! संस्कृत साहित्य में अफगानिस्तान के लिए 'अश्वकायन' (घुड़सवारों का मार्ग) शब्द भी मिलता है। वैसे अफगानिस्तान नाम का विशेष प्रचलन अहमद शाह दुर्रानी के शासन-काल (1747-1773) में ही हुआ। इसके पूर्व अफगानिस्तान को आर्याना, आर्यानुम् वीजू, पख्तिया, खुरासान,

पश्तूनख्वाह और रोह आदि नामों से पुकारा जाता था।

पारसी मत के प्रवर्त्तक जरथ्रुष्ट द्वारा रचित ग्रन्थ 'जिन्दावेस्ता' में इस भूखण्ड को ऐरीन-वीजो या आर्यानुम् वीजो कहा गया है। अफगान इतिहासकार फज़्ले रबी पझवक के अनुसार ये शब्द संस्कृत के आर्यावर्त्त या आर्या-वर्ष से मिलते-जुलते हैं। उनकी राय में आर्य का मतलब होता है–श्रेष्ठ या सम्माननीय और पश्तो भाषा में वर्ष का मतलब होता है–चर भूमि ! अर्थात् आर्यानुम् वीज़ो का मतलब है–आर्यों की भूमि ! प्रसिद्ध अफगान इतिहासकार मोहम्मद अली और प्रो. पझवक का यह दावा है कि ऋग्वेद की रचना वर्तमान भारत की सीमाओं में नहीं, बल्कि आर्यों के आदि देश में हुई, जिसे आज सारी दुनिया अफगानिस्तान के नाम से जानती है। कुछ पश्चिमी विद्वानों ने यह सिद्ध करने की कोशिश की है कि अफगान लोग यहूदियों की सन्तान हैं और मुस्लिम इतिहासकारों का कहना है कि अरब देशों से आकर वे इस इलाके में बस गए। लेकिन प्राचीन ग्रन्थों में मिलनेवाले अन्तर्साक्ष्यों तथा शिलालेखों, मूर्तियों, सिक्कों, खँडहरों, बर्तनों और आभूषणों आदि के बाहिर्साक्ष्य के आधार पर अकाट्य रूप से माना जा सकता है कि अफगान लोग मध्य एशिया के मूल निवासी हैं। वे अरब भूमि, यूरोप या उत्तरी ध्रुव से आए हुए लोग नहीं हैं। हाँ, इतिहास में हुए फेर-बदल तथा उथलपुथल के दौरान जिसे हम आज अफगानिस्तान कहते हैं, उस क्षेत्र की सीमाएँ या संज्ञाएँ हजार-पाँच सौ मील दाएँ-बाएँ और ऊपर-नीचे होती रही हैं तथा दुनिया के इस चौराहे से गुजरनेवाले आक्रान्ताओं, व्यापारियों, धर्मप्रचारकों तथा यात्रियों के वंशज स्थानीय लोगों में घुलते-मिलते रहे हैं।

विश्व के सबसे प्राचीन ग्रन्थ ऋग्वेद में पख्तून लोगों और अफगान नदियों का उल्लेख है। दाशराज्ञ-युद्ध में 'पख्तुओं' का उल्लेख पुरु कबीले के सहयोगियों के रूप में हुआ है। जिन नदियों को आजकल हम आमू, काबुल, कुर्रम, रंगा, गोमल, हरिरूद आदि नामों से जानते हैं, उन्हें प्राचीन भारतीय लोग क्रमशः वक्षु, कुभा, क्रुम, रसा, गोमती, हर्यू या सर्यू के नाम से जानते थे। जिन स्थानों के नाम आजकल काबुल, कन्धार, बल्ख, वाखान, बगराम, पामीर, बदख्शाँ, पेशावर, स्वात, चारसद्दा आदि हैं, उन्हें संस्कृत और प्राकृत-पालि साहित्य में क्रमशः कुभा या कुहका, गन्धार, बाल्हीक, वोक्काण, कपिशा, मेरू, कम्बोज, पुरुषपुर, सुवास्तु, पुष्कलावती आदि के नाम से जाना जाता था। हेलमंद नदी का नाम अवेस्ता के हायतुमन्त शब्द से निकला है, जो संस्कृत के 'सतुमन्त' का अपभ्रंश है। इसी प्रकार प्रसिद्ध पठान कबीले 'मोहमंद' को पाणिनी ने 'मधुमन्त' और अफरीदी को 'आप्रीताः' कहकर पुकारा है। महाभारत में गान्धारी के देश के अनेक सन्दर्भ मिलते

हैं। हस्तिनापुर के राजा संवरण पर जब सुदास ने आक्रमण किया तो संवरण की सहायता के लिए जो 'पक्थ' लोग पश्चिम से आए, वे पठान ही थे। छान्दोग्य उपनिषद्, मार्कण्डेय पुराण, ब्राह्मण ग्रन्थों तथा बौद्ध साहित्य में अफगानिस्तान के इतने अधिक और विविध सन्दर्भ उपलब्ध हैं कि उन्हें पढ़कर लगता है कि अफगानिस्तान तो भारत ही है, अपने पूर्वजों का ही देश है। यदि अफगानिस्तान को अपने स्मति-पटल से हटा दिया जाए तो भारत का सांस्कृतिक इतिहास लिखना असम्भव है।

लगभग डेढ़ करोड़ निवासियों के इस भू-वेष्टित देश में हिन्दुकुश पर्वत का वही महत्त्व है जो भारत में हिमालय का है या मिस्र में नील नदी का है ! हिन्दुकुश शब्द की उत्पत्ति को लेकर विद्वानों में मतभेद है। इब्नबतूता का कहना है कि इस पर्वत को हिन्दुकुश इसलिए कहते हैं कि हिन्दुस्तान से लाए जानेवाले गुलाम लड़के और लड़कियाँ इस क्षेत्र में भयानक ठंड के कारण मर जाते थे। हिन्दुकुश अर्थात् हिन्दुओं को मारनेवाला ! लेकिन अफगान विद्वान फ़ज़्ले रबी पझवक की मान्यता है कि यदि हिन्दुकुश शब्द का अर्थ प्राचीन बख्तरी भाषा तथा पश्तो के आधार पर किया जाए तो हिन्दुकुश का मतलब होगा–नदियों का उद्‌गम ! बख्तरी भाषा में स को ह कहने का रिवाज है। अतः सिन्धु से हिन्दू बन गया। सिन्धु का मतलब होता है–नदी ! वास्तव में हिन्दुकुश पर्वत से, जो कि हिमालय की एक पश्चिमी शाखा है, अफगानिस्तान की कई महत्त्वपूर्ण नदियों का उद्‌गम और सिंचन होता है। वक्षु, काबुल, हरिरूद और हेलमंद आदि नदियों का पिता हिन्दुकुश ही है। वर्षा की कमी के कारण जब अफगानिस्तान की नदियाँ सूखने लगती हैं तो हिन्दुकुश की बर्फ पिघल-पिघलकर उनकी प्यास बुझाती है।

ऋग्वेद और 'जिन्दावस्ता' दुनिया के सबसे प्राचीन ग्रन्थ माने जाते हैं। दोनों की रचना अफगानिस्तान में हुई, ऐसा बहुत-से यूरोपीय विद्वान भी मानते हैं। उन्होंने अनेक तर्क और प्रमाण भी दिए हैं। अवेस्ता के रचनाकार महर्षि जरथ्रुष्ट का जन्म उत्तरी अफगानिस्तान में बल्ख के आस-पास हुआ और वहीं रहकर उन्होंने पारसी धर्म का प्रचलन किया, जो लगभग एक हजार साल तक ईरान का राष्ट्रीय धर्म बना रहा। वेदों और अवेस्ता की भाषा ही एक जैसी नहीं है बल्कि उनके देवताओं के नाम मित्र, इन्द्र, वरुण–आदि भी एक-जैसे हैं। देवासुर संग्रामों के वर्णन भी दोनों में मिलते हैं। अब से लगभग 2500 साल पहले ईरानी राजाओं–देरियस और सायरस–ने अफगान क्षेत्र पर अपना अधिकार जमा लिया था। देरियस के शिलालेखों में वह खुद को ऐर्य ऐर्यपुत्र (आर्य आर्यपुत्र) कहता है। हिन्दुकुश के उत्तरी क्षेत्र को उन्होंने बेक्ट्रिया तथा दक्षिणी क्षेत्र को गान्धार कहा।

दो सौ साल बाद यूनानी विजेता सिकन्दर इस क्षेत्र में घुस आया। सिकन्दर के सेनापतियों ने इस क्षेत्र पर लगभग दो सौ साल तक अपना वर्चस्व बनाए रखा। उन्होंने अपना साम्राज्य मध्य एशिया और पंजाब के आगे तक फैलाया। आज भी अनेक अफगानों को देखते ही आप तुरन्त समझ सकते हैं कि वे यूनानियों की तरह क्यों लगते हैं। आमू दरिया और कोकचा नदी के किनारे बसे गाँव 'आया खानुम' की खुदाई में अभी कुछ वर्ष पहले ही ग्रीक साम्राज्य के वैभव के प्रचुर प्रमाण मिले हैं।

ईसा के तीन सौ साल पहले जब अफगानिस्तान में यूनानी साम्राज्य दनदना रहा था, भारत में मौर्य साम्राज्य—चन्द्रगुप्त, बिन्दुसार और अशोक का उदय हो चुका था। अशोक ने बौद्ध धर्म को अफगानिस्तान और मध्य एशिया तक फैला दिया। बौद्ध धर्म चीन, जापान और कोरिया समुद्र के रास्तों से नहीं गया बल्कि अफगानिस्तान और मध्य एशिया के थल-मार्गों से होकर गया। पालि-साहित्य में नग्नजित् और पुक्कुसाति नामक दो अफगान राजाओं का उल्लेख भी आता है, जो गान्धार के स्वामी थे और बिन्दुसार के समकालीन थे। गन्धार राज्य की राजधानी तक्षशिला थी, जिसके स्नातकों में जीवक जैसे वैद्य और कोसलराज प्रसेनजित् जैसे राजकुमार भी थे। चन्द्रगुप्त मौर्य और सेल्यूकस के बीच हुई सन्धि के कारण अनेक अफगान और बलूच क्षेत्र बौद्ध प्रभाव में पहले ही आ चुके थे। ये सब क्षेत्र और इनके अलावा मध्य एशिया का लम्बा-चौड़ा भू-भाग ईसा की पहली सदी में जिन राजाओं के वर्चस्व में आया, वे भी बौद्ध ही थे। कुषाण साम्राज्य के इन राजाओं—कनिष्क, हुविष्क, वासुदेव—आदि ने सम्पूर्ण अफगानिस्तान को तो बुद्ध का अनुयायी बनाया ही, बौद्ध धर्म को दुनिया के कोने-कोने तक पहुँचा दिया। चीनी इतिहासकारों ने लिखा है कि सन् 383 से लेकर 810 तक अनेक बौद्ध ग्रन्थों का चीनी अनुवाद अफगान बौद्ध भिक्षुओं ने ही किया था। बौद्ध धर्म की 'महायान' शाखा का प्रारम्भ अफगानिस्तान में ही हुआ। विश्व-प्रसिद्ध गांधार-कला का परिपाक कुषाण-काल में ही हुआ। आजकल हम जिस बगराम हवाई अड्डे का नाम बहुत सुनते हैं, वह कभी कुषाणों की राजधानी था। उसका नाम था, कपीसी। पुले-खुमरी से 16 कि.मी. उत्तर में सुर्ख कोतल नामक जगह में कनिष्क-काल के भव्य खँडहर अब भी देखे जा सकते हैं। इन्हें 'कुहना मस्जिद' के नाम से जाना जाता है। पेशावर और लाहौर के संग्रहालयों में इस काल की विलक्षण कलाकृतियाँ अब भी सुरक्षित हैं।

अफगानिस्तान के बामियान, जलालाबाद, बगराम, काबुल, बल्ख आदि स्थानों में अनेक मूर्तियों, स्तूपों, संघारामों, विश्वविद्यालयों और मंदिरों के अवशेष मिलते हैं। काबुल के आसामाई मन्दिर को दो हजार साल पुराना बताया जाता है।

आसामाई पहाड़ पर खड़ी पत्थर की दीवार को 'हिन्दूसाहों' द्वारा निर्मित परकोटे के रूप में देखा जाता है। काबुल का संग्रहालय बौद्ध अवशेषों का खज़ाना रहा है। अफगान अतीत की इस धरोहर को पहले मुजाहिदीन और अब तालिबान ने लगभग नष्ट कर दिया है। बामियान की सबसे ऊँची और विश्व-प्रसिद्ध बुद्ध प्रतिमाओं को भी उन्होंने नि:शेष कर दिया है। फाह्यान और ह्वेन सांग ने अपने यात्रा-वत्तान्तों में इन महान प्रतिमाओं, अफगानों की बुद्ध-भक्ति और बौद्ध धर्म केन्द्रों का अत्यन्त श्रद्धापूर्वक चित्रण किया है। अब उनके खँडहर भी स्मति के विषय हो गए हैं। जलालाबाद के पास अवस्थित हद्दा में मिट्टी की दो हजार साल पुरानी जीवन्त मूर्तियाँ चीन में सियान के मिट्टी के सिपाहियों-जैसी थीं याने उनकी गणना विश्व के आश्चर्यों में की जा सकती थी। वे भी मुजाहिदीन हमलों में नष्ट हो चुकी हैं। बुतपरस्ती का विरोध करने के नाम पर गुमराह इस्लामवादी तत्त्वों ने अपने बाप-दादों के स्मति-चिह्न भी मिटा दिए।

इस्लाम के नौ सौ साल के हमलों के बावजूद अफगानिस्तान का एक इलाका 100 साल पहले तक अपनी प्राचीन सभ्यता को सुरक्षित रख पाया था। उसका नाम है, काफिरिस्तान। यह स्थान पाकिस्तान की सीमा पर स्थित चित्राल के निकट है। तैमूर लंग, बाबर तथा अन्य बादशाहों के हमलों का इन 'काफिरों' ने सदा डटकर मुकाबला किया और अपना धर्म-परिवर्तन नहीं होने दिया। अफगानिस्तान की कुणार और पंजशेर घाटी के पास रहनेवाले ये पर्वतीय लोग जो भाषा बोलते हैं, उसके शब्द ज्यों के त्यों वेदों की संस्कृत में पाए जाते हैं। ये इन्द्र, मित्र, वरुण, गविष, सिंह, निर्मालनी आदि देवी-देवताओं की पूजा करते थे। इनके देवताओं की काष्ठ प्रतिमाएँ मैंने स्वयं काबुल संग्रहालय में देखी हैं। चग सराय नामक स्थान पर हजार-बारह सौ साल पुराने एक हिन्दू मन्दिर के खण्डहर भी मिले हैं। सन् 1896 में अमीर अब्दुर रहमान ने इन काफिरों को तलवार के जोर पर मुसलमान बना लिया। कुछ पश्चिमी इतिहासकारों का मानना है कि ये काफिर लोग हिन्दुओं की तरह चोटी रखते थे और हवि आदि भी देते थे। अमीर अब्दुर रहमान को डर था कि ब्रिटिश शासन की मदद से इन लोगों को कहीं ईसाई न बना लिया जाए।

अफगानिस्तान में इस्लाम के आगमन के पहले अनेक हिन्दू राजाओं का भी राज रहा। ऐसा नहीं है कि ये राजा काशी, पाटलिपुत्र, अयोध्या आदि से कन्धार या काबुल गए थे। ये एकदम स्थानीय अफगान या पठान या आर्यवंशीय राजा थे। इनके राजवंश को 'हिन्दूसाही' के नाम से ही जाना जाता है। यह नाम उस समय के अरब इतिहासकारों ने ही दिया था। सन् 843 में कल्लार नामक राजा ने

हिन्दूसाही की स्थापना की। तत्कालीन सिक्कों से पता चलता है कि कल्लार के पहले भी रूतबिल या रणथल, स्पालपति और लगतुरमान नामक हिन्दू या बौद्ध राजाओं का गांधार प्रदेश में राज था। ये राजा जाति से तुर्क थे लेकिन इनके ज़माने की शिव, दुर्गा और कार्तिकेय की मूर्तियाँ भी उपलब्ध हुई हैं। ये स्वयं को कनिष्क का वंशज भी मानते थे। अल-बेरूनी के अनुसार हिन्दूसाही राजाओं में कुछ तुर्क और कुछ हिन्दू थे। हिन्दू राजाओं को 'काबुलशाह' या 'महाराज धर्मपति' कहा जाता था। इन राजाओं में कल्लार, सामन्तदेव, भीम, अष्टपाल, जयपाल, आनन्दपाल, त्रिलोचनपाल, भीमपाल आदि उल्लेखनीय हैं। इन राजाओं ने लगभग साढ़े तीन सौ साल तक अरब आततायियों और लुटेरों को जबर्दस्त टक्कर दी और उन्हें सिंधु नदी पार करके भारत में नहीं घुसने दिया। लेकिन 1019 में महमूद गज़नी से त्रिलोचनपाल की हार के साथ अफगानिस्तान का इतिहास पलटा खा गया। फिर भी अफगानिस्तान को मुसलमान बनने में पैगम्बर मुहम्मद के बाद लगभग चार सौ साल लग गए। यह आश्चर्य की बात है कि इन हारते हुए 'हिन्दूसाही' राजाओं के बारे में अरबी और फारसी इतिहासकारों ने तारीफ के पुल बाँधे हुए हैं। अल-बेरूनी और अल-उतबी ने लिखा है कि हिन्दूसाहियों के राज में मुसलमान, यहूदी और बौद्ध लोग मिल-जुलकर रहते थे। उनमें भेदभाव नहीं किया जाता था। शिक्षा, कला, व्यापार अत्यधिक उन्नत थे। इन राजाओं ने सोने के सिक्के तक चलाए। हिन्दूसाहों के सिक्के इतने अच्छे होते थे कि सन् 908 में बगदाद के अब्बासी खलीफा अल-मुक्तदीर ने वैसे ही देवनागरी सिक्कों पर अपना नाम अरबी में खुदवाकर नए सिक्के जारी करवा दिए। मुस्लिम इतिहासकार फरिश्ता के अनुसार हिन्दूसाही की लूट का माल जब गज़नी में प्रदर्शित किया गया तो पड़ौसी मुल्कों के राजदूतों की आँखें फटी की फटी रह गईं। भीमनगर (नगरकोट) से लूटे गए माल को गज़नी तक लाने के लिए ऊँटों की कमी पड़ गई।

अल-बेरूनी ने राजा आनन्दपाल के बड़प्पन का ज़िक्र करते हुए लिखा है कि महमूद गज़नी से सम्बन्ध खराब होने के बावजूद, जब तुर्कों ने उस पर हमला किया, तो आनन्दपाल ने महमूद की सहायता के लिए उसे पत्र लिखा था। 'हिन्दूसाही' राजवंश के राजा 'आर्याना' के बाहर के सुल्तानों को इस क्षेत्र में घुसने नहीं देना चाहते थे। इसीलिए उन्होंने महमूद गज़नी ही नहीं, अन्य स्थानीय हिन्दू और अ-हिन्दू शासकों से गठबन्धन करने की कोशिश की लेकिन महमूद गज़नी को सत्ता और लूटपाट के अलावा इस्लाम का नशा भी सवार था। इसीलिए वह जीते हुए क्षेत्रों के मंदिरों, शिक्षा केन्द्रों, मण्डियों और भवनों को नष्ट करता जाता था और स्थानीय लोगों को जबरन मुसलमान बनाता जाता था। यह बात

अल-बेरूनी, अल-उतबी, अल-मसूदी और अल-मकदीसी जैसे मुस्लिम इतिहासकारों ने भी लिखी है। समकालीन इतिहासकार अल-बेरूनी ने तो यहाँ तक लिखा है कि जीते हुए क्षेत्रों के लोगों के साथ किए गए कठोर बर्ताव और सुल्तानों की विध्वंसात्मक नीतियों के कारण यह क्षेत्र (अफगानिस्तान) विद्वानों, व्यापारियों, योद्धाओं और राजकुमारों के रहने लायक नहीं रह गया है। "यही कारण है कि जो-जो क्षेत्र हमने जीते हैं, वहाँ-वहाँ से हिन्दू विद्याएँ इतनी दूर–कश्मीर, बनारस तथा अन्य स्थानों–पर भाग खड़ी हुईं कि हमारी पहुँच के बाहर हो गई हैं।" क्या खल्की-परचमी, मुजाहिदीन और तालिबान हुकूमतों के दौरान पिछले 23 साल में एक-तिहाई अफगानिस्तान खाली नहीं हो गया ? क्या अफगानिस्तान के श्रेष्ठ विद्वान, उत्तम कलाकार, निपुण वैज्ञानिक, कुशल राजनीतिज्ञ, भद्रलोक के ज्यादातर सदस्य उस देश को छोड़कर अमेरिका, यूरोप और भारत में नहीं बस गए हैं ? क्या अभागे अफगानिस्तान के इतिहास का चक्र उल्टा घूमता हुआ एक हजार साल पीछे नहीं चला गया है ? क्या हम आज वही भयावह दृश्य नहीं देख रहे हैं, जो अफगानिस्तान ने एक हजार साल पहले देखा था ?

हमलों और मुकाबलों के सात सौ साल

हिन्दू अफगानिस्तान का खात्मा 1019 में हुआ। त्रिलोचनपाल हारा और महमूद जीता। आधुनिक अफगानिस्तान का प्रारम्भ 1747 में हुआ। अहमदशाह अब्दाली पहले अफगान बादशाह बने। महमूद गज़नी से अहमदशाह अब्दाली तक सवा सात सौ साल बीते। इस समय को क्या कहा जाए ? अफगान समय कहा जाए, तुर्की समय कहा जाए, मंगोल समय कहा जाए, सासानी-खुरासानी समय कहा जाए, मुगल समय कहा जाए या इतिहास के इन सब समयों का खट्टा-मीठा कचूमर कहा जाए?

सात सौ साल के इस लम्बे इतिहास के तथ्यों को कहाँ तक दोहराया जाए ? अरबी, फारसी, फ्रांसीसी, अंग्रेजी और रूसी आदि भाषाओं में ऐसे सैकड़ों ग्रन्थ उपलब्ध हैं, जो सम्राटों, सेनापतियों, आततायियों, लुटेरों और उनके कारनामों का ब्यौरा अपने-अपने ढंग से पेश करते हैं। उस ब्यौरे को यहाँ दोहराने के बजाय यह जानना बेहतर होगा कि अफगान इतिहास के इस महत्त्वपूर्ण दौर का अभिप्राय क्या है ? उसके प्रमुख सन्देश क्या हैं, निष्कर्ष क्या हैं और उन निष्कर्षों ने अफगानिस्तान के आगामी इतिहास और वर्तमान को कैसे प्रभावित किया है।

हिन्दू अफगानिस्तान से मुस्लिम अफगानिस्तान की यात्रा में लगभग चार सौ साल लगे। अफगानिस्तान का इस्लामीकरण रातों रात नहीं हुआ। अफगानिस्तान के हिन्दू राजाओं और जनता ने अरबी, तुर्की और ईरानी आक्रामकों का डटकर मुकाबला किया। अजनबी हमलावरों ने अफगानिस्तान को उसके बाहरी किनारों पर कुतरना ईसा की सातवीं सदी या मुहम्मद की पहली सदी से ही शुरू कर दिया था लेकिन उसके हृद्‌देश पर पहला सफल आक्रमण महमूद गज़नी ने ही किया। खुद महमूद अफगान नहीं था। तुर्क था। उसका पिता सबुक्तगीन तुर्की राज्यपाल अल्पतगीन का गुलाम था। सबुक्तगीन ने ही गज़नवी राजवंश की स्थापना की और हिन्दुओं को मुसलमान बनाना शुरू किया। गज़नी के लोग महमूद को अफगान कहते हैं और औलिया समझते हैं। महमूद न पठान था, न ताज़िक, न उज़बेक और न ही हज़ारा। इसीलिए उसने अफगानों के साथ वही बर्ताव किया, जो विदेशी करते हैं। महमूद के हमले हत्या, लूटपाट और आगजनी के पर्याय थे। यह क्रम

पूरे सात सौ साल तक चला। बल्कि अब तक चला आ रहा है।

महमूद का निधन 1130 ई. में हुआ और उसके अन्तिम उत्तराधिकारी बहराम शाह का शासन 1150 में खत्म हुआ। बहराम शाह को उसके एक बागी मुखिया, सैफुद्दीन सूरी ने कुछ दिनों के लिए अपदस्थ कर दिया था। बहराम शाह ने बाद में इस ग़ोर के मुखिया को गिरफ्तार किया, उसे ऊँट से बाँधकर गज़नी की सड़कों पर घसीटवाया और उसका सिर काटकर उसके धड़ को गज़नी नदी के पुल पर लटकवा दिया। सैफुद्दीन के भाई अलाउद्दीन ने जबर्दस्त बदला लिया। उसने बहराम की सेना को हराया, गज़नी के कण-कण को लूट लिया और फिर उसे जलाकर खाक कर दिया। उसे इतिहास में 'अलाउद्दीन जहानसोज़' (विश्व-विध्वंसक) के नाम से जाना जाता है। उसने 70 हजार लोगों को मौत के घाट उतारा, सुल्तानों के शवों को कब्रों से खोद निकाला और जला दिया। महमूद गज़नी ने भारत की लूटपाट के दम पर गज़नी में भव्यता का जो स्वर्ग खड़ा किया था, उसे इन ग़ोरी सुल्तानों ने धूल में मिला दिया, खास तौर से मुहम्मद गोरी ने। यह सिलसिला यहीं नहीं रुका। चंगेज़खान ने 13वीं सदी में, तैमूरलंग ने चौदहवीं सदी में, बाबर ने सोलहवीं सदी में और नादिरशाह ने अठारहवीं सदी में इसी इतिहास को दोहराया। जितनी बार अफगानिस्तान उजड़ा और बसा, दुनिया के और कौन-से देश उजड़े-बसे होंगे ? आज पहले मुजाहिदीन और फिर तालिबान की मेहरबानी से कौन-सी चीज उजड़ने से बच गई है ? जब 1979 में प्रधानमंत्री हफीजुल्लाह अमीन ने अपने राष्ट्रपति नूर मुहम्मद तरक्कइ की गला घोटकर हत्या करवाई और जब 1996 में तालिबान ने राष्ट्रपति नजीबुल्लाह के शव को चौराहे पर लटकाया तो क्या इतिहास के प्रभंजनकारी घण्टे दुबारा नहीं बजने लगे ?

अफगान इतिहास के इस मध्य-काल का यह दुर्भाग्य ही कहा जाएगा कि इसमें कोई भी ऐसा उल्लेखनीय अफगान बादशाह नहीं हुआ, जिसने काबुल, कन्धार, पेशावर या बल्ख को अपनी राजधानी बनाकर मध्य-एशिया या भारत पर राज्य किया हो। अफगानिस्तान पर चंगेज़, तैमूर, बाबर, नादिर जैसे गैर-अफगानों का ही वर्चस्व रहा। महमूद गज़नी और मुहम्मद गोरी भी मूलतः तुर्क थे, हालाँकि ग़ज़नी और गो़रबन्द जैसे अफगान स्थानों को अपने नाम के साथ जोड़ लेने से उनमें अफगानियत का भाव आने लगता है लेकिन उनका ध्यान भी भारत की लूटपाट पर लगा रहा। दो सौ साल में ही गज़नी और गोरी राजवंश भी समाप्त हो गए। दो सौ वर्षों तक अफगानिस्तान शक्ति का केन्द्र जरूर बना रहा लेकिन राष्ट्र-निर्माण के लिए जैसी स्थायी परम्पराओं, सुदढ़ संस्थाओं और कठोर सामाजिक-आर्थिक ढाँचे की जरूरत होती है, वह नहीं बन पाया। अफगानिस्तान

शक्ति का केन्द्र और स्रोत जरूर रहा लेकिन उसकी शक्ति का प्रसार और प्रभाव भारत में अधिक हुआ। अच्छा हुआ या बुरा हुआ, यह एक अलग प्रश्न है। भारत यों भी लूटा जानेवाला परदेस था। लूट के माल से ग़ोरी और ग़ज़नी मालामाल जरूर हुए लेकिन कितने दिन ? इधर सिन्धु नदी के किनारे 1206 में मुहम्मद ग़ोरी की हत्या हुई और उधर आमू के उस पार से आकर 1215 में ख्वारेज़्म के मुहम्मद शाह ने ग़ज़नी को तहस-नहस कर दिया। ग़ोरी का उत्तराधिकारी उसका गुलाम कुतुबुद्दीन ऐबक बना लेकिन वह दिल्ली और आगरा में बैठा रहा जबकि अफगानिस्तान पहले ख्वारेज़्म शाह और उसके कुछ साल बाद मंगोलों (1218-27) की सत्ता-पिपासा और बर्बरता का शिकार हो गया। चंगेज खान के घोड़े पूरे अफगानिस्तान को चर गए। जिधर से भी मंगोल फौजी गुजरे, उन्होंने एक पत्ता भी हरा नहीं रहने दिया। स्वयं चंगेज़ खान मुसलमान नहीं था लेकिन उसने मुस्लिम अफगानिस्तान को जलाकर इस तरह राख कर दिया कि इतिहास में किसी मुस्लिम आक्रान्ता ने भी ऐसा कभी नहीं किया। सौ-सवा सौ साल तक चंगेज़ के कमज़ोर उत्तराधिकारी और आमू-पार के छोटे-मोटे शासकों ने अफगान इतिहास की गाड़ी को जैसे-तैसे आगे धकाया। चौदहवीं सदी में आमू-पार से तैमूर लंग नीचे उतर आया। उसने भयंकर मारधाड़ मचाई, नरमुंडों के पिरेमिड खड़े कर दिए और हेलमंद घाटी को रेगिस्तान बना दिया, लेकिन वह अफगान कबीलों को काबू नहीं कर सका, खास तौर से काफिरिस्तान के 'हिन्दुओं' ने उसके छक्के छुड़ा दिए। ऐसे में वह क्या करता ? अगर ग़जनी और ग़ोरी भारत की तरफ लपके थे तो तैमूर क्यों पिछड़ जाता ? तैमूर ने लगभग 25 साल (1379-1404) तक अफगानिस्तान और भारत को लूटा लेकिन उसने अफगानिस्तान के साथ वही बर्ताव किया, जो रास्ते की सराय के साथ किया जाता है। सारा माल-मत्ता लेकर वह समरकन्द और बुखारा लौट गया। वहाँ उसने सचमुच कला, ज्योतिष, ज्ञान-विज्ञान आदि का अपूर्व उत्थान किया लेकिन अफगानिस्तान को क्या मिला ? सिर्फ ठेंगा ! इतिहास का ठेंगा ! हेरात में थोड़ा बहुत सांस्कृतिक पुनरुत्थान हुआ लेकिन वह भी सीमित और सतही रहा। लगभग सौ वर्ष तक के लिए अफगानिस्तान फिर अराजकता के दौर में प्रवेश कर गया। यद्यपि दिल्ली में पहली बार शुद्ध अफगान खिलजी राजवंश का शासन स्थापित हुआ लेकिन 75 वर्ष (1415-1526) में बहलोल, सिकन्दर और इब्राहीम लोदी सिन्धु के पार ही नहीं पहुँच सके। उन्होंने सीमान्त पठानों को दिल्ली की फौजों में जरूर भर्ती किया लेकिन अफगानिस्तान में या अफगानिस्तान के लिए वे क्या कर पाए ?

1526 में मुहम्मद जहीरुद्दीन बाबर ने पानीपत की लड़ाई में इब्राहीम लोदी

को हरा दिया। पहले उसने अफगानिस्तान के पठानों को कुचला और फिर दिल्ली और आगरा के पठानों को ! एक अनुमान के अनुसार उसने साठ हजार लोग मारे। उसमें से 55 हजार मुसलमान थे। बाबर ने केवल चार साल राज किया लेकिन इन चार वर्षों में मुगलों और पठानों के बीच जो तलवारें खिंचीं, उन्हें दुबारा म्यान में पहुँचने में लगभग ढाई सौ साल लग गए। इधर बाबर के बेटे हुमायूँ को 1539 में पुराने खिलजी परिवार के वंशज शेरशाह सूरी ने पराजित कर दिया। शेरशाह सूरी ने सिर्फ छह साल तक राज किया, लेकिन उसने अफगान-प्रतिष्ठा को पराकाष्ठा पर पहुँचा दिया। बिहार में जन्मे शेरशाह को भारत के सर्वश्रेष्ठ शासकों में गिना जाता है लेकिन वह भी अफगानिस्तान के लिए खास कुछ नहीं कर सका। 1545 में मरने के पहले उसने स्वीकार किया कि वह न तो पठान कबीलों को सभ्य बना सका और न ही ऐसा कोई पक्का इन्तजाम कर सका कि सिन्धु के पार से भारत पर होनेवाले हमलों को सदा के लिए बन्द किया जा सके। क्या एक भारतीय बादशाह की यह चिन्ता आज भी, साढ़े चार सौ साल बाद भी ज्यों की त्यों अपने राक्षसी रूप में नहीं खड़ी हुई है ? 1947-48 में भारत पर पाकिस्तान ने जो हमला किया था, कश्मीर में, क्या वह इन्हीं पठान कबाइलियों के दम पर नहीं किया गया था ? और 1965 में बारामूला में पकड़े गए पहले घुसपैठिए भी क्या ये ही पठान कबाइली नहीं थे ? 1999 में करगिल-युद्ध में क्या इन्हीं कबाइलियों को फौजियों की वर्दी पहनाकर घुसपैठ के लिए नहीं भेजा गया था और क्या ये ही कबाइली कश्मीर के आतंकवादियों के मूलाधार नहीं बने हुए हैं ? क्या तालिबान तुर्की, सोग्दियाना या फरग़ना से आए हुए लोग हैं ? ये वे ही खिलजी अफगान हैं, जिन्हें गिलज़ई पश्तून कहा जाता है। इतिहास की कैसी विडम्बना है कि जैसे पिछले छह-सात सौ वर्षों में गज़नी, ग़ोरी, तैमूर, बाबर, शेरशाह, नादिरशाह वगैरह ने अपने-अपने अभियानों के लिए इन पठानों का इस्तेमाल किया, वैसे ही पहले अमेरिकियों ने (1979-92) और बाद में उसामा बिन लादेन ने उन्हें अपनी महत्त्वाकांक्षा की भट्टी में झोंक दिया। इतिहास के इस गहरे गड्ढे में पड़े पठानों को बाहर कैसे निकाला जाए, क्या यह भारत के वर्तमान कर्णधारों की चिन्ता का विषय नहीं होना चाहिए ? अफगानों के बारे में यह सोचना कि वे पाकिस्तान का सिरदर्द हैं, हमें उनसे क्या लेना-देना, अपने इतिहास-बोध को मूर्च्छित कर देना है।

ऐसा नहीं है कि भारत के पास कोई जादू की छड़ी है, जिसे घुमाते ही खैबर के दर्रे पर सदियों से बैठे हुए जिन्न फुर्र हो जाएँगे। ये वे जिन्न हैं, जिन्होंने तैमूर, बाबर, अकबर, शाहजहाँ और औरंगजेब को भी नाकों चने चबवा दिए थे। बाबर को अफगानिस्तान बहुत पसन्द था और भारत बिल्कुल नापसंद ! इतना नापसंद

कि उसने अपनी वसीयत में लिखा था कि मरने के बाद उसे काबुल में दफनाया जाए। हालाँकि भारत ने ही उसे लुटेरे से बादशाह बनने का मौका दिया था। 8 साल बाद आगरा से उसकी कब्र उखाड़कर उसे काबुल में दफनाया भी गया। लेकिन प्रश्न यह है कि आखिर बाबर अफगानिस्तान को क्यों छोड़ भागा ? इसका प्रमुख कारण पठान कबीले थे, जिन्होंने बार-बार बाबर को परास्त और पस्त किया। भारत पहुँचने की चाह तो हर लुटेरे को रही है लेकिन बादशाह बनने के बाद बाबर काबुल लौट सकता था, लेकिन क्यों नहीं लौटा ? मुगलों और पठानों के इस बैर का चित्रण पश्तो के महाकवि खुशहाल खान खत्तक की कविता में बखूबी हुआ है। बाबर को काबुल पसंद था लेकिन क्या काबुल को भी बाबर पसन्द था ? 1969 में काबुल के सांसद बबरक कारमल (जो बाद में प्रधानमंत्री भी बने) मेरे आग्रह पर बाबर की समाधि दिखाने मुझे 'बाग़े-बाबर' ले गए। जब मैंने उस जगह की खस्ताहाली का ज़िक्र किया तो वे बोले कि ग़नीमत है कि इस कब्र को पठानों ने उखाड़कर नहीं फेंका।

यह सत्य है कि पूरे मुगल वंश ने अफगानिस्तान को अपने भारतीय साम्राज्य की सीढ़ी की तरह इस्तेमाल किया और आगरा तथा दिल्ली में जम जाने के बाद उसे अपने हाल पर छोड़ दिया। अगले सवा दो सौ साल तक अफगानिस्तान भारत के मुगलों और ईरान के सफावियों के बीच फुटबाल बना रहा। लुढ़कते हुए फुटबाल की तरह उसके सीमावर्ती क्षेत्र कभी मुगलों के पाले में चले जाते थे और कभी सफावी पाले में ! यों भी उस समय पुर्तगालियों ने समुद्री रास्ते खोलकर 'रेशम पथ' के भाव गिरा दिए थे। अफगानिस्तान की महत्ता इसलिए भी घट गई थी कि 16वीं से 18वीं सदी के प्रारम्भ तक वहाँ केन्द्रीय सत्ता का अभाव हो गया था। अफगानिस्तान से गुजरनेवाले कारवानों को लूट लिया जाता था, दर्रों पर बसे कबीले अन्धाधुन्ध टैक्स वसूलते थे और चारों तरफ अराजकता का साम्राज्य फैल गया था। गिलजई, यूसुफजई, खत्तक, अफरीदी आदि कबीलों ने अपने स्वतन्त्र राज्य खड़े कर लिए थे। अफरीदियों ने तो अकमल खान को अपना बादशाह भी घोषित कर दिया था। ऐसे में मुगलों का एक मात्र लक्ष्य रह गया था, पठानों की बगावत को दबाना, न कि अफगानिस्तान को किसी सुगठित राज्य की तरह विकसित करना। अफगान कबीले एकजुट होकर अपना स्वतन्त्र राज्य स्थापित करते, इसके बजाय वे हथियार और पैसे के पीछे पागल होकर भागते रहे। जिधर भी उन्हें ये दोनों चीज़ें मिलतीं, वे उधर ही चल पड़ते।

जो काम 16वीं सदी में बायज़ीद अंसारी और 17वीं सदी में खुशहाल खान खत्तक नहीं कर सके, वह कुछ हद तक होतक कबीले के गिलजई सरदार मीर

वायज़ ने 1709 में कर दिखाया। उसने ईरान के सफावी गवर्नर की हत्या कर दी और कन्धार पर कब्जा कर लिया। इतना ही नहीं, 1722 में गिलजई पठान ईरान में घुस गए, और राजधानी इस्पहान पर काबिज हो गए। इन्हीं दिनों अब्दाली कबीले के पठानों ने हेरात पर कब्जा कर लिया। सफावी और मुगलिया सल्तनत की डगमगाती हुई मीनारों को ढहाकर स्वतन्त्र अफगानिस्तान का भव्य भवन भी इसी समय खड़ा किया जा सकता था। लेकिन उसे 25 साल और इन्तजार करना पड़ा। गिलजई और अब्दाली आपस में लड़ मरे। ईरानी पहले से ही उनके विरुद्ध थे। इसके अलावा उनका सारा ध्यान कन्धार से हटकर इस्पहान पर केन्द्रित हो गया। हमेशा की तरह अफगानों से अफगानिस्तान इस बार भी उपेक्षित हो गया। इस बीच 1729 में ईरान के तहमास्प कुली खान ने, जिसे हम नादिरशाह के नाम से जानते हैं, गिलजई राज्य को धराशायी कर दिया, अफगानिस्तान पर अधिकार कर लिया और उसने मुगल साम्राज्य को तहस-नहस कर दिया। दिल्ली का तख्ते-ताऊस उठाकर वह ईरान ले गया। अफशार कबीले के एक चरवाहे के बेटे और कल तक उठाईगीरी करनेवाले नादिरशाह ने आमू के इस पार और उस पार के सारे इलाके को पहली बार एकछत्र राज्य में बाँधा। 1747 में भारत-विजय से लौटते हुए कन्धार में उसकी हत्या हो गई। इस मौके का फायदा उठाते हुए उसके प्रमुख सिपहसालार अहमद शाह अब्दाली ने एक स्वतन्त्र और सार्वभौम अफगान राज्य की नींव रख दी। पठान कबीलों की 'जिरगा' ने उन्हें अपना बादशाह चुन लिया।

अहमदशाह अब्दाली विफल हो जाए, यह गिलजइयों ने बहुत चाहा लेकिन अभी तक वे लँगड़ा रहे थे, अपने घाव सहला रहे थे। ईरानियों की मार से उबर नहीं पाए थे। गिलजइयों के एक खेमे में होतक, तोखी, नसर और खरोटी कबीले थे और दूसरे में सुलेमान खेल, अली खेल, अका खेल, सहाक, अन्दार, तरक आदि थे। इनकी आपस की लड़ाई ने अब्दालियों का मार्ग निष्कंटक कर दिया। इसके अलावा नादिरशाह का सारा खज़ाना, भारत से लूटा हुआ सारा माल अहमदशाह के हाथ लग गया। अब्दाली सिंहासन की नींव सोने और चाँदी से भर दी गई। अहमदशाह अब्दाली को राष्ट्रपिता (बाबा-ए-कौम) का खिताब मिला और उसे उन्होंने निभाने की पूरी कोशिश की लेकिन ताज़धारी अब्दालियों को तलवारधारी गिलजइयों ने इतना तंग किया कि अहमदशाह अब्दाली के बेटे तैमूर शाह ने अपनी राजधानी कन्धार से हटाकर काबुल में बना ली। कन्धार के गिलजई तैमूर शाह को आज तक 'ईरानी' कहकर नीचा दिखाते हैं। वे उसे पश्तून नहीं मानते। दुर्रानियों को गिलजई लोग ईरानियों की कार्बन कॉपी मानते हैं। उनका कहना है कि दुर्रानी लोग ईरान के नादिरशाह अफशार की नौकरी करते-करते अपने

मालिक की तरह हो गए हैं। वे पश्तो नहीं बोलते। वे सच्चे पठान नहीं हैं। इसके विपरीत दुर्रानियों का कहना है कि गिलजइयों में सच्चा आर्य रक्त नहीं है। वे तुर्की वंश के हैं। पिछड़े हुए हैं। लड़ाकू हैं। घमण्डी हैं। सबको साथ लेकर नहीं चल सकते हैं। इसीलिए 1747 से लेकर 1978 तक याने 231 साल के इतिहास में केवल एक गिलजई–नूर मुहम्मद तरक्कइ–1978 में सरदार दाऊद को हटाकर 'सौर इन्कलाब' के ज़रिए अफगानिस्तान का राष्ट्रपति बना। इस गिलजई को डेढ़ साल में ही दूसरे गिलजई हफीजुल्लाह अमीन ने मौत के घाट उतार दिया और खुद भी तीन माह बाद उसी राह पर चला गया। 1986 में बबरक कारमल की जगह सत्तारूढ़ होने वाले डॉ. नजीबुल्लाह भी गिलजई ही थे। 1992 में उनका पद गया और 1996 में प्राण भी गए। अब तालिबान और तालिबान के नेता (अमीर-उल-मोमिनीन) मुल्ला उमर भी गिलजई हैं। साम्यवादियों (खल्की और परचमी) में गिलजई नेतत्व का उभरना संयोग की बात है लेकिन यहाँ साइन-बोर्ड तालिबान का है और राज्य गिलजइयों का है। गिलजइयों का इतना लम्बा राज्य आधुनिक अफगानिस्तान में पहली बार स्थापित हुआ है। गिलजइयों ने सद्दोजई और मुहम्मदजई अमीरों और बादशाहों को गिराने के लिए क्या-क्या प्रयत्न नहीं किए ? दोस्त मुहम्मद को हटाने के लिए शाह शुजा की पीठ ठोकी तथा अब्दुर रहमान, अमानुल्लाह और ज़ाहिरशाह के विरुद्ध अनेक बार बगावत का झण्डा उठाया। अब भी वे ज़ाहिरशाह की वापसी का विरोध कर रहे हैं। पिछले ढाई सौ साल के अफगान इतिहास का यह एक उल्लेखनीय अभिशाप है।

कुल मिलाकर ये सात सौ साल निरन्तर हमलों और मुकाबलों के साल रहे। इन सात शताब्दियों में अफगानिस्तान ने न जाने कितनी बार रक्त-स्नान किया। 'शान्ति और सलामती के धर्म इस्लाम' को अफगानों ने कुबूल जरूर किया लेकिन वह भी उन्हें एकरस नहीं कर पाया। कभी शिया-सुन्नी, कभी अब्दाली-गिलजई, कभी तुर्क-पठान और कभी मुगल-अफगान प्रतिद्वंद्विता ने अफगान राष्ट्र को एकजुट नहीं होने दिया। बल्कि इस्लाम के नाम पर दोनों तरफ से जिहाद के परचम फहराए गए, मुस्लिम और गैर-मुस्लिम इलाकों में बेपनाह लूट-मार की गई। चोरी का धन मोरी में बहता रहा। इसीलिए किसी राष्ट्र को सुदढ़ और खुशहाल बनाने के लिए जैसी पूँजी और जैसे उद्यमी वर्ग की जरूरत होती है, वह अफगानिस्तान में तैयार नहीं हो पाया। महमूद गज़नी और मुहम्मद ग़ोरी के जमाने में जो चकाचौंध पैदा हुई थी, वह एक तो उधार की थी और दूसरे, वह उन राजवंशों के साथ ही चौपट हो गई। इसीलिए अफगानिस्तान आज भी दुनिया के सबसे पिछड़े देशों में गिना जाता है। अफगानिस्तान के अनेक इलाके लगभग

समयातीत हैं। मानो कई सदियाँ इन इलाकों से आँखें चुराती हुई आगे बढ़ गई हों। दूसरे देशों में जो चीजें आप अजायबघरों में देखते हैं, वे अफगानिस्तान के साधारण घरों में आज भी देखी जा सकती हैं। जिन जीवन-पद्धतियों और शासन-प्रणालियों को दुनिया के ज्यादातर देशों ने स्मति के मुर्दाघरों के हवाले कर दिया है, वे अफगानिस्तान में आज भी दनदना रही हैं। अफगानिस्तान के इतिहास का भूत आज भी उसका वर्तमान होकर जी रहा है।

अहमदशाह से अमानुल्लाह तक

अहमदशाह अब्दाली से अमानुल्लाह तक (1747-1929) की कहानी बहुत रोचक है। अब्दालियों को अहमदशाह के ज़माने से ही 'दुर्रानी' (मोतियों का मोती) कहा जाने लगा था। अहमदशाह अब्दाली के बाद के और उनके पहले के अफगानिस्तान में क्या फर्क है ? 1747 के पहले, जिस इलाके को हम अफगानिस्तान कहते हैं, उसमें कबीलाई मारधाड़ और अराजकता का माहौल तो था ही, पड़ौसी शाहों और सुलतानों के हमले बराबर होते रहते थे। उनके फलस्वरूप अफगानिस्तान के कई हिस्सों की मिल्कियत बदल जाया करती थी। अफगानिस्तान कभी ऊँट के आकार का हो जाता था और कभी घोड़े के ! अहमदशाह ने अफगानिस्तान के चारों तरफ सीमाओं का एक परकोटा-सा खींच दिया, जो कमोबेश आज तक कायम है। बादशाह अमीर अब्दुर रहमान के शासन-काल (1880-1901) तक पहुँचते-पहुँचते इन सीमाओं को लगभग औपचारिक रूप मिल गया। ब्रिटिश भारत के साथ डूरेन्ड-रेखा, ईरान के साथ रिजवे-रेखा और रूस के साथ खींची गई शेरअली खान रेखा ने अफगानिस्तान को चारों ओर से सुरक्षित और सुनिश्चित कर दिया।

ये रेखाएँ सदा अविवादास्पद रही हों, ऐसा नहीं है। इन्हें लेकर विवाद खड़े होते रहे हैं, खास तौर से डूरेन्ड-रेखा को लेकर लेकिन इन विवादों के कारण अफगानिस्तान को अपनी जमीन कभी खोनी नहीं पड़ी है। सीमा-समझौतों के पहले और उनके दौरान जो ज़मीन इधर से उधर हुई, सो हुई लेकिन उनके बाद वैसा नहीं हुआ, जैसा कि पिछले ढाई हजार साल में होता रहा। अहमदशाह अब्दाली के बेटे तैमूर शाह ने राजधानी कन्धार से बदलकर काबुल जरूर कर दी लेकिन वह आज भी अफगानिस्तान की राजधानी है। ऐसा नहीं हुआ कि वह कभी ईरानियों, कभी तुर्कों, और कभी मुगलों के कब्ज़े में चली गई हो। 1992 में नजीबुल्लाह सरकार के पतन के बाद काबुल की केन्द्रीय सत्ता ढीली पड़ गई लेकिन इसके बावजूद हेरात, मज़ारे-शरीफ, फैज़ाबाद और जलालाबाद के सीमान्त क्षेत्र पड़ौसी राष्ट्रों के कब्ज़े में नहीं गए। इन इलाकों में इस्माइल खान, अब्दुल रशीद दोस्तम, अहमदशाह मसूद और मुल्ला उमर जैसे लोगों की स्वायत्त सत्ता जरूर कायम हो

गई लेकिन ये सब अफगान थे। विदेशी नहीं।

इसी प्रकार अहमदशाह अब्दाली के पौत्र ज़मानशाह के अपदस्थ होने के बाद 1799 से 1842 तक काबुल के तख्त के लिए सद्दोजई और बरकजई सरदारों के बीच लगातार तलवारें खिचीं रहीं और उनमें से कुछ ने गैर-अफगान पड़ौसी शासकों की सहायता भी ली लेकिन उक्त 43 वर्षों में किसी विदेशी शासक का काबुल पर कब्ज़ा नहीं हुआ। अंग्रेजों के साथ प्रथम आंग्ल-अफगान युद्ध जरूर हुआ लेकिन उस दौरान काबुल पर शाह शुजा को लाकर बिठाए रखना जरूरी समझा गया। अंग्रेजों की भयंकर पराजय के कारण अफगान राष्ट्रवाद प्रबल हुआ और इस्लामी भावना भी प्रबल हुई। महमूद शाह, शाह शुजा और दोस्त मुहम्मद तीनों अपदस्थ हुए और तीनों काबुल के शासक दुबारा बने लेकिन काबुल का ताज़ किसी गैर-अफगान क्या, गैर-अब्दाली के सिर पर भी सुशोभित नहीं हुआ।

पाइन्दा खान, फतेह खान और शेर मुहम्मद खान जैसे वज़ीरों ने अपने बादशाहों की नाक में दम कर दिया लेकिन फिर भी अफगानिस्तान बिखरा नहीं, टूटा नहीं। उसकी पहचान और सीमाएँ बनी रहीं। हाँ, इतना जरूर हुआ कि ज़मानशाह की उदारता के कारण सिख सरदार रणजीतसिंह को पंजाब का सूबेदार बनाया गया, जिसके कारण पेशावर बाद में अफगानों के हाथ से जाता रहा। सिर्फ रणजीतसिंह ही नहीं, अफगानिस्तान के अन्य पड़ौसी शासकों ने भी मौके का फायदा उठाने की कोशिश की, जैसा कि वे आजकल भी कर रहे हैं। अहमदशाह अब्दाली के ज़माने में खिला गुलाब मुरझाने ही वाला था कि दोस्त मुहम्मद ने 1837 में काबुल की गद्दी सम्हाल ली। दोस्त मुहम्मद अहमदशाह के वंशज नहीं थे। वे प्रसिद्ध वज़ीर पाइन्दा खान के पुत्र और जबर्दस्त योद्धा फतेह खान के छोटे भाई थे। यह बरकजई कबीले का पाइन्दा-खेल नामक कुल था। अमीर दोस्त मुहम्मद अफगान सीमाओं का विस्तार नहीं कर पाए लेकिन उन्होंने अहमदशाह की विरासत को कायम रखने की पूरी कोशिश की। दोस्त मुहम्मद के बड़े भाई सुल्तान मुहम्मद ही बादशाह ज़ाहिरशाह के पुरखे हैं। सुलतान मुहम्मद पेशावर में रहते थे, इसलिए इन लोगों को 'पेशावरी सरदार' कहा जाता था। इस परिवार को 'मुसाहिबान परिवार' के नाम से भी जाना जाता रहा है।

दोस्त मुहम्मद के दूसरे शासन-काल (1842-63) के 21 वर्षों में अफगानिस्तान पहले से थोड़ा अधिक मजबूत और एकजुट हुआ लेकिन 1863 में उनकी मत्यु होते ही उनके उत्तराधिकारियों के बीच खाँडे खड़कने लगे। 'बादशाहगर्दी' का एक जबर्दस्त दौर शुरू हो गया। अगले सोलह साल में काबुल पर चार अमीरों–शेर अली, अफज़ल, आज़म और याकूब खान का कब्जा हुआ।

शेर अली दुबारा भी अमीर बने। वे 16 में से 14 साल गद्दी पर रहे लेकिन उनका ज्यादा समय अन्दरूनी लड़ाइयों में बीता, हालाँकि अफगानिस्तान को आधुनिकता के युग में प्रवेश करवाने का श्रेय उन्हीं को जाता है। अपनी दूसरे दसवर्षीय शासन-काल में उन्होंने न केवल अफगानिस्तान की एकता के लिए संघर्ष किया बल्कि प्रसिद्ध सुधारक और विचारक सय्यद जमालुद्दीन अफगानी के विचारों को अमली जामा पहनाने की भी कोशिश की।

शेर अली ने फौज, शस्त्र-निर्माण, शिक्षा, पत्रकारिता, डाक-व्यवस्था, मुद्रा, हस्त-उद्योग आदि क्षेत्रों में अपूर्व पहल की। उन्होंने पहली बार प्रधानमंत्री का पद कायम किया, मंत्रिमंडलीय व्यवस्था बनाई, नक़द कर-प्रणाली लागू की और अफगान एकता और देशभक्ति पर बल दिया। लेकिन दोस्त मुहम्मद की तरह शेर अली को भी अंग्रेजों से युद्ध लड़ना पड़ा। 40 साल में लड़े गए इन दो युद्धों ने अफगानिस्तान को तबाह कर दिया। अर्थ-व्यवस्था तो चौपट हुई ही, युद्धों के कारण सीमान्त के कबीलों का महत्त्व जरूरत से ज्यादा बढ़ गया। इस्लामी जिहाद के नाम पर लड़नेवाले इन कबीलों में मज़हबी जुनून इन्हीं दिनों से गहरा पैठा हुआ है और वह आज तक ज्यों का त्यों चला आ रहा है। इसके अलावा अंग्रेजों से लड़ने के कारण विदेशियों के प्रति सहज सन्देह और यूरोपीय आधुनिकता के प्रति घणा भी इन कबीलों में घर कर गई है। आज भी काबुल में विदेशी को विदेशी नहीं कहा जाता। उसे दरी भाषा में 'नफ़र-ए-फिरंगी' कहा जाता है। फिरंगी याने गोरा याने अंग्रेज याने हमलावर ! अंग्रेजों के साथ अभी तक दो अफगान-युद्ध क्यों हुए और उनका व्यापक परिणाम क्या हुआ, इस पर अन्यत्र विचार करेंगे लेकिन यहाँ यह बताना जरूरी है कि अराजकता के इस युद्धोत्तर माहौल में ही अंग्रेजों की मदद से अब्दुर रहमान 17 जुलाई 1880 को अफगानिस्तान के अमीर बन गए। अब्दुर रहमान पिछले 12 साल से ताशंकद में निर्वासित होकर रूसियों के मेहमान की तरह रह रहे थे। दोस्त मुहम्मद के भतीजे और अफ़जल खान के बेटे अब्दुर रहमान ने 21 साल राज किया। वे अफगानिस्तान के लौह-अमीर कहलाए।

अमीर अब्दुर रहमान की गणना अफगानिस्तान के महान किन्तु निर्मम बादशाहों में होती है। यदि 254 वर्षों में पाँच बड़े बादशाहों के नाम गिनाने हों तो वे ये होंगे–अहमदशाह अब्दाली, दोस्त मुहम्मद, अब्दुर रहमान, अमानुल्लाह और ज़ाहिरशाह ! अब्दुर रहमान जिस सिंहासन पर बैठे, वह डाँवाडोल हो रहा था। पूर्व शासक याकूब खान ने अंग्रेज के साथ 'गन्दमक की कुख्यात संधि' (1879) पर दस्तखत कर दिए थे, जिसके कारण अफगानिस्तान के विदेशी मामलों पर ब्रिटेन का एकाधिकार हो गया था। गिलजई, उज़बेक, हज़ारा और 'काफ़िरों' ने अपनी

लगभग स्वतन्त्र सत्ता स्थापित कर ली थी। सरकारी खज़ाना खाली हो चुका था। कबीले टैक्स नहीं भरते थे। बादशाहत की कोई खास इज़्ज़त नहीं रह गई थी। अफगान जनता ने कुछ ही वर्षों में आधा दर्जन बादशाहों के दर्शन कर लिए थे। उत्तर से ज़ारशाही रूस, पश्चिम से ईरान और पूर्व से ब्रिटिश साम्राज्य अफगानिस्तान को कच्चा चबा डालने के लिए उद्यत थे।

अमीर अब्दुर रहमान ने सबसे पहला काम तो यह किया कि अपने हिलते हुए सिंहासन को अडिग बनाया। अब तक बादशाहों को 'बराबरीवालों में थोड़ा बड़ा' मात्र समझा जाता था और उनकी बादशाहत को वैधता प्रदान करने के लिए कबाइली और जातीय मुखियाओं की 'जिरगा' का समर्थन आवश्यक माना जाता था लेकिन अब्दुर रहमान ने राजतन्त्र के इस पारम्परिक सिद्धान्त को उलट दिया। उन्होंने हिन्दू राजाओं की तरह दैवीय सिद्धान्त की स्थापना की। उन्होंने अपनी प्रजा को दो-टूक शब्दों में बताया कि बादशाह अल्लाह का नुमाइन्दा होता है और अल्लाह उसे पथ्वी पर इसलिए भेजता है कि वह गड़रिए की तरह 'उसकी भेड़ों' की देखभाल करे। अल्लाह के इस खादिम के खिलाफ़ जो भी बगावत करता है, वह अल्लाह का अपमान करता है। लोगों ने अब्दुर रहमान को इस रूप में माना या न माना, उन्होंने खुद को अल्लाह और इस्लाम का प्रवक्ता बनाकर राज्य के निरंकुश अधिकार हस्तगत कर लिए। उन्होंने मूर्ख मुल्लाओं की खिल्ली उड़ाई, कुरान की व्याख्या और जिहाद की घोषणा का अधिकार अपने हाथ में ले लिया तथा मुल्लातन्त्र को सरकारी नौकरशाही का हिस्सा बना दिया। अब्दुर रहमान ने पहले शिनवारियों और गिलजइयों को दबाने और बाद में उज़बेकों, हजारा और काफिरिस्तान के खूँखार योद्धाओं को कुचलने के लिए इस्लाम का इस्तेमाल बड़ी चतुराई से किया। हज़ारा लोगों के शिया होने के कारण उनको काफ़िरों की श्रेणी में डाल दिया गया और काफिरिस्तान के मूर्ति और देवीपूजक लोग तो पहले से ही काफिर कहलाते थे। इन आदिम आर्यों या हिन्दुओं पर ईसाई मिशनरी डोरे डालते इसके पहले ही उन पर इस्लाम थोप दिया गया। इन सबके खिलाफ 'जिहाद' के अलावा साम, दाम, दण्ड, भेद का प्रयोग करके अब्दुर रहमान ने अपनी अखण्ड और अडिग सत्ता कायम कर ली। इसीलिए 21 साल के राज में उन्हें काबुल छोड़कर न तो कहीं भागना पड़ा, न अपदस्थ होना पड़ा और न ही किसी हत्यारे का शिकार होना पड़ा। 1901 में जब बीमारी से उनका निधन हुआ तो उनके नामजद किए हुए उनके शहजादे हबीबुल्लाह के सिर पर अफगान ताज़ वैसी ही सहजता से आ बैठा जैसे किसी शान्त झील पर कोई हंस उतरता हो।

अमीर अब्दुर रहमान अपनी सम्पूर्ण चतुराई के बावजूद गन्दमक की सन्धि

को रद्द नहीं करवा पाए और उल्टे, उन्होंने 1893 में सर मोर्टिमेर डूरेन्ड के साथ सीमा-समझौता करके सिन्धु नदी और अफगानिस्तान के बीच बसे हुए पठान कबीलों को दो हिस्सों में बाँटना स्वीकार कर लिया। इस 'समर्पण' के लिए आज भी कबाइली पठान अब्दुर रहमान की निन्दा करते हैं। डूरेन्ड-रेखा की गहरी राजनीति पर हम अन्यत्र विचार करेंगे लेकिन हमें यह सत्य अनदेखा नहीं करना चाहिए कि अब्दुर रहमान के कूटनीतिक चातुर्य के कारण ही अफगानिस्तान युद्ध से बचा। न तो वह अंग्रेजों से भिड़ा और न ही रूसियों से। खुद अमीर ने अपने सुप्रसिद्ध जीवन-चरित में लिखा है कि अफगानिस्तान तो एक बकरी की तरह है, जिसे सफाचट करने के लिए उत्तर का 'रूसी भालू' और दक्षिण का 'ब्रिटिश शेर', दोनों ही घात लगाए हुए हैं। इन दोनों 'हिंसक साम्राज्यों' से उन्होंने न केवल अफगानिस्तान को बचाया बल्कि अपने राज के पहले वर्ष में ही तगड़ी फौज खड़ी करने के लिए अंग्रेजों से उन्होंने 36 लाख रु. का अनुदान ले लिया। बाद में उन्हें 12 लाख रु. प्रतिवर्ष का अनुदान भी मिलता रहा। डूरेन्ड समझौते पर दस्तखत करते समय इस राशि में उन्होंने छह लाख रु. अतिरिक्त जुड़वा लिये।

अब्दुर रहमान ने अंग्रेजों से काफी फायदा उठाया लेकिन वे हमेशा अतिरिक्त सावधानी बरतते रहे। उन्होंने विदेशी विशेषज्ञों को अनेक विशेष कार्यों जैसे शस्त्र-निर्माण, टकसाल, उत्खनन, इन्जीनियरी, भूगर्भ-विद्या, चर्म-उद्योग, मद्य-निर्माण और यहाँ तक कि घुड़साल, पियानो-वादन और हरम के रख-रखाव के लिए भी आमन्त्रित किया लेकिन अफगान सरकार उन सबको काफ़िर और जासूस समझकर ही उनसे काम लेती थी। अफगानिस्तान के आधुनिकीकरण की दृष्टि से इस लौह-अमीर ने अनेक कदम उठाए। पहली बार अफगानिस्तान में एक एकीकृत और नियमित फौज की स्थापना हुई। 50-60 हजार जवानों की फौज को पहली बार नक़द तनख़ा देने का रिवाज़ शुरू हुआ। पदानुक्रम, समुचित वर्दी, आवश्यक शस्त्रास्त्र और साजो-सामान की व्यवस्था भी की गई। प्रत्येक कबीले के आठ मर्दों में से एक की फौजी भर्ती (हश्तनफरी) अनिवार्य की गई। आर्थिक क्षेत्र में भी कई क्रान्तिकारी कदम उठाए गए। नई मुद्रा, आयात-निर्यात, सरकारी कारखाने, नई कर-प्रणाली आदि का प्रारम्भ तो किया ही गया, सबसे बड़ी बात यह हुई कि सदियों बाद अफगानिस्तान में यातायात और परिवहन-व्यवस्था निरापद हुई। ऊँटों और घोड़ों के काफिले अफगानिस्तान के एक कोने से दूसरे कोने तक रास्तों में लुटे बिना अपनी मंजिल पर पहुँचने लगे। एक 'काफिलाबाशी' नामक अफसर का पद और विभाग कायम किया गया। सड़कें सुधारी गईं लेकिन रूसियों और अंग्रेजों के रेल बिछाने के सारे प्रयत्न विफल कर दिए गए। उन्हें साम्राज्यवादी विस्तार और

आक्रमण के उपकरण के तौर पर देखा गया। अब्दुर रहमान की हार्दिक इच्छा थी कि अफगानिस्तान की सीमाएँ समुद्र-तट तक पहुँच जाएँ ताकि वह स्वतन्त्र राष्ट्र की तरह दुनिया के देशों के साथ खुले सम्बन्ध रख सके। सीमा का इतना विस्तार होना तो दूर रहा, ब्रिटिश भारत ने उन्हें इतनी अनुमति भी नहीं दी कि वे लन्दन से सीधा व्यवहार रख सकें।

अमीर अब्दुर रहमान ने अफगान-समाज को सुधारने का भी भरसक प्रयत्न किया। 1895 में उन्होंने दास-प्रथा को समाप्त कर दिया। इससे हज़ारा लोगों को सबसे अधिक लाभ हुआ। उन्होंने नए-नए कानून बनाए, उनका संहिताकरण किया, कबाइलियों से टैक्स वसूल किया, अदालतें स्थापित कीं और अपराधियों के लिए कड़ी सज़ाओं का प्रावधान किया। सजाएँ इतनी कठोर थीं कि अमीर की क्रूरता की अनेक किंवदन्तियाँ अभी तक प्रसिद्ध हैं। जो भी हो, अगर 19वीं सदी के अन्तिम चरण में अमीर अब्दुर रहमान काबुल के तख्त पर नहीं बैठते तो अफगानिस्तान काफी पहले ही बिखर जाता। एक दष्टि से अब्दुर रहमान ने अहमदशाह अब्दाली, दोस्त मुहम्मद और शेर अली के मिशन को काफी आगे बढ़ाया।

अब्दुर रहमान के पुत्र हबीबुल्लाह (1901-19) ने सत्तारूढ़ होते ही अफगानिस्तान को आधुनिकता के मार्ग पर ले जाने का दढ़ संकल्प व्यक्त किया। उन्होंने सामान्य शिक्षा के लिए हबीबिया कॉलेज और फौजी शिक्षा के लिए हरबिया कॉलेज की स्थापना की। पश्चिमी विषयों को पढ़ाने के लिए भारत से अनेक मुस्लिम अध्यापक और फौजी प्रशिक्षण के लिए तुर्की अध्यापक बुलवाए। अब से सौ साल पहले अफगानिस्तान में 98 प्रतिशत लोग निरक्षर थे। पारम्परिक मदरसों में बहुत कम लोग पढ़ते थे। हबीबुल्लाह ने पश्चिमी शिक्षा की निन्दा करनेवालों को खुले-आम आड़े हाथों लिया। अफगानिस्तान में छात्रों को पहली बार आधुनिक विषय पढ़ाए जाने लगे। हबीबुल्लाह के शैक्षणिक और सामाजिक सुधारों पर महमूद तर्ज़ी की गहरी छाप थी। तर्ज़ी के पिता अफगान थे लेकिन वे स्वयं तुर्की में पले-बढ़े थे। तर्ज़ी की दो लड़कियों के साथ हबीबुल्लाह ने अपने दोनों राजकुमारों–इनायतुल्लाह और अमानुल्लाह–की शादी भी कर दी थी। तर्ज़ी ने 'सिराजुल अखबार' नामक पत्र चलाया, जिसने अफगानिस्तान में नई मानसिकता तैयार की। हबीबुल्लाह ने दास-प्रथा के विरुद्ध जोरदार अभियान चलाया। पहला अनाथालय खुलवाया। शादी के खर्चों पर रोक लगाई। चार पत्नियों से अधिक पर प्रतिबन्ध लगाया। अपनी दर्जनों पत्नियों को सार्वजनिक तलाक दिया। पश्चिमी फर्नीचर, स्थापत्य, वेशभूषा और खेलों को प्रोत्साहित किया। मोटरकार, टेलीफोन, फोटोग्राफी वगैरह पहली बार अफगानिस्तान में सार्वजनिक हुए लेकिन रेल फिर भी नहीं आई। व्यापार और

उद्योगों का विकास भी हुआ।

हबीबुल्लाह ने अनेक नए राजनीतिक और प्रशासनिक कदम उठाए। उन्होंने अपने पिता की तरह कठोरता और क्रूरता का मार्ग नहीं अपनाया। इसीलिए अनेक निर्वासित अफगान वापस लौटे। गैर-पठान जातियों के साथ उन्होंने समरसता उत्पन्न की। अफगानिस्तान को छह प्रान्तों में बाँटा और प्रान्तों को आगे जिलों में! प्रशासकीय और न्यायिक तन्त्र को भी व्यापक और उदार बनाया। मुल्ला-मौलवियों को खुश रखने के लिए उन्होंने अनेक कदम उठाए। हालाँकि उन्होंने खिलाफत का पक्ष लेते हुए ब्रिटिश हुकूमत के विरुद्ध जिहाद की घोषणा नहीं की। हबीबुल्लाह के ज़माने में अनेक ब्रिटिश-विरोधी भारतीय क्रान्तिकारी जैसे राजा महेन्द्र प्रताप, बरकतुल्लाह और ओबेदुल्लाह सिंधी आदि अफगानिस्तान में पनाह लेते रहे लेकिन बहुत उकसावे के बावजूद उन्होंने अंग्रेजों के खिलाफ मोर्चा नहीं खोला। जैसे वे अपने देश के अतिवादियों को भरमाते रहे, वैसे ही वे पहले ब्रिटिश-रूसी प्रतिद्वंद्विता में फँसने से बचते रहे और बाद में जर्मन-ब्रिटिश प्रतिद्वंद्विता से। प्रथम महायुद्ध में कूद पड़ने के लिए उन्हें काफी भड़काया गया और भारत की बादशाहत का लालच भी दिया गया लेकिन वे सभी पक्षों को अधर में लटकाते हुए इस धर्मसंकट को पार कर गए। 18 फरवरी 1919 को उनकी हत्या हो गई और उनका ताज़ उनके छोटे राजकुमार अमानुल्लाह ने पहन लिया।

अमानुल्लाह का शासन (1919-29) केवल दस साल चला और उन्हें देश छोड़कर भागना पड़ा लेकिन उन्हें आज भी अफगान जनता सबसे अच्छे बादशाहों में गिनती है। अमानुल्लाह सत्ता छोड़ने के बाद पूरे तीस साल जिए और ज़ाहिरशाह की तरह रोम में रहे। अमानुल्लाह पहले बादशाह थे, जिन्होंने आगे होकर अंग्रेज को टक्कर लगाई। 1 मार्च 1919 को अपने राज्यारोहण के दिन ही उन्होंने अफगानिस्तान की पूर्ण स्वतन्त्रता की घोषणा कर दी याने 1879 की गन्दमक की सन्धि को रद्द कर दिया। उन्होंने दुनिया को बता दिया कि अफगानिस्तान अपने वैदेशिक सम्बन्धों का संचालन स्वयं करेगा। अब वे ब्रिटेन द्वारा संचालित नहीं होंगे। ब्रिटेन के लिए यह बड़ा झटका था। दो माह में ही युद्ध छिड़ गया। मई 1919 में लड़े गए इस तीसरे आंग्ल-अफगान युद्ध में कौन हारा और कौन जीता, यह कठिन है लेकिन यह सत्य है कि अफगानिस्तान को पूर्ण स्वतन्त्रता मिली और इस घटना ने अमानुल्लाह की बादशाहत में चार चाँद लगा दिए। अपने चाचा और बड़े भाई का हक मारकर जबरन बादशाह बने अमानुल्लाह को इस घटना के कारण वैधता मिलना शुरू हो गई।

यों भी बादशाह बनने के पहले से अमानुल्लाह राज-दरबार की 'युद्ध-पार्टी'

के नेता थे। 'युद्ध-पार्टी' का मतलब वे लोग, जो यह चाहते थे कि तुर्की के खलीफा के पक्ष में ब्रिटेन के विरुद्ध युद्ध छेड़ दिया जाए। ये लोग प्रथम युद्ध के दौरान ब्रिटेन के खिलाफ थे जबकि बादशाह हबीबुल्लाह जर्मनों के साथ एक सन्धि-वार्त्ता करने के बावजूद तटस्थ बने रहे। अमानुल्लाह ने सत्तारूढ़ होते ही विश्व-इस्लामवाद को हवा देना शुरू कर दिया था। यह हवा वे 1915 से ही बहा रहे थे। उस समय भारतीय नेता ओबेदुल्ला सिन्धी की योजना के अनुसार भारत को अंग्रेजों से आज़ाद करवाकर अमानुल्लाह को दिल्ली के तख़्त पर बिठाया जाना था। बादशाह अमानुल्लाह ने पहले अंग्रेज से आज़ादी छीनी और फिर उसके खिलाफ जिहाद बोल दिया। सारी दुनिया के मुसलमान अमानुल्लाह पर फिदा हो गए। साम्यवादी रूस के नेता ब्लादिमीर इलिच लेनिन ने भी अमानुल्लाह की तारीफ़ के पुल बाँध दिए। उन्होंने अमानुल्लाह से आशा की कि वे दुनिया के लुटे-पिटे, दबे-पिसे मुसलमानों का नेतत्व करें।

अफगानिस्तान के सबसे प्रभावशाली मज़हबी नेता हज़रत शाह आग़ा ने 1920 में अपनी जुमे की तक़रीर में यहाँ तक कह दिया कि अमानुल्लाह विश्व-इस्लाम के नेता हैं और अब उन्हें ही खलीफा घोषित किया जाना चाहिए। जिहाद के चक्कर में लगभग 18 हजार भारतीय मुसलमान दारूल-हरब (कुफ्र-स्थल) से दारूल-हरम (धर्म-स्थल) में कूच कर गए। वे अफगानिस्तान में बसना चाहते थे। अमानुल्लाह ने उन्हें हाथ जोड़कर वापिस किया। जिहाद के प्रति अमानुल्लाह का उत्साह ठंडा पड़ गया, क्योंकि एक तो तुर्की युद्ध में हार गया और दूसरा कमाल पाशा ने खलीफा का पद ही खत्म कर दिया। फिर भी अमानुल्लाह भारत-अफगान मैत्री के प्रतीक बन गए। उन्हें उन दिनों 'समाजवादी बादशाह' भी कहा जाता था। अमानुल्लाह अफगानिस्तान के ऐसे पहले बादशाह थे, जिन्होंने भारत के अलावा यूरोप और एशिया के अनेक देशों की ससम्मान यात्रा की। ब्रिटेन, इटली, सउदी अरब और ईरान के बादशाहों ने अमानुल्लाह और महारानी सुरैया का गर्मजोशी से स्वागत किया तो सोवियत संघ, जर्मनी, तुर्की और फ्रांस के राष्ट्रपतियों ने अफगान बादशाह की अगवानी में पलक पाँवड़े बिछा दिए। विश्वप्रसिद्ध नेताओं—मुसोलिनी, हिन्डनबर्ग, क्लीमेन्शो, कमाल पाशा, रिजा शाह, कालिनिन, किंग जॉर्ज आदि की मेहमाननवाज़ी ने खुद अमानुल्लाह को प्रसिद्ध बादशाह बना दिया। यदि अतातुर्क कमाल पाशा ने कहा कि अफगानिस्तान को अमानुल्लाह के रूप में अत्यन्त सुयोग्य नेता मिल गया है तो ऑक्सफोर्ड युनिवर्सिटी के उप-कुलपति ने अमानुल्लाह को डॉक्टरेट की उपाधि से विभूषित करते हुए कहा कि आज सुदूर पश्चिम के इस राज्य (ब्रिटेन) को प्रकाशित करने के लिए अमानुल्लाह और सुरैया दूसरे चाँद-सूरज की तरह पूरब से आए हुए

हैं। दिसम्बर 1927 से जुलाई 1928 की इस शाही विदेश-यात्रा ने अफगानिस्तान को दुनिया के नक्शे पर चमचमा दिया। पहली बार दुनिया के अनेक देशों के साथ अफगानिस्तान के राजनयिक सम्बन्ध स्थापित हुए।

असली प्रश्न यह है कि ऐसे विलक्षण बादशाह के खिलाफ बगावत क्यों हुई और वह सफल कैसे हुई ? बगावत करनेवाला कोई राजवंश का व्यक्ति नहीं था, सेनापति नहीं था, प्रधानमंत्री नहीं था। वह किसी गुमनाम पनिहार का बेटा था। बच्चा-ए- सक्का ! उसका असली नाम वही था, जो अमानुल्लाह के पिता का था। इसीलिए उसे हबीबुल्लाह द्वितीय कहा जाता है। इतिहास की सरकारी किताबों में अफगान विद्वान उसका नामोल्लेख भी उचित नहीं समझते। वह पठान नहीं, ताजिक था। वह अफगान-फौज का भगोड़ा जवान था, जो पहले चायखाना चलाता था और बाद में डकैती करने लगा था। उसने अमानुल्लाह को कैसे उलट दिया ? अमानुल्लाह के पहले सैकड़ों बरसों में न जाने कितने गणपति, महाराजा, राजा, खान, कगान, बेग, सुल्तान, अमीर और बादशाह उलटे गए लेकिन जिन कारणों से अमानुल्लाह उलटे गए, वे अद्वितीय और अपूर्व थे। क्या थे, वे कारण ?

सबसे पहली बात तो यह कि तीसरे आंग्ल-अफगान युद्ध में हुई विजय का ज्वार जल्दी ही नीचे उतरने लगा। लोगों ने आरोप लगाया कि यह युद्ध इसलिए छेड़ा गया कि अमानुल्लाह अपनी कालिख धो सकें। कालिख इस सन्देह के कारण लग रही थी कि उनके पिता की हत्या में उनका और उनके ससुर महमूद तर्ज़ी का हाथ माना जा रहा था। जन-भावना को अमानुल्लाह की तरफ मोड़ने में युद्ध ने महत्त्वपूर्ण भूमिका निभाई लेकिन अंग्रेज से सुलह की पहल भी उन्होंने ही की। आज़ादी की घोषणा वे पहले ही कर चुके थे। इसीलिए लोग पूछने लगे कि उसके लिए युद्ध छेड़ने की क्या जरूरत थी ? इसके अलावा युद्धोत्तर सन्धि में अमानुल्लाह डूरेन्ड-पार के कबीलों की रक्षा का स्पष्ट आश्वासन ब्रिटेन से नहीं ले सके, इस बात ने पहाड़ी कबीलों को नाराज़ कर दिया। इन्हीं कबीलों ने 1929 में अमानुल्लाह विरोधी बगावत को हवा दी थी। भारतीय मुसलमान भी इस बात से खफ़ा थे कि अमानुल्लाह ने अपनी आज़ादी पर तो मुहर लगवा ली लेकिन उन पर जान न्यौछावार करनेवाले भारतीयों की आज़ादी के बारे में वे चुप हो गए। 1920 में हजरत शाह आग़ा अमानुल्लाह को खलीफा बनाने को तैयार थे और 1926 में उनके उत्तराधिकारी हज़रत शेर आग़ा ने बादशाह पर डूरेन्ड-सीमा रेखा को मान्यता देने का आरोप लगा दिया। अमानुल्लाह को हटवाने में शेर आगा और ब्रिटिश राजदूत सर फ्रांसिस हम्फ्रीज़ की साजिश के कई प्रमाण ताज़ा शोध-कार्यों में मिले हैं। अमानुल्लाह से मोह-भंग की यह प्रक्रिया शीघ्र ही शुरू हो गई थी।

फौज के लोग भी इस बात से नाराज़ थे कि अमानुल्लाह ने उन्हें शुरू में बहुत-से सब्ज-बाग दिखाए लेकिन बाद में वे सब कुछ भूल गए। इसीलिए अंग्रेज के साथ युद्ध हो या खोस्त की बगावत, अमानुल्लाह की फौज का पराक्रम काफी शिथिल-सा ही रहा। यदि अमानुल्लाह की फौज में दम होता तो क्या बच्चा-ए-सक्का काबुल में घुस पाता ?

अमानुल्लाह के आधुनिकीकरण और सुधार-अभियान का भी डटकर विरोध हुआ। इस्लाम के नाम पर सैकड़ों वर्षों से जो पोंगापन्थ चल रहा था, अमानुल्लाह ने उसे शीर्षासन करवा दिया। उन्होंने लड़कियों को पढ़ाने के लिए पहली बार स्कूल खोले। पढ़ाई के लिए उन्हें विदेश भेजा। बुर्का-प्रथा को समाप्त किया। महारानी सुरैया ने महिला पत्रिका निकाली। अफगान महिलाएँ यूरोपीय महिलाओं की तरह कपड़े पहनने लगीं और बाल कटाने लगीं। बाल-विवाह और विधवा-प्रताड़ना पर प्रतिबन्ध लगा। कन्याओं को अपना वर पसन्द करने की आज़ादी मिली। बहुपत्नी प्रथा की निन्दा की गई। काबुलवासियों के लिए कोट-पेन्ट पहनना अनिवार्य कर दिया गया। शुक्रवार की बजाय गुरुवार को छुट्टी का दिन घोषित कर दिया गया। देवबन्दी उलेमा को देश-निकाला दे दिया गया। सरकारी अध्यापक बनने के लिए मुल्लाओं से भी प्रमाण-पत्र माँगे गए। आधुनिक शिक्षा अनिवार्य कर दी गई। इनमें से कुछ बातें 1923 के संविधान (निज़ामनामा) में भी लिख दी गई थीं। खोस्त की बगावत (1924-25) के पीछे इस संविधान का बहाना भी था।

विदेश-यात्रा से लौटने के बाद अमानुल्लाह ने पघमान में विशाल लोया जिरगा बुलाई और अपने सुधार कार्यक्रम पहले से भी अधिक उत्साह के साथ लागू करने की घोषणा कर दी। अमानुल्लाह ने पूर्वी कबीलों, मज़हबी तत्त्वों, गिलजई पठानों और अंग्रेज सरकार को पहले ही नाराज़ कर रखा था। इन सब तत्त्वों की मिलीभगत पर सान चढ़ाई उस दुष्प्रचार ने, जो अमानुल्लाह की विदेश-यात्रा के दौरान चलता रहा। कहा गया कि बादशाह और महारानी शराब पीते रहे, इस्लाम में प्रतिबन्धित सूअर का मांस खाते रहे, सुरैया पराए मर्दों के साथ घूमती और नाचती रही, मुस्लिम महारानी ने हिज़ाब नहीं रखा, बादशाह ने ईसाई धर्म स्वीकार कर लिया, आदि-आदि। सुरैया और रूसी राजदूत रासकोलनिकोव के बॉल-डान्स करते हुए लाखों नकली फोटो भी वितरित करवाए गए। अमानुल्लाह को उलटाने के लिए विश्वविख्यात अंग्रेज 'लॉरेन्स ऑफ अरेबिया' भी सीमान्त पर आ बैठा। नवम्बर 1928 में बगावत की जो आग शिनवारी इलाके में भड़की, वह अन्त तक नहीं बुझ पाई। बच्चा-ए-सक्का ने उसका लाभ उठाया और काबुल पर धावा बोल दिया। अमानुल्लाह ने जनवरी 1929 में अपनी लगभग सभी सुधार-योजनाओं को

रद्द करने की घोषणा कर दी लेकिन उसका कोई असर नहीं हुआ! 14 जनवरी 1929 को अमानुल्लाह ने पद त्याग किया। लगभग छह माह तक वे कन्धार क्षेत्र में रहकर पुन: काबुल लौटने की कोशिश करते रहे लेकिन आखिरकार 22 जून 1929 को वे मुम्बई रवाना हो गए और वहाँ से रोम चले गए। अफ़गानिस्तान के एक महान प्रयोग का पटाक्षेप हो गया। दस साल आगे बढ़ा हुआ अफगानिस्तान चालीस साल पीछे चला गया। लेकिन अमानुल्लाह द्वारा बोए गए आधुनिकता के बीज धीरे-धीरे दुबारा प्रस्फुटित हो गए।

आधुनिक अफगानिस्तान पर हम विहंगम दष्टि डालें, उसके पहले उस लघु अन्तराल पर दष्टि डालना अनुचित नहीं होगा, जिसे डकैत बच्चा-ए-सक्का का राज्य कहा जाता है। बच्चा-ए-सक्का के पौन वर्ष में ऐसे अनेक अनुभव होते हैं, जो आगामी सत्तर साल के अफगान इतिहास में या तो ज्यों के त्यों दोहराए जाते हैं या उस पर अपना गहरा असर छोड़ते हैं। यों भी बच्चा-ए-सक्का शासक के तौर पर एक ऐसे सन्धि-स्थल पर खड़ा है, जहाँ अब्दालियों की एक वंश-परम्परा समाप्त होती है और दूसरी शुरू होती है।

बच्चा-ए-सक्का के सत्तारूढ़ होते ही काबुल में अफरातफ़री मच गई। उसके साथ काबुल पहुँचे कबाइलियों ने लूटपाट मचा दी। समस्त पुस्तकालय, संग्रहालय, खज़ाने और सम्पन्न घरानों को लूट लिया गया। पुस्तकें और पुरातत्व की दुर्लभ वस्तुओं को या तो जला दिया गया या कौड़ियों के मोल बेच दिया गया। अमानुल्लाह के समर्थकों और अफसरों को तोप से उड़ा दिया गया या फाँसी पर लटका दिया गया। बच्चा ने घोषणा की कि वह काफिर अमानुल्लाह द्वारा उठाए गए सभी इस्लामी विरोधी कदमों को रद्द करेगा और शासन कुरान, शरिया और उलेमा द्वारा खींची गई लकीरों पर चलाएगा। उसने औरतों को घर में बिठा दिया और पिंजरेनुमा बुर्के में कैद कर दिया। क्या यह तालिबान शासन का पूर्वाभ्यास जैसा नहीं लगता ? बच्चा को धीरे-धीरे मज़हबी नेताओं का समर्थन भी मिलने लगा। उसने बाकायदा अपनी सरकार भी गठित कर ली। अपने रिश्तेदारों और दोस्तों को भरकर उसने एक मंत्रिमंडल भी खड़ा कर लिया। उसके आठ में से चार मंत्री बिल्कुल निरक्षर थे। वह खुद भी निरक्षर था। वह खुद काबुल के तौर-तरीकों से इतना अपरिचित था कि अमीर बनने के बाद महारानी सुरैया के गाउन पहनकर फोटो खिंचवाता रहा। उसे पढ़ाई-लिखाई से घणा थी। उसके राज में कुछ माह तक स्कूल-कॉलेज बिल्कुल बन्द कर दिए गए। उसने शिक्षा और न्याय मंत्रालय खत्म कर दिए लेकिन विदेश मंत्रालय कायम रखा। विदेशों तथा काबुल में रह रहे विदेशियों के साथ उसने अच्छे सम्बन्ध बनाए रखने की कोशिश की। उसके प्रति रूस का रवैया मैत्रीपूर्ण

नहीं था लेकिन ब्रिटेन का रवैया सावधानीपूर्ण समर्थन का था। ज्यादातर विदेशी भाग गए थे। कल-कारखाने ठप हो गए थे। व्यापार भी लौ नहीं पकड़ रहा था। धनाढ्य लोगों ने मुट्ठी बंद कर ली थी। आर्थिक बदहाली बढ़ती जा रही थी। उसने नए सिक्के भी ढाले। वे चल नहीं पाए। धातु की भी कमी पड़ गई। उसने चमड़े के सिक्के भी चलाए। खज़ाना इतना खाली हो गया कि वह सरकारी कर्मचारियों का वेतन भी नहीं दे पाता था।

उसने और उसके रिश्तेदारों ने पैसेवाले अफगानों को बाक़ायदा लूटना शुरू कर दिया। नंगी-भूखी फौज में असन्तोष फैल गया। लोग बच्चा का विकल्प खोजने लगे। लगभग आठ माह से काबुल फतेह करने में जुटे मुसाहिबान परिवार को सफलता हाथ लगी। जनरल नादिर खान और उनके भाइयों ने 16 अक्टूबर 1929 को काबुल पर कब्जा कर लिया। नादिर खान ने कब्जा होते ही खुद को बादशाह घोषित नहीं किया। विशाल लोया जिरगा का आयोजन किया। उस जिरगा ने उन्हें आग्रहपूर्वक बादशाह बनाया। नादिर खान बन गए नादिरशाह ! वैसे भी वे बादशाह हबीबुल्लाह और अमानुल्लाह के सेनापति रह चुके थे और ततीय आंग्ल-अफगान युद्ध में अपनी वीरता के लिए काफी नाम कमा चुके थे। अमानुल्लाह जिस प्रकार दोस्त मुहम्मद के भाई अफ़जल खान की चौथी पीढ़ी के सीधे वंशज थे, उसी प्रकार नादिरशाह दोस्त मुहम्मद के एक अन्य भाई सुलतान मुहम्मद की चौथी पीढ़ी के सीधे वंशज थे। ये पिता की ओर से मुहम्मदजई और माता की ओर से सद्दोजई थे। ये पाँच भाई थे। पाँचों भाइयों का जन्म-स्थल देहरादून था।

अहमदशाह दुर्रानी

अमीर दोस्त मुहम्मद

अमीर शेर अली

अमीर अब्दुर रहमान

अमीर हबीबुल्लाह

अमीर अमानुल्लाह

दाऊद ख़ान

ज़ाहिरशाह

जमालुद्दीन अफ़गानी

महमूद तर्ज़ी

मुसाहिबान बन्धु

नूर मुहम्मद तरक्कइ

बबरक कारमल

हफ़ीज़ुल्लाह अमीन

नजीबुल्लाह

सिबगतुल्लाह मुजद्ददी

बुरहानुद्दीन रब्बानी

अहमदशाह मसूद

सय्यद अहमद गैलानी

गुलबदीन हिकमतयार

लेखक और दाऊद ख़ान

लेखक और बादशाह ख़ान

लेखक और राष्ट्रपति रब्बानी

लेखक और हफ़ीज़ुल्लाह अमीन

लेखक और बबरक कारमल

सरोद वादक उस्ताद अमज़द अली खान से श्री करज़ई का परिचय करवाते हुए लेखक

अफ़गानी युवती

अफ़गान चायवाला

तीन अफ़गान

अफगानिस्तान
ता ज़ि कि स्ता न
उ ज़ बे कि स्ता न
तु र्क मे नि स्ता न
ई रा न
पा कि स्ता न
चीन
ब लू चि स्ता न
ब द ख्शा न
क टा घान
बुखारा
समरकंद
आमू दरिया
मर्व
तरमेज़
मशद
पंजदेह
दौलताबाद
बल्ख
मजारे-शरीफ
ताश कुरगन
मैमाना
बाला मुरगाब
कुंदूज
खानाबाद
तालुकान
फैज़ाबाद
बघलान
पुले खुमरी
कुंदुज नदी
आबे-पंज नदी
वाखान
कश्मीर
सरहदी सूबा
कुश्क
हेरात
हरि रूद नदी
ग़ोरियान
काबुल
जलालाबाद
पेशावर
खैबर दर्रा
गज़नी
गर्देज़
फराह
कंधार
हेलमंद नदी
सिंधु नदी
सीस्तान
चमन
क्वेटा

राजतंत्र से अराजतंत्र तक की यात्रा

अफगानिस्तान आज जैसी दुर्दशा में फँसा हुआ है, वह हथेली पर सरसों की तरह नहीं उग आई है। अराजकता के इस जंगल की जड़ें सुदूर अतीत में तो उतरी ही हुई हैं, इसकी शाखा-प्रशाखाएँ पिछले सात दशकों के अफगान इतिहास में भी जहाँ-तहाँ फैली हुई हैं। पिछले पाँच साल से तालिबानों का तांडव चलता रहा, उसके पहले चार साल तक मुजाहिदीन का दंगल चलता रहा और उसके भी पहले 14 साल तक कम्युनिस्टों की आपाधापी मची रही। अप्रैल 1978 में कम्युनिस्ट याने खल्की-परचमी आए, उनके पहले पाँच साल तक सरदार दाऊद खान काबुल की सत्ता पर काबिज़ रहे। उन्होंने अपने चचेरे भाई ज़ाहिरशाह के 40 साल से चले आ रहे राजतन्त्र को खत्म करके गणतन्त्र की स्थापना कर दी। गणतन्त्र पहले भीड़तन्त्र बना और अब वह भाड़तन्त्र बन गया है। तालिबान की भाड़ में अब इस्लामी आतंकवाद की लपटें धधकने लगीं। कौन-सा राष्ट्र है, जिसने इस भाड़ में अपनी रोटियाँ नहीं सेंकना चाहीं ?

1929 में पहले अमानुल्लाह और उसके दस माह बाद जब बच्चा-ए-सक्का का पतन हुआ तो लगा कि अफगान राष्ट्र काफी बलि चढ़ा चुका है। अब वह परिपक्व हो चुका है। अब वह मध्ययुग के अँधेरे गलियारों में दुबारा नहीं लौटेगा। वह सभ्यता के प्रकाश में जिएगा। वह जिया भी ! पहले चार साल तक नादिरशाह और फिर चालीस साल तक ज़ाहिरशाह ने अफगानिस्तान को जो स्थिरता प्रदान की, उनके पहले किसी शासक ने नहीं की। इन चवालीस वर्षों (1929-1973) में काबुल में कई बार सत्ता-परिवर्तन हुआ लेकिन हर बार ऐसी नफ़ासत से हुआ, जैसे ब्रिटेन या अमेरिका या भारत जैसे लोकतान्त्रिक देशों में होता है। जब 1933 में बादशाह नादिरशाह की हत्या हुई तो राजकुमार ज़ाहिरशाह सिर्फ 19 साल के थे। काबुल में उपस्थित उनके तीन चाचा हाशिम खान, शाह वली और शाह महमूद खान चाहते तो गद्दी के लिए तलवारें भाँजने लगते लेकिन उन्होंने अत्यन्त शालीनतापूर्वक ज़ाहिरशाह के सिर पर ताज़ रख दिया। ताज़ तो युवा ज़ाहिरशाह के सिर पर और उसके काँटे अपने सिर पर ! राज-काज का सारा वास्तविक बोझ

हाशिम ने अपने सिर ले लिया। वे प्रधानमंत्री बन गए। इस हैसियत में उन्होंने 1946 तक अफगानिस्तान का राज चलाया।

1946 में छोटे चाचा शाह महमूद प्रधानमंत्री बन गए। वे राज्य की गाड़ी 1953 तक खींचते रहे। जब कुछ कठिनाई पैदा हुई तो 1953 में उसकी लगाम उन्होंने अपने एक दूसरे भतीजे सरदार दाऊद को दे दी, जो कि पूर्व बादशाह नादिरशाह के एक अन्य भाई मुहम्मद अजीज़ के बेटे थे। ज़ाहिरशाह का बोझ अब तक उनके चाचागण (पश्तो में काका) उठाते थे, अब चचेरे भाई ने उठा लिया। दाऊद 10 साल तक सत्ता का गोवर्धन अपनी चिट्टी उँगली पर उठाए रहे। पाकिस्तान के साथ खटपट हो जाने के कारण उन्होंने 1963 में इस्तीफा दे दिया। दाऊद जैसा महाप्रतापी प्रधानमंत्री हटे और पत्ता भी नहीं खड़के, शासन की स्थिरता का इससे बेहतर प्रमाण क्या हो सकता है ? 1963 से 1973 के बीच पाँच प्रधानमंत्री आए और गए लेकिन इन दस वर्षों में ज़ाहिरशाह पर किसी ने उँगली भी नहीं उठाई।

इन कुल चवालीस वर्षों में अफगानिस्तान कहाँ से कहाँ पहुँच गया। अब्दुर रहमान और अमानुल्लाह के सपने तो साकार हुए ही, उस दुर्भाग्य से भी अफगानिस्तान बचा रहा, जिसके कारण उसने तीन आंग्ल-अफगान युद्ध लड़े थे। अफगानिस्तान को प्रथम विश्व-युद्ध में घसीटने की हर कोशिश को जैसे हबीबुल्लाह ने विफल कर दिया था, वैसे ही ज़ाहिरशाह और हाशिम ने भी द्वितीय विश्व-युद्ध की लपटें अफगानिस्तान तक नहीं पहुँचने दीं। उलटे, अमेरिका से भी राजनयिक सम्बन्ध स्थापित कर लिए। शाह महमूद ने अफगानिस्तान को विदेश नीति के पारम्परिक ढाँचे से बाहर निकालने की कोशिश की। उन्होंने अमेरिका से निकटता बढ़ाई लेकिन चमत्कारी काम किया सरदार दाऊद ने ! शीतयुद्ध के ज़माने में सरदार दाऊद ने ऐसी नीति चलाई कि अमेरिका और सोवियत संघ अफगानिस्तान में एक-दूसरे के प्रतिद्वंद्वी बनने की बजाय एक-दूसरे के पूरक बन गए। यह चमत्कार दुनिया में कहीं और नहीं हुआ। उस दौर में अकेले अफगानिस्तान को इन दोनों महाशक्तियों ने जितनी आर्थिक सहायता दी, उतनी उन्होंने बर्मा, श्रीलंका और नेपाल–तीनों को मिलाकर भी नहीं दी। वास्तव में अफगानिस्तान आर्थिक कोरिया बन गया। एक ही सड़क के उत्तरी हिस्से को रूसी बनाते और दूसरे हिस्से को अमेरिकी ! रूसी हवाई जहाजों को चलाने का प्रशिक्षण अमेरिकी पायलट देते रहे। उस दौर में अफगानिस्तान में दोनों महाशक्तियों के इतने कार्यकर्ता कार्यरत थे कि उनकी तुलना में तुर्की, ईरान, पाकिस्तान और भारत जैसे देश भी पीछे छूट गए थे। महाशक्तियों से भरपूर सहायता लेने के बावजूद अफगानिस्तान ने अपनी सम्प्रभुता और स्वतंत्रता में ज़रा भी कटौती नहीं होने दी। पाकिस्तान की तरह

वह न तो 'सीटो' या 'सेन्टो' का सदस्य बना और न ही वारसा पेक्ट का ! अफगानिस्तान के नेता दावा किया करते थे कि जैसी शुद्ध गुट-निरपेक्षता का पालन वे करते हैं, कोई और देश नहीं करता। उनकी गुट-निरपेक्षता का जादू कुछ इस तरह का था कि अफगानिस्तान में डॉलरों और रूबलों की बरसात होती थी।

महाशक्तियों से प्राप्त इस आर्थिक और तकनीकी सहयोग के दम पर अफगानिस्तान का जैसा तीव्र आधुनिकीकरण शुरू हुआ, पहले कभी नहीं हुआ। सारे देश को मजबूत सड़कों से जोड़ दिया गया, नए-नए स्कूल, कॉलेज और तकनीकी संस्थान खोले गए, फौज को बेहतर हथियार, साजो-सामान तथा सुविधाएँ दी गईं, प्रमुख शहरों में हवाई अड्डे स्थापित किए गए, डाक-तार टेलिफोन की सुविधाओं का विस्तार हुआ, उद्योग-व्यापार-खेती में क्रान्तिकारी प्रयोग हुए, कबाइली इलाकों पर प्रशासन का नियंत्रण बढ़ाया गया, अखबारों और राजनीतिक संगठनों को काम करने की छूट मिली, इस्लाम की भूमिका सीमित हुई, स्त्रियों की भूमिका बढ़ गई, बुर्के का सार्वजनिक बहिष्कार हुआ। अफगान राष्ट्रवाद को सशक्त बनाने के लिए जो कुछ किया जा सकता था, बेझिझक किया गया। मंत्रियों और राज्यपालों के पद पर अपेक्षाकृत युवा लोगों को नियुक्त किया गया। केवल अब्दालियों या केवल पठानों को ही नहीं, ताज़िक, उज़बेक, किज़िलबाश, हज़ारा, तुर्कमेन और हिन्दू तथा सिखों को भी जिम्मेदारी के पद दिए गए। स्थानीय प्रशासन, न्याय-व्यवस्था और वित्त-व्यवस्था को भी चुस्त बनाया गया।

शुरू में ज़ाहिरशाह और उनके तीनों चाचा, बाद में ज़ाहिरशाह, चचेरे भाई प्रधानमंत्री दाऊद और दाऊद के छोटे भाई मुहम्मद नईम 'किचन केबिनेट' के तौर पर काम करते रहे लेकिन राजनीतिक सत्ता को इस तरह बाँटा गया कि अफगानिस्तान में एक सुनिश्चित राजनीतिक समुदाय का उदय हो गया। शिक्षा और व्यापार की बढ़ोतरी के कारण एक प्रबुद्ध मध्यमवर्ग का भी निर्माण हो गया। इसी का परिणाम था कि जब पख्तूनिस्तान के सवाल को लेकर 1961 से 1963 के बीच पाक-अफगान विवाद तूल पकड़ गया और सीमाएँ बन्द हो गईं तो भूवेष्टित अफगानिस्तान के मध्यमवर्ग और राजनीतिक तबकों ने इतना दबाव बनाया कि प्रतापी प्रधानमंत्री दाऊद को भी इस्तीफा देना पड़ा।

दाऊद के इस्तीफे के बाद लगभग दस वर्ष तक ज़ाहिरशाह ने सचमुच स्वयं शासन किया। पिछले तीस वर्ष से ज़ाहिरशाह को अफगान जनता एक उदार, नरम, निरभिमानी, निष्पक्ष और देशभक्त शासक के रूप में देख चुकी थी लेकिन वह चाहती थी कि अफगान-तन्त्र पर से राज-परिवार का शिकंजा ढीला पड़े। इसीलिए अगले दस वर्षों में जो पाँच प्रधानमंत्री बनाए गए, उसमें से एक भी राज-परिवार

का सदस्य नहीं था। 1964 के संविधान में यह स्पष्ट प्रावधान कर दिया गया कि राज-परिवार का कोई भी सदस्य प्रधानमंत्री नहीं बनेगा। यही प्रावधान ज़ाहिरशाह के गले की घण्टी बन गया। सरदार दाऊद और उनके छोटे भाई सरदार नईम कहा करते थे कि यह प्रावधान उन्हीं के लिए रखा गया है। यद्यपि गैर-राजवंशीय प्रधानमंत्रियों के काल में महाशक्तियों की प्रतिस्पर्धा घट गई और उसके साथ वित्तीय सहायता भी लेकिन दाऊद द्वारा डाली गई आधुनिकता की पटरी पर अफगानिस्तान आगे बढ़ता गया। सदियों से बन्द पड़े अफगानिस्तान की खिड़कियाँ खुलने लगीं। शाह महमूद के ज़माने से शुरू हुए संसद के चुनाव जोर-शोर से लड़े जाने लगे। बबरक कारमल और अनाहिता रातबज़ाद जैसे साम्यवादी लोग बादशाह की नाक के नीचे याने काबुल से ही चुने जाने लगे। 'खल्क' और 'परचम' जैसे मुँहफट अखबार निकलने लगे। अनेक वामपंथी और इस्लामी संगठन सक्रिय हो गए। काबुल विश्वविद्यालय अफगान राजनीति की पौधशाला बन गया। फौज में भी काफी खुलापन आ गया। बादशाह-भक्ति की बजाय देशभक्ति का भाव प्रबल होने लगा।

इसी नई हवा का लाभ सरदार दाऊद ने उठाया। दाऊद के बोए हुए बीज 20 साल में पेड़-पौधे बन गए थे। दस साल से अपने घर में दुबके हुए दाऊद ने फौज और वामपंथियों से साँठ-गाँठ स्थापित कर ली। ज़ाहिरशाह जब रोम गए हुए थे तो 17 जुलाई 1973 को दाऊद ने तख्ता-पलट कर दिया। दाऊद बादशाह के चचेरे भाई तो थे ही, उनकी बहन के पति भी थे। प्रधानमंत्री के तौर पर दाऊद को अपूर्व सफलता दस साल पहले मिल चुकी थी। दाऊद के दिल में यह खलिश भी थी कि ज़ाहिर ने उन्हें प्रधानमंत्री तक नहीं रहने दिया जबकि बादशाहत पर वास्तविक अधिकार ज़ाहिर का नहीं, दाऊद का था। तख्ता-पलट के लगभग आठ माह पहले सरदार दाऊद ने मुझे काबुल में बताया कि अगर जून 1933 में उनके पिता मुहम्मद अज़ीज खान की बर्लिन में हत्या नहीं होती तो बादशाह नादिरशाह की (नवम्बर 1933) की हत्या के बाद ज़ाहिरशाह नहीं, अजीज़ बादशाह बनते और उनके बाद स्वयं दाऊद बनते। खैर, दाऊद ने स्वयं को बादशाह नहीं, राष्ट्रपति घोषित किया और अफगानिस्तान के लिए एक गणतान्त्रिक संविधान का निर्माण कर दिया।

दाऊद का यह दूसरा शासन-काल केवल पाँच साल चला। इस दौरान महाशक्तियों की प्रतिस्पर्धा का जलवा काफी घट गया था। इसके अलावा पख्तूनिस्तान के सवाल को दाऊद उसी तरह तूल नहीं दे सकते थे, जैसे कि उन्होंने 1955 और 1961 में दिया था। पख्तून विवाद भड़कने पर पाकिस्तान होकर जानेवाले रास्ते बन्द हो जाते, अर्थव्यवस्था चौपट हो जाती और गैर-पठान जनता में निराशा फैल जाती। यह कड़वी गोली वे पहले चख चुके थे। अब अन्तरराष्ट्रीय

परिदृश्य भी बदल चुका था। उस समय वे पख्तून-प्रश्न पर सोवियत समर्थन जुटाने में भी सफल रहे थे। इसके अलावा वे यह भी समझ गए थे कि सोवियत संघ और भारत नहीं चाहते थे कि अब दक्षिण एशिया की यथास्थिति भंग हो। बांग्लादेश की तरह पख्तूनिस्तान की स्थापना असम्भव थी। खुद रूस पाकिस्तान और ईरान से अपने सम्बन्ध अच्छे बनाने की कोशिश कर रहा था।

ऐसी स्थिति में दाऊद ने नया रास्ता पकड़ा। उन्होंने मध्यम शक्तियों से सम्बन्ध बढ़ाने की पहल की। तुर्की, ईरान, मिस्र, सउदी अरब, जापान, यहाँ तक कि पाकिस्तान से भी उन्होंने बेहतर रिश्तों की तलाश की। इन देशों की तरफ ज्यादा झुकाव के कारण वे सब वामपंथी नाराज़ हो गए, जिन्होंने दाऊद को दुबारा सत्ता पाने में और उसे चलाने में भी मदद की थी। उनकी नाराज़गी का बड़ा कारण यह भी था कि पहले दो-ढाई साल तक दाऊद ने अपने मंत्रिमंडल और प्रशासन में जिन परचमियों को भर लिया था, उन्हें धीरे-धीरे छाँटना शुरू कर दिया था। कम्युनिस्टों के कारण उन्होंने पहले इस्लामवादियों को नाराज़ किया और बुरहानुद्दीन रब्बानी तथा गुलबदीन हिकमतयार जैसे लोगों को पाकिस्तान की शरण में जाने को मजबूर कर दिया और अपने शासन के परवर्ती काल में कम्युनिस्ट भी उनके हाथ से फिसल गए। दाऊद का खुदमुख्तारी का असली चेहरा भयावह होता गया। पहले उन्होंने सारे अखबार बन्द कर दिए और फिर समस्त राजनैतिक दलों के मुँह पर ताले जड़ दिए। मुस्लिम-देशों की यात्रा से लौटने के बाद उन्होंने जनवरी 1977 में लोया जिरगा का आह्वान किया और एक नया संविधान पास कर लिया। वे विधिवत राष्ट्रपति बन गए। संविधान ने सारी शक्तियाँ राष्ट्रपति को दे दीं। उनके पास छह मंत्रालय थे और वे अफगानिस्तान की एक मात्र संविधानसम्मत पार्टी के भी अध्यक्ष बन गए। सर्वोच्च सेनापति, राज्याध्यक्ष, मुख्य कार्यकारी और जब तक संसद समवेत न हो, तब तक मुख्य विधायी भी वे ही बन गए।

शक्ति के इस केन्द्रीकरण को भी शायद अफगान जनता बर्दाश्त कर लेती लेकिन महँगाई, बेकारी और भुखमरी ने अफगान समाज में जगह-जगह चिंगारियाँ रख दीं। इन्हें ज्वाला में बदलने का काम किया, शिक्षित और बेरोजगार अफगान जवानों ने ! अफगान कम्युनिस्ट पार्टी के दोनों खेमों–खल्क और परचम–ने एकजुट होकर पूरे अफगानिस्तान में अपना जाल बिछा लिया। फौज में भी अपने 'सेल' कायम कर लिए। इस बीच परचमी नेता बबरक कारमल के हमशक्ल एक पायलट इकराम ग्रान की हत्या ने अफवाहों का बाज़ार गर्म कर दिया। 17 अप्रैल 1978 को 'परचम' के सम्पादक उस्ताद मीर अकबर 'खैबर' की हत्या ने काबुल को दाऊद-विरोध से लबालब कर दिया। अमेरिका और दाऊद-विरोधी नारे एक

साथ लगने लगे। दाऊद ने कम्युनिस्टों की धरपकड़ शुरू कर दी। 27-28 अप्रैल को खल्की नेता हफीजुल्लाह अमीन के मार्गदर्शन में युवा फौजी अफसरों ने दाऊद को धर दबोचा, राजमहल पर कब्जा कर लिया और अफगानिस्तान में सौर-इन्कलाब की घोषणा कर दी। अहमदशाह अब्दाली और दोस्त मुहम्मद खान के वंशज याने दुर्रानी पठानों का सूर्यास्त हो गया। काबुल की गद्दी पर 231 साल में पहली बार गिलजई पठानों का कब्जा हुआ। नूर मुहम्मद तकक्कइ, जो कि प्रधानमंत्री बने, गिलजई पठान थे। ये बात दूसरी है कि गिलजई या दूसरे पठान इन्हें अपना नेता नहीं मानते थे।

तरक्कइ और अमीन की जोड़ी ने मुश्किल से डेढ़ साल राज किया और वह टूट गई। पहले खल्क और परचम में फूट पड़ गई और फिर तरक्कइ और अमीन में। परचम के छह प्रख्यात नेताओं को, जिनमें बबरक कारमल और अनाहिता रातबज़ाद प्रमुख थे, राजदूत बनाकर देश-निकाला दे दिया गया और फिर तरक्कइ और अमीन ने अमानुल्लाह से भी बढ़-चढ़कर सुधार अभियान चला दिए। व्यक्ति-पूजा का ऐसा दौर चला, जैसा किसी बादशाह के ज़माने में भी नहीं देखा गया। तरक्कइ को लेनिन और हफीजुल्लाह को स्तालिन या अमानुल्लाह कहा जाने लगा। अमेरिका-विरोधी हफीजुल्लाह अमीन ने तरक्कइ को 'नाबेगा-ए-तवाना' (महामानव) घोषित कर दिया और तरक्कइ यहाँ तक चले गए कि उन्होंने अफगान-क्रान्ति को सोवियत, चीनी और क्यूबाई क्रान्ति से भी बेहतर बताना शुरू कर दिया और कहा कि अफगान क्रान्ति सोवियत क्रान्ति का ही विस्तार है।

मुझे तरक्कइ और हफीजुल्लाह अमीन से काबुल में कई बार मिलने का मौका मिला। विदेश मंत्री अटलबिहारी वाजपेयी के साथ मैं सितम्बर 1978 में जब काबुल गया तो दोनों अफगान नेताओं के आग्रह पर 'शासकीय अतिथि' के तौर पर मैं वहाँ लगभग एक माह रहा। सौर-इन्कलाब के दौरान उठाए गए 'क्रान्तिकारी' कदमों को नज़दीक से देखने का मौका भी मुझे मिला। जहाँ तक घोषणाओं का सवाल है, वे निश्चय ही क्रान्तिकारी थीं। जैसे तीन साल में 60 लाख अफगानों को साक्षर बनाना, 30 लाख जिरीब जमीन को लगभग ढाई लाख भूमिहीन परिवार में बाँटना, शादियों में लेन-देन और बाल-विवाह को अवैध घोषित करना, बड़ी जमींदारियाँ खत्म करना, गाँवों में से कर्ज़दारी और सूदखोरी मिटाना, पश्तो और फारसी के अलावा अन्य अल्पसंख्यक भाषाओं को भी प्रोत्साहित करना आदि। इन सब कार्यक्रमों के साथ अनेक अवांछित कदम भी उठाए गए। जैसे परम्परागत तिरंगे राष्ट्र-ध्वज को हटाकर लाल झण्डा लगा दिया गया, रूसियों की नकल पर लोगों को रफ़ीक (कामरेड) आदि कहना शुरू कर दिया गया, इस्लाम, कुरान, मस्जिद,

नमाज़, रोज़े आदि पर प्रहार शुरू हो गए, दुर्रानी पठानों और राजवंश पर गालियों की नियमित बौछारें होने लगीं। इतना ही नहीं, सुधार कार्यक्रमों को लागू करने के लिए ग्रामीण और कबाइली लोगों पर बेपनाह जुल्म ढाए जाने लगे। जेलें भर दी गईं। परचमियों को भी अन्दर ठूँस दिया गया।

सोवियत संघ के साथ लगभग हर हफ्ते में एक नया समझौता किया गया। सोवियत सलाहकारों की सर्वव्यापक उपस्थिति ने अफगान जनता के मन में यह बात जमा दी कि उनके खल्की नेता रूस की कठपुतलियाँ हैं। अमेरिकी राजदूत डब्स की हत्या ने भी अफवाहों का बाज़ार गर्म कर दिया। उधर तरक्कइ और अमीन में भी तनाव बढ़ता गया। तरक्कइ राष्ट्रपति बन गए और अमीन प्रधानमंत्री। अमीन ने प्रधानमंत्री बनते ही तरक्कइ-समर्थक नेताओं की सफाई शुरू कर दी और अपने रिश्तेदारों तथा समर्थकों को सत्ता के सूत्र सँभला दिए। हवाना के गुट-निरपेक्ष सम्मेलन से लौटते हुए जब तरक्कइ मास्को रुके तो उन्होंने लियोनिद ब्रेज़नेव से अमीन की कारगुज़ारियों का ज़िक्र किया और उन पर लगाम लगाने के संकेत दिए। इन गुप्त वार्ताओं का सारा ब्यौरा सीधे मास्को से ही अमीन को पता लग गया। 11 सितंबर 1979 को ज्यों ही तरक्कइ काबुल पहुँचे, राजमहल में तरक्कइ और अमीन के लोगों के बीच गोलियाँ चलीं। तरक्कइ को गिरफ्तार कर लिया गया और बाद में अत्यन्त नशंस ढंग से उनकी हत्या कर दी गई। अपने 'पित-पुरुष' और 'महामानव' से तो अमीन ने छुटकारा पा लिया लेकिन 'पित-देश' रूस ने उन्हें साढ़े तीन माह में ही बहिश्त की सैर करवा दी।

इस साढ़े तीन माह के राज में अमीन को अल्लाह, कुरान, करुणा, देशभक्ति, क्षमा, दया आदि के कई दौरे पड़े लेकिन उनकी साख पैंदे में बैठती चली गई। इस्लामी प्रतिरोध बराबर बढ़ता गया। खल्क और परचम के लोग उन्हें सी.आई.ए. का एजेन्ट कहने लगे। अफगानिस्तान के लगभग सभी प्रान्तों में बगावत का माहौल बन गया। हजारों लोग मारे गए और लाखों लोग देश छोड़कर भागने लगे। मास्को को अन्देशा यह भी हुआ कि कहीं अमीन सचमुच अफगानिस्तान को अमेरिका के खेमे में न धकेल दे। अपनी गुट-निरपेक्षता और अ-संलग्नता पर गर्व करनेवाले अफगानिस्तान को पहले तरक्कइ-अमीन सरकार ने सोवियत संघ का 'स्वाभाविक मित्र' घोषित कर दिया और अब अमीन उसे अमेरिकी खेमे में ले जाने को बेताब दिखाई पड़ने लगे। ऐसे में सोवियत संघ ने अफगान-सोवियत सन्धि की धाराओं का इस्तेमाल करते हुए क्रिसमस पर काबुल में अपनी फौजें उतार दीं। 27 दिसम्बर 1979 को अमीन की हत्या हो गई और उनकी जगह परचमी नेता बबरक कारमल को सरकार और सत्तारूढ़ दल का नेता घोषित कर दिया गया।

बबरक कारमल ने अपने सत्तारोहण के पक्ष में अनेक तर्क दिए लेकिन उन्हें अफगान जनता ने स्वीकार नहीं किया और न ही विश्व-जनमत ने ! संयुक्तराष्ट्र संघ ने सोवियत हस्तक्षेप की कड़ी निन्दा की और पश्चिमी राष्ट्रों ने उसे समाप्त करवाने का संकल्प किया। बबरक कारमल को 'रूसी शाह शुजा' कहा जाने लगा। उन दिनों लोग कहते थे कि जैसे दोस्त मुहम्मद को हटाकर उनकी जगह अंग्रेजों ने काबुल में शाह शुजा को बिठा दिया था, वैसे ही रूसियों ने 'खान-ए-खल्क' (राजमहल) में बबरक को बिठा दिया है। बबरक कारमल को जनवरी 1981 में मैंने अपनी लम्बी मुलाकातों के दौरान जब यह बताया तो उन्होंने यह सिद्ध करने की कोशिश की कि वे 27 दिसम्बर के बहुत पहले ही अफगानिस्तान आ चुके थे और कम्युनिस्ट पार्टी के केन्द्रीय समिति के विधिवत निमन्त्रण पर ही सोवियत फौजें काबुल आई थीं। वे ब्रेज़नेव के कन्धे पर चढ़कर काबुल नहीं पहुँचे थे।

जो भी हो, काबुल के सबसे लोकप्रिय सांसद को इस तरह अलोकप्रियता के शिखर पर टँगे हुए देखना बड़ी विडम्बना थी। अपने छह साल के शासन में बबरक कारमल ने क्या-क्या पापड़ नहीं बेले लेकिन वे कम्युनिस्ट शासन को न तो वैधता दिला पाए और न ही लोकप्रिय बना पाए। उन्होंने अपने विरोधियों को धराशायी करने के लिए इस्लामी शब्दावली और रूपकों का जमकर प्रयोग किया, मस्जिदों और मुल्लाओं के रख-रखाव के बेहतर इन्तज़ाम किए, सरकारी कर्मचारियों के वेतन बढ़ाए, कैदियों की रिहाई की, खल्कियों और परचमियों में उचित सन्तुलन बनाया, उग्र सुधारों की गति धीमी की, डॉ. रवान फरहादी और मु. सिद्दिक फरहंग जैसे प्रसिद्ध गैर-पार्टी लोगों को अपना सरकारी सलाहकार बनाया तथा 'पितभूमि मोर्चे' के मातहत सभी तरह के लोगों का समर्थन जुटाने की कोशिश की लेकिन उनका विरोध बढ़ता गया। पेशावर से सक्रिय इस्लामी संगठनों ने उनकी नाक में दम कर दिया। सोवियत फौजों की उपस्थिति इस्लाम और अफगान राष्ट्रवाद दोनों के लिए कड़ी चुनौती बन गई थी।

स्वयं बबरक मैदानी नेता होने के कारण जन-भावना को भली-भाँति समझते थे। उन्होंने मुझसे यह जानने की भी कोशिश की थी कि क्या रूसी फौजों के बदले भारत के नेतत्व में गुट-निरपेक्ष राष्ट्रों की फौजों का काबुल आना बेहतर नहीं रहेगा ? गैर-मुस्लिम देशों की फौजें अफगानिस्तान में क्या-क्या समस्याएँ खड़ी कर सकती हैं, यह मैंने उन्हें बताया। यही बात बाद में स्वयं इन्दिरा गाँधी ने उन्हें आधिकारिक तौर पर कहलवा दी। बबरक कारमल इस्लामी तत्त्वों को काबू करने में तो कुछ हद तक सफल हुए थे लेकिन रूसी फौजों की वापसी के सवाल पर गोर्बाचौफ से उनका जबर्दस्त मतभेद हो गया। खुद कारमल और उनके छोटे भाई

महमूद बरयलई ने मुझे बताया कि नहीं चाहते थे कि रूसी जवानों की जान जाए। वे चाहते थे कि अफगान-जवान ही आगे रहें और मरें। इसके अलावा गोर्बाचौफ अपने ग्लासनोस्त और पेरिस्त्रोइका की फैलती हुई छवि में बबरक कारमल को किरकिरी की तरह पाते थे। उनका विचार था कि कारमल की जगह अगर कोई नया चेहरा मिल जाए तो उसके जरिए वे अपनी छवि भी चमका सकते हैं और अफगान दलदल से बाहर निकलने का रास्ता भी खोज सकते हैं। इस कार्य के लिए उन्हें पार्टी के सचिव और कारमल के शिष्य डॉ. नजीबुल्लाह सही व्यक्ति लगे। वे 'खाद' नामक गुप्तचर विभाग के मुखिया थे, पश्तून थे और गिलजई होते हुए भी पत्नी फत्ताना की तरफ से दुर्रानी घराने से जुड़े हुए थे। मई 1986 में कारमल ने इस्तीफा दिया और उनकी जगह डॉ. नजीबुल्लाह सत्तारूढ़ हुए।

डॉ. नजीबुल्लाह 1986 से 1992 तक सत्तारूढ़ रहे। इन छह वर्षों में उन्होंने खल्क-परचम पार्टी को लोकप्रिय बनाने की हरचन्द कोशिश कि लेकिन विदेशी कठपुतली होने का कलंक वे नहीं धो सके। उन्होंने कबाइली पठानों को पटाने के लिए बहुत-से द्राविड़ प्राणायाम किए, मुजाहिदीन नेताओं से गुपचुप बातचीत चलाई, पाकिस्तान से भी समझौता करने की कोशिश की, रूसी फौजों की भूमिका घटाई, संयुक्तराष्ट्र की भूमिका बढ़ाई, नए संविधान में अफगानिस्तान को दुबारा 'गणतान्त्रिक' कहा, कम्युनिस्ट पार्टी (खल्क-देमोक्रेतिक पार्ती-ए-अफगानिस्तान) को विसर्जित कर उसकी जगह 'वतन पार्टी' स्थापित की और 1989 में सोवियत फौजों की वापसी के बाद अन्तरिम सरकार (दौलते-इन्तकाली) बनाने के विकल्पों पर विचार भी शुरू किया लेकिन नजीब को सफलता नहीं मिल पाई।

रूसियों की वापसी के बावजूद तीन साल तक नजीब अपने दम पर काबुल में सरकार चलाते रहे, यह असाधारण सूझ-बूझ और शौर्य का परिचायक था। उधर मास्को ने वैकल्पिक सरकार के लिए सीधे पाकिस्तान तथा मुजाहिदीन नेताओं से बात शुरू कर दी। बुरहानुद्दीन रब्बानी ने मास्को की यात्रा भी की। इधर अफगानिस्तान के अनेक इलाकों पर इस्लामी तत्त्वों का अधिकार बढ़ता जा रहा था। सेनापति और रक्षा मंत्री शाहनवाज़ तनाई तख्ता-पलट की कोशिश पहले ही कर चुके थे। उज़बेक नेता अब्दुल रशीद दोस्तम, जो नजीब सरकार के समर्थक थे, अब पंजशेर घाटी के इस्लामी योद्धा अहमदशाह मसूद के साथ हो गए थे। अमेरिका और पश्चिमी देशों ने मुजाहिदीन को ताज़ातरीन हथियारों की सप्लाई बढ़ा दी थी। ऐसे में अगर नजीब डटे रहते तो पूरे अफगानिस्तान में काफी खूनखराबा होता। अत: उन्होंने स्वयं ही पद-त्याग का निर्णय किया। इस बीच मज़ारे-शरीफ, शिदन्द हवाई अड्डा, पंजशेर घाटी, सलांग सुरंग, बदगीस, चारीकार और बगराम

हवाई अड्डा आदि पर विरोधियों का कब्जा हो गया था। 20 अप्रैल 1992 को जब नजीब महल छोड़कर भारत आने के लिए हवाई अड्डे की तरफ बढ़े तो उन्हें उनकी फौज के लोगों ने ही घेर लिया। उन्होंने वापस शहर लौटकर संयुक्तराष्ट्र के मुख्यालय में शरण ली। वे वहाँ चार साल तक नज़रबन्द रहे। 27 सितम्बर 1996 को तालिबान ने उनकी हत्या कर दी। 27 अप्रैल 1992 को मुजाहिदीन सत्तारूढ़ हुए लेकिन हालात बद से बदतर होते गए। भीड़तन्त्र ने भाड़तन्त्र का मार्ग प्रशस्त कर दिया। राजतंत्र से खिसकता-खिसकता अफगानिस्तान अराजतंत्र तक पहुँच गया।

मुजाहिदीन और तालिबान के साये में

27 अप्रैल 1992 को काबुल में मुजाहिदीन सरकार की स्थापना हुई। मुजाहिदीन की सरकार इतनी जल्दी स्थापित हो जाएगी, इसकी कल्पना स्वयं मुजाहिदीन नेताओं को भी नहीं थी। 14 साल के खल्की-परचमी कम्युनिस्ट राज (1978-1992) में चार नेता उभरे–नूर मुहम्मद तरक्कइ, हफीजुल्लाह अमीन, बबरक कारमल और डॉ. नजीबुल्लाह, लेकिन ये चारों अपनी जड़ें नहीं जमा पाए। सोवियत संघ की फौजी मदद ने उन्हें काबुल में जरूर टिकाए रखा, लेकिन शेष देश में जमीन और लोग धीरे-धीरे विरोधी खेमों में खिसकते गए।

मुजाहिदीन की बढ़ती हुई ताकत के बावजूद जब तक नजीब का राज रहा, काबुल में बाक़ायदा सरकार का जलवा बना रहा। लेकिन नजीब के गिरते ही ऐसी अव्यवस्था फैली, जिहादियों ने आपस में ऐसी मारकाट मचाई और आम आदमी की जान ऐसी साँसत में आई कि वह बोल पड़ा कि 'इस मुल्क का तो अल्लाह ही बेली है।' ग़ैर-अल्लाह और ग़ैर-इस्लामवालों की सरकार तो गिर गई लेकिन पिछले नौ वर्षों में अल्लाह के नाम पर जो मुजाहिदीन और तालिबान सरकारें बनीं, उन्होंने अफ़गानिस्तान का वह हाल कर दिया, जो चंगेज़ खान के ज़माने में भी नहीं हुआ था। संयुक्तराष्ट्र की कृपा से मुजाहिदीन को थाल में सजा हुआ ताज तो मिल गया लेकिन उसे वे अपने सिर पर नहीं जमा पाए। वह थाली के बैंगन की तरह उनके सिर पर लुढ़कता रहा।

संयुक्तराष्ट्र संघ की मध्यस्थता के बावजूद कोई ऐसी सूरत नहीं उभरी कि काबुल में सत्ता का हस्तान्तरण विधि-विधान से हो जाए। पाकिस्तान और अमेरिका के प्रयत्न से पेशावर स्थित मुजाहिदीन संगठनों में औपचारिक एकता तो स्थापित हो गई, लेकिन यह तय नहीं हो पाया कि नजीब जब काबुल से हटें तो उनकी जगह कौन आए, कैसे आए ? ज़ाहिरशाह के लौटने का विरोध सबसे अधिक गुलबदीन हिकमतयार ने किया। हिकमतयार गिलजई पठान है और ज़ाहिरशाह अब्दाली! हिकमतयार और एक अन्य मुजाहिदीन नेता यूनिस खालिस का कहना था कि ज़ाहिरशाह मुसलमान ही नहीं हैं। जिस बादशाह ने अपने 40 साल के कार्यकाल में एक बार भी हज न की हो,

और जो दाढ़ी न रखता हो, उसे मुसलमान कैसे माना जा सकता है ? जो पठान होकर पश्तो नहीं बोलता और जिसने रूसी कब्जे के विरुद्ध कोई संघर्ष नहीं किया, ऐसे पूर्व बादशाह के सिर पर ताज कैसे रखा जा सकता है ? तलवार हमने भाँजी और ताज उनके सिर पर रखा जाए, यह कैसे हो सकता है ?

अमेरिका, पाकिस्तान और अफगानिस्तान के इस्लामी नेता पीर सय्यद अहमद गैलानी तथा मुजद्ददी इस बात पर सहमत थे कि अगर ज़ाहिरशाह लौटने को तैयार हों तो नजीब को पद-त्याग के लिए पटाया जा सकता है। नजीब ने पद-त्याग के सम्बन्ध में कई बार संकेत भी दिए, लेकिन ज़ाहिरशाह के ढुलमुल रवैए और उनके भारत समर्थक होने की छवि बन जाने के कारण उनके प्रति मुजाहिदीन का उत्साह ठंडा पड़ गया। रूस की फौजी वापसी के बाद तीन साल तक नजीब का काबुल में टिके रहना, इस बात का संकेत था कि सत्ता-हस्तान्तरण में अभी कुछ समय और लगेगा, लेकिन जैसे ही नजीब महल खाली करके हवाई अड्डे की तरफ बढ़े, मुजाहिदीन काबुल में घुस गए और उन्होंने सिबगतुल्लाह मुजद्ददी के नेतत्व में इस्लामी राज्य की घोषणा कर दी। यह मुजाहिदीन की सरकार थी, जो लगभग साढ़े चार साल चली।

कौन थे ये मुजाहिदीन ? इनकी नीतियाँ क्या थीं ? कैसे-कैसे इन्होंने संघर्ष किया ? किस-किसने इनकी मदद की ? इनकी फूट और एकता के पीछे कौन-कौन-से तत्त्व काम कर रहे थे और सितम्बर 1996 में इन्हें तालिबान के लिए गद्दी क्यों खाली करनी पड़ी, ये सब बड़े रोचक और उलझे हुए सवाल हैं।

मुजाहिद शब्द बना है जिहाद से, जो जिहाद करे, वह मुजाहिद ! जिहाद क्या है, इसका उत्तर काफी लम्बा-चौड़ा है। शास्त्रीय बहस में उलझने की बजाय यहाँ इतना समझ लेना ही काफी है कि जिहाद का मतलब है, इस्लाम के लिए लड़ना या इस्लामी युद्ध ! इस्लामी युद्ध करनेवाले दर्जनों बड़े नेताओं और संगठनों में शुरू से आखिर तक अगर किसी एक बात पर मतभेद नहीं था तो इस बात पर कि सब अपने आपको मुजाहिद कहते थे। यों तो इन मुजाहिद नेताओं के मैदान में आने की शुरुआत सरदार दाऊद के दुबारा सत्तारूढ़ (1973) होने पर ही हो गई थी, लेकिन दाऊद के शुरू के ढाई-तीन वर्षों में इस्लामी तत्त्वों के विरुद्ध इतनी कठोरता बरती गई कि सिबगतुल्लाह मुजद्ददी, बुरहानुद्दीन रब्बानी और हिकमतयार जैसे नेताओं ने पेशावर में शरण ले ली। वहीं से वे सक्रिय हो गए।

'सौर इन्कलाब' के बाद जब हफीजुल्लाह अमीन ने अपना साम्यवादी अभियान चलाया तो लाखों शरणार्थी पेशावर में जमा हो गए। एक साथ मुहाजिर (हिजरत=यात्रा करके जाने वाले) और मुजाहिद होने का सवाब अफगानों को

मिलने लगा। उधर काबुल में इस्लाम के सबसे बड़े अलमबरदार हजरत मुजद्ददी के परिवार के लगभग 75 लोगों की हत्या ने सारे अफगानिस्तान को हिलाकर रख दिया। पहले जुल्फिकार अली भुट्टो और फिर जनरल जिया-उल-हक का आशीर्वाद लेकर मुजाहिदीन ने बाकायदा अपने संगठन खड़े कर लिए और काबुल की 'काफिर' सरकार के विरुद्ध खुलेआम जिहाद बोल दिया।

पेशावर से सक्रिय इन संगठनों और नेताओं का उदय अचानक नहीं हुआ। हबीबुल्लाह और अमानुल्लाह के राज (1901-1929) में जो खुली हवाएँ बहीं और बाद में भी उन पर पूरी तरह ढक्कन नहीं लगा, उस दौर में जो प्रबुद्ध नौजवान काबुल और कन्धार में मिला करते थे, उनके एक समूह से अफगानिस्तान के कम्युनिस्ट आन्दोलन का जन्म हुआ और दूसरे समूह से इस्लामी आन्दोलन का। कम्युनिस्ट आन्दोलन की राह पकड़नेवालों पर मार्क्स, लेनिन, कमाल पाशा और ईरान की तूदेह पार्टी का असर था और इस्लाम की तरफ मुड़नेवालों पर भारत के देवबन्द और अलीगढ़पन्थियों तथा मिस्र के इख्वानुल-मुसलमीन आदि का गहरा प्रभाव था। 'विश जलम्यान' और 'क्लब-ए-जवानान' आदि संगठनों में उन दिनों जो नौजवान अफगानिस्तान की राजनीति पर बहस चलाते रहते थे, वे ही आगे जाकर महत्त्वपूर्ण राजनीतिक संगठनों के नेता बने या उनकी राजवंश विरोधी विद्रोहियों की हैसियत बन गई। इनमें तरक्कइ, गुबार, महमूदी, एतमादी, मजरूह, फैजानी, बल्खी आदि उल्लेखनीय हैं। वर्तमान इस्लामी आन्दोलन की नींव रखनेवालों में खास नाम प्रो. गुलाम मुहम्मद नियाजी और मिन्हाजुद्दीन गहीज़ के ही थे। इन पर भारतीय इस्लामी नेता मौलाना अबू अला मौदूदी का गहरा असर था। इसी परम्परा में उस्ताद बुरहानुद्दीन रब्बानी आते हैं, जो अफगानिस्तान की संयुक्तराष्ट्र द्वारा मान्यता प्राप्त सरकार के राष्ट्रपति रहे हैं और जमीयते इस्लामी के अध्यक्ष हैं। वे मिस्र में पढ़े हैं और छठे दशक के अन्त में काबुल विश्वविद्यालय में इस्लाम विषय पढ़ाते थे। उन्हीं दिनों गुलबदीन हिकमतयार भी काबुल विश्वविद्यालय में इंजीनियरी की पढ़ाई कर रहे थे। पेशावर में यों अनेक मुजाहिदीन संगठन सक्रिय थे, लेकिन उनमें सात प्रमुख थे।

पहला, 'हिज्बे-इस्लामी', जिसके नेता गुलबदीन हिकमतयार ने अपने युद्ध-कौशल के लिए काफी प्रसिद्धि अर्जित की। कुन्दूज में पैदा हुए ये खरोटी कबीले के गिलजई पठान हैं। उनके प्रभाव क्षेत्र में नांगरहार और कुन्दूज के अलावा पेशावर के आसपास के शरणार्थी शिविरों में बसे पठान लोग रहे हैं। उन्होंने 1979 में यूनिस खालिस से मतभेद होने पर अपना अलग संगठन बना लिया। ये मुजाहिदीन सरकार में कुछ वर्षों तक प्रधानमन्त्री के पद पर रहे। दूसरा, यूनिस

खालिस की 'हिज्बे-इस्लामी' पार्टी, जो इस्लाम की वकालत में हिकमतयार से भी आगे है। तालिबान नेता मुल्ला उमर इसी संगठन से जुड़े रहे हैं। वयोवद्ध होते हुए भी खालिस युद्ध के मोर्चे पर लड़ते रहे हैं। वे देवबन्दी सम्प्रदाय में पढ़े हैं। तीसरा, 'जमीयते-इस्लामी' के मुखिया बुरहानुद्दीन रब्बानी ताजिक हैं। रब्बानी के संगठन में पठान जरूर हैं, लेकिन उसमें गैर-पठानों और काबुलवासियों का प्रभुत्व है। वे नरमपन्थी, इस्लामवादी माने जाते हैं। विश्वप्रसिद्ध ताज़िक योद्धा अहमद शाह मसूद इसी संगठन में थे। चौथे, 'इत्तहादे-इस्लामी' संगठन के मुखिया अब्दुल रसूल सय्याफ हैं, जो मिस्र में पढ़े हैं और सऊदी अरब के करीब माने जाते हैं। पाँचवें, 'हरकते-इंक्लाबे-इस्लामी' के नेता नबी मुहम्मदी हैं, जिनका तालिबों पर सबसे अधिक असर रहा है। छठे, पीर सैयद अहमद गैलानी के 'महाजे-मिल्ली-ए-इस्लामी' का असर उनके लाखों मुरीदों पर है। पीर साहब क़ादिरिया सम्प्रदाय के प्रमुख हैं और ज़ाहिरशाह के नज़दीकी हैं। इसी तरह, सातवें संगठन 'जब्हे-निजाते-मिल्ली' के मुखिया सिबगतुल्लाह मुजद्ददी हैं, जो नक्शबन्दी सम्प्रदाय के मुखिया हैं। अफगान सिंहासन की राजनीति में इनके परिवार की विशेष भूमिका रही है।

पेशावर स्थित ये संगठन प्रायः सुन्नी हैं और पठान हैं, जबकि तेहरान और मशद स्थित अफगान संगठन शिया, ताज़िक और हजारा लोगों के हैं। ईरान गए लगभग 20 लाख अफगान शरणार्थियों के बीच राजनीति कर रहे इन संगठनों में 'साज़माने-नसीरे-इस्लामी' प्रमुख रहा है। 1990 में 'हिज्बे-वहदत' के झंडे के नीचे आ जाने के बाद इन संगठनों ने जिहाद में जमकर हिस्सा लिया। करीम खलीली इनके प्रसिद्ध नेता रहे हैं। इन मुजाहिद संगठनों के अलावा अफगानिस्तान के अलग-अलग क्षेत्रों में कई क्षेत्रीय कमांडर भी काफी प्रसिद्ध हुए। अहमद शाह मसूद ने काबुल का उत्तरी क्षेत्र और पंजशेर घाटी, अब्दुल कादिर ने नांगरहार, जलालुद्दीन हक्कानी ने पक्तिया और खोस्त, रशीद दोस्तम ने मज़ारे शरीफ और इस्माइल खान ने हेरात आदि पर कब्जा करके रूसियों के छक्के छुड़ाए।

पश्चिमी राष्ट्रों और पाकिस्तान ने लगभग 20 साल तक इन सब कमांडरों और नेताओं की जमकर मदद की। पश्चिमी राष्ट्रों ने अफगानिस्तान पर रूसी कब्जे को शीत-युद्ध का मुख्य मुद्दा बना लिया। उन्होंने करोड़ों डॉलर और अगणित हथियारों का ढेर लगा दिया। अफगान शरणार्थी शिविरों ने लड़नेवाले जवान दिए और पाकिस्तानी फौज ने प्रशिक्षण दिया। पाकिस्तान ने मौके का पूरा फायदा उठाया। मुजाहिदीन के जरिए एक तो उसे काबुल में अपने कठपुतली राज की आशा थी और दूसरे पश्चिम से मिलनेवाली सहायता में से वह अपना हिस्सा

भी बचा लेता था। इसीलिए उस ज़माने में कहा जाता था कि अल्लाह कितना मेहरबान है, उसने अरबों के लिए तेल भेज दिया तो जनरल जिया के लिए अफगानिस्तान में रूसी भेज दिए। 1992 में ज्यों ही काबुल में मुजाहिदीन सरकार कायम हुई, पाकिस्तान समेत अनेक पश्चिमी और गुटनिरपेक्ष राष्ट्रों ने उसे मान्यता दे दी, लेकिन पहले दिन से ही पाकिस्तान को पता चल गया कि काबुल की इस्लामी सरकार उसकी कठपुतली नहीं है।

दूसरी महत्त्वपूर्ण बात यह हुई कि सरकार के कायम होते ही सातों मुजाहिदीन संगठनों में खींचातानी शुरू हो गई। मुजद्ददी के नेतत्व में इस्लामी सरकार पहले दो माह चली। उसके बाद एक समझौते के मुताबिक रब्बानी राष्ट्रपति बने। उन्होंने अपनी अवधि दो साल बढ़वा ली। झगड़े शुरू हो गए। बाद में वे प्रधानमंत्री भी बने। हिकमतयार की फौजों ने काबुल पर जमकर गोले बरसाए। चार साल की इस इस्लामी अवधि में कभी हज़ारा फौजें ताज़िक फौजों से भिड़तीं तो कभी उजबेक फौजों से और कभी पठान फौजों से। लगभग सभी संगठन एक-दूसरे की टाँग खींचते रहे। न शांति और व्यवस्था ठीक से कायम हो पाई, न ही प्रशासन चल पाया। अर्थव्यवस्था की स्थिति डाँवाडोल बनी रही। अफसरों की बात जाने दें, मन्त्रियों तक को उनकी तनख्वाह नहीं मिल पाती थी। लाखों शरणार्थी अब भी लौटने को तैयार नहीं थे। सभी कमांडर मिलकर कोई राष्ट्रीय फौज तैयार करते, उसकी बजाय कई नए स्थानीय कमांडर उठ खड़े हुए, जो रूसियों द्वारा छोड़े गए सैनिक साज़ो-सामान पर कब्जा करके अपनी छोटी-मोटी जागीर चलाने लगे।

नई मुजाहिदीन सरकार कायम होते ही अफगानिस्तान से दुनिया की दिलचस्पी घटना शुरू हो गई। लोगों ने समझ लिया कि अफगान-समस्या हल हो गई है और उस पर ध्यान देना जरूरी नहीं है। जिस अमेरिका ने इस सरकार के सत्तारोहण में सर्वाधिक भूमिका निभाई थी, उसने भी उपेक्षा का रुख अपना लिया। इसका प्रमुख कारण सोवियत संघ का बिखरना और शीत-युद्ध की समाप्ति तो था ही, यह भी था कि एराक-युद्ध के कारण अमेरिका का ध्यान दक्षिण एशिया से हटकर अरब क्षेत्र में लग गया था। कुल मिलाकर काबुल की सरकार को उसके सभी समर्थकों ने अपने हाल पर छोड़ दिया। रब्बानी ने सभी अफगान तत्त्वों को जोड़ने की भरसक कोशिश की लेकिन उनकी सरकार के प्रति पठानों की इसलिए भी टेढ़ी नजर रहती थी कि वह ताज़िक सरकार थी। अफगानिस्तान के राष्ट्राध्यक्ष के तौर पर किसी ताज़िक को पचा पाना यों भी सदा कठिन रहा है।

अस्थिरता, अव्यवस्था और अनिश्चय के इस दौर में जो एक नई शक्ति का उदय हुआ, उसका नाम है–तालिबान। तालिबान, 'तालिब' शब्द का बहुवचन है।

तालिब का मतलब है–जिज्ञासु या छात्र ! छात्रों के इस संगठन ने 27 सितम्बर, 1996 को काबुल पर कब्ज़ा कर लिया। प्रश्न यह है कि इतने बड़े-बड़े इस्लामी नेता दरकिनार क्यों हो गए और अनाम छात्रों ने कब्ज़ा कैसे कर लिया ? ये छात्र वैसे छात्र नहीं हैं, जैसे हमने कभी फ्रांस, इंडोनेशिया या जापान में सरकारों को हिलाते हुए देखे थे। ये पढ़े-लिखे, प्रबुद्ध, प्रगतिशील जवानों का जमघट नहीं बल्कि मदरसों के अनाथ, गरीब, दमघुटे, कूपमंडूक जवानों का संगठन था। जब बेनजीर भुट्टो के नेतत्ववाली सरकार ने देखा कि काबुल में मुजाहिदीन सरकार के बैठ जाने से भी कुछ फायदा नहीं हो रहा है तो उसने सोचा कि उसे कुछ करना चाहिए। हिकमतयार और रब्बानी जैसे लोगों को पाकिस्तान ने पाल-पोसकर बड़ा किया, लेकिन उनके ज़माने में भी उसका कोई मकसद पूरा नहीं हो रहा था। न तो भारत के विरुद्ध पाक का सामरिक पिछवाड़ा तैयार हो रहा था और न ही मध्य एशिया के गैस और तेल के लिए अफगान रास्ते खुल रहे थे। उलटे, अफगान शरणार्थी अफगान राजनीति और समाज पर बेजा प्रभाव डाल रहे थे।

इस विकट परिस्थिति का समाधान बेनजीर के गहमंत्री नसीरुल्लाह बाबर ने निकाला। जनरल बाबर ने शिविरों में पल रहे अनाथ बच्चों और मदरसों से निकले अंध इस्लामी जवानों को बन्दूकें पकड़ा दीं। उन्हें पैसे और रसद देकर अफगानिस्तान में उतार दिया। जोश और इस्लामी आदर्शवाद से लबालब इन जवानों ने चोरों, लुटेरों को पकड़ा, अपराधियों को दबाया और जगह-जगह स्थानीय कमेटियाँ बनाकर शान्ति और व्यवस्था कायम कर दी। 1994 से उनका नाम सारे अफगानिस्तान और उसके बाहर भी सुना जाने लगा। इन उत्साही नौजवानों को बाकायदा फौजी प्रशिक्षण भी मिलने लगा। ज्यों-ज्यों इनकी ख्याति फैली, अमेरिका को आशा बँधने लगी कि मध्य एशिया से अफगानिस्तान होकर समुद्र तक पहुँचनेवाले थल-मार्ग, जो बरसों से बन्द पड़े हैं, अब खुल जाएँगे। अमेरिकी कम्पनियाँ अब गैस और तेल निकालने के लिए अरबों-खरबों के ठेके ले सकेंगी। सउदी अरब खुश था कि ये इस्लामी छात्र अब अफगानिस्तान में वहाबी इस्लाम के झंडे फहरा देंगे। अमेरिका तालिबान सरकार को मान्यता देता-देता बच गया, लेकिन पाकिस्तान, सउदी अरब और 'संयुक्त अरब अमारात' ने उसे मान्यता दे दी। तालिबान सरकार से अमेरिकी कम्पनियों ने खुलेआम और अमेरिकी सरकार ने गुपचुप सम्बन्ध निरन्तर बनाए रखे।

तालिबान संगठन एकदम पुराने इस्लामी ढर्रे पर बना हुआ था। मुल्ला उमर उसका मुखिया (अमीर-उल-मोमिनीन) है। यों तो कन्धार और काबुल की 'शूरा' बनी हुई थी। लेकिन उमर ही सर्वोच्च सत्ताधीश, प्रधान सेनापति और सर्वेसर्वा

था। तालिबान संगठन यों तो अफगानिस्तान के हर इस्लामवादी नागरिक के लिए खुला हुआ था लेकिन यह जगज़ाहिर है कि वह केवल पठानों का संगठन था और पठानों में भी कन्धारी पठानों का! इस संगठन में मुश्किल से 30-35 हजार लोग थे, लेकिन असली और ठोस तालिबान 5 हजार से भी कम हैं। तालिबान जब भी मुसीबत में होते हैं, जैसे कि 1997 में मज़ारे-शरीफ की लड़ाई में तीन हजार तालिबान के मारे जाने पर पाकिस्तान के मदरसों से हजारों नए तालिबान आते रहे हैं। अमेरिकियों से लड़ने के लिए पाकिस्तानी मदरसों के तालिबान कन्धार पहुँचने की कोशिश कर रहे थे।

यों तो तालिबान का जन्मदाता पाकिस्तान ही है, लेकिन पिछले दो-तीन वर्षों में तालिबान ने अपनी शक्ति इतनी बढ़ा ली कि पाकिस्तान उन्हें अब कठपुतली की तरह नचा नहीं सकता। तालिबान ने लगभग 90 प्र.श. अफगानिस्तान पर कब्जा कर लिया था और अफीम तथा हेरोइन से उसे कम-से-कम आठ अरब डॉलर की आमदनी थी। अफगान लोगों पर अपना शिकंजा कसे रखने के लिए उसके पास पर्याप्त हथियार थे। उसकी आमदनी और खर्चे की ठीक व्यवस्था करने का जिम्मा उसामा बिन लादेन ने ले रखा था। उसामा की वजह से अफगानिस्तान अन्तरराष्ट्रीय आतंकवाद का अड्डा बन गया था। दुनिया के लगभग 40 देशों के आतंकवादी अफगानिस्तान में सक्रिय थे। पाकिस्तानी सरकार की अनुनय-विनय के बावजूद तालिबान उसामा को नहीं सौंप रहे हैं बल्कि वे मुशर्रफ तथा अमेरिकियों को नई-नई धमकियाँ दे रहे हैं। तालिबान का कहना है कि अमेरिका बिना प्रमाण के ही 11 सितंबर का दोष उसामा के माथे मढ़ रहा है और उस बहाने अफगानिस्तान पर बमबारी कर रहा था। अमेरिकी धमकियों और बमबारी के बावजूद उमर और उसामा के हौसले बुलन्द हैं। इस बुलंदगी के कई कारण हैं। एक तो सारी घोषणाओं के बावजूद अभी तक तालिबान का हुक्का-पानी बन्द नहीं हुआ है। पाकिस्तानी सीमान्त से उन्हें सभी प्रकार की सहायता मिलती रही है।

पिछले पाँच साल से काबुल में डटे हुए तालिबान को अमेरिका पूरी तरह खदेड़ने की कोशिश कर रहा है लेकिन यह सत्य है कि तालिबान ने अफगानियत को अफगानिस्तान से खदेड़ दिया है। इस्लाम के नाम पर अफगान औरतों को उन्होंने पिंजरानुमा बुर्के में कैद कर दिया था। सिनेमा, टी.वी., संगीत आदि मनोरंजन के समस्त साधनों पर प्रतिबन्ध लगा दिया था। दाढ़ी रखना और सलवार-कमीज पहनना अनिवार्य कर दिया था। किसी भी प्रकार के फोटो, रेखाचित्र, मूर्ति वगैरह रखना बुतपरस्ती के बराबर थे। जुआ खेलना, शराब पीना, पतंग उड़ाना, लम्बे बाल रखना, नमाज के वक्त बाजार में घूमना, कबूतरबाजी

करना आदि सब अपराध घोषित हो गए थे। गैर-मुसलमानों पर भी तरह-तरह की सख्त पाबन्दियाँ लगा दी गई थीं और बुतपरस्ती गुनाह है, इस आधार पर बामियान की विश्वप्रसिद्ध बुद्ध की प्रतिमा को भी नष्ट कर दिया गया है।

तालिबान के राज में अफगानिस्तान उसी युग में पहुँच गया, जहाँ महमूद गज़नी और मुहम्मद ग़ोरी थे। मुल्ला उमर और उसामा किसी सुरक्षित स्थल पर छिपे हुए हैं और बेचारे बेगुनाह अफगान लोग अमेरिकी बमबारी में मारे जाते रहे हैं।

महाशक्तियों का अखाड़ा

क्या अफगानिस्तान के अलावा दुनिया में कोई ऐसा राष्ट्र भी है, जहाँ विश्व की महत्तम शक्तियों ने एक के बाद एक अपनी इज़्जत दाँव पर लगा दी हो ? पहले सोवियत संघ ने और फिर संयुक्त राज्य अमेरिका ने ! अफगानिस्तान में ऐसा क्या है, जिसकी वजह से सिर्फ 20वीं सदी ही नहीं, 19वीं सदी में भी तत्कालीन महाशक्तियों ने एक-दूसरे के विरुद्ध अपनी पूरी ताकत अड़ा रखी थी। ब्रिटेन और रूस ने ! आखिर अफगानिस्तान पिछले लगभग दो सौ साल से महाशक्तियों की प्रतिस्पर्धा का अखाड़ा क्यों बना हुआ है ? क्या इक्कीसवीं सदी में भी अफगानिस्तान महाशक्तियों का अखाड़ा बना रहेगा ? क्या यह अवश्यंभावी है ? इस प्रश्न का उत्तर तभी मिल सकता है, जब हम पहले उस रहस्य को खोलें, जिसके कारण अफगानिस्तान अपने पड़ौसी राष्ट्रों ही नहीं, सुदूर स्थित विश्व-शक्तियों का अखाड़ा बार-बार बनता रहा है। वह क्या रहस्य है, जिसके कारण महाशक्तियाँ अफगानिस्तान में खिंची चली आती हैं ?

जिसे हम आज अफगानिस्तान के नाम से जानते हैं, यह क्षेत्र विश्व-भूगोल और विश्व-इतिहास के केंद्र-बिन्दुओं में से रहा है। भूगोल के ऐसे मुकाम पर अफगानिस्तान बसा हुआ है कि अब से ढाई सौ साल पहले तक किसी ऐसे योद्धा को विश्व-विजेता मानना लगभग असंभव था, जो अफगान-क्षेत्र से न गुजरा हो। चाहे पश्चिम से आनेवाला सिकन्दर हो या पूरब से आनेवाला चंगेज खान, अफगानिस्तान पार किए बिना वह दुनिया के एक हिस्से से दूसरे हिस्से में नहीं पहुँच सकता था। उस समय की दुनिया के राजनीतिक नक्शे में अमेरिका, ऑस्ट्रेलिया और न्यूजीलैंड नहीं हुआ करते थे और समुद्री रास्ते भी उतने लोकप्रिय और निरापद नहीं थे। सारी दुनिया–चीन से यूरोप तक–थल मार्गों से ही जुड़ी हुई थी। 15वीं सदी में पुर्तगाली जलपोत के आविष्कार के पहले दुनिया के संचार और यातायात के दो अत्यन्त महत्त्वपूर्ण केंद्र थे-सीरिया और अफगानिस्तान ! इसी अफगानिस्तान में से होकर विश्व-प्रसिद्ध 'रेशम-पथ' चीन से रोम तक पहुँचता

था। चीन का रेशम और यूरोप का सोना ही एक-दूसरे के यहाँ अफगानिस्तान होकर नहीं पहुँचता था बल्कि भारत का बौद्ध धर्म भी अफगानिस्तान से ही मध्य एशिया, चीन और सुदूर एशिया पहुँचा था। भारत का ज्ञान-विज्ञान भी मध्य-एशियाई आर्यों और अरबों के ज़रिए यूरोप पहुँचा था। अफगानिस्तान सिर्फ व्यापार और तलवार की विश्व-धाराओं का ही मिलन-केंद्र नहीं था, वह अनेक संस्कतियों और सभ्यताओं का संगम भी था। उस समय यह माना जाता था कि जो अफगानिस्तान पहुँच गया, उसके लिए सारी दुनिया खुल गई। इसीलिए दौलत और ताकत के सभी उपासक अफगान-क्षेत्र को काबू करने पर कमर कसे रहते थे।

आज अफगानिस्तान जिस क्षेत्र में अवस्थित है, उसे 'मध्य एशिया' कहा जाता है। इसका अंग्रेजी अनुवाद तो होना चाहिए 'मिडिल एशिया' लेकिन अंग्रेजी में इसे 'मिडिल एशिया' कोई नहीं कहता। इसका अंग्रेजी नाम 'सेंट्रल एशिया' है। यही सही नाम है। यह नाम भी मूल रूप से रूसी भाषा का है। रूसी में इसे कहते हैं 'स्रेदन्याया आज़िया' याने 'केंद्रीय एशिया'। इस क्षेत्र के नज़दीक जितने रूसी रहे हैं और कोई नहीं रहा है। वे इसे 'केंद्रीय एशिया' कहते हैं तो इसका कुछ कारण है। वास्तव में 'मध्य एशिया', एशिया का मध्य तो है ही, वह एशिया का केंद्र भी है।

इस क्षेत्र को एशिया का केंद्र क्यों कहा जाता है ? इसका जवाब 1904 में छपे सर हालफोर्ड मेकिंडर के उस प्रसिद्ध निबंध में मिलता है, जिसका शीर्षक था, 'इतिहास की भौगोलिक धुरी'। मेकिंडर का कहना था कि मध्य एशिया दुनिया का एक मात्र ऐसा क्षेत्र है, जहाँ अनेक साम्राज्यों की सीमाएँ एक साथ मिलती हैं और इस क्षेत्र पर जो नियंत्रण करेगा, वह सारे विश्व पर नियंत्रण कर सकता है। मध्य एशिया को एशिया ही नहीं, सम्पूर्ण विश्व की धुरी अनेक भूराजनीतिशास्त्रियों ने माना है। प्रसिद्ध अमेरिकी भूराजनीतिशास्त्री निकोलस स्पाइकमेन ने कहा था कि "जो यूरोशिया पर राज करता है, वह संसार का भाग्य-विधाता बन सकता है।" अंग्रेजों के जमाने में भारत के विदेश सचिव रहे सर ओलफ केरो ने अपनी पुस्तक 'वेल्स ऑफ पॉवर' में साफ़-साफ़ लिखा था कि ईरान, अफगानिस्तान, पाकिस्तान आदि जिस क्षेत्र में अवस्थित हैं, वह क्षेत्र शक्ति का स्रोत है। महाशक्तियों की चालों को तय करने में वह क्षेत्र महत्त्वपूर्ण भूमिका अदा करेगा। वह क्षेत्र कौन-सा है ? कौन-कौन-से देश उस क्षेत्र में आते हैं ?

जिसे आज हम 'मध्य एशिया' कहते हैं, उसमें सोवियत संघ के पुराने पाँच गणतंत्र—कज़ाकिस्तान, तुर्कमेनिस्तान, उज़्बेकिस्तान, किरगिज़िस्तान, ताज़िकिस्तान तो हैं ही, अफगानिस्तान, मंगोलिया, तिब्बत, चीन का सिंक्यांग, भारत, पाकिस्तान

और ईरान के कुछ उत्तरी हिस्से भी आ जाते हैं। यह क्षेत्र भौगोलिक दष्टि से इतना बड़ा है कि इसमें पूरा यूरोप और भारत भी समा सकता है। पिछले डेढ़ सौ-पौने दो सौ साल से इस क्षेत्र के ज्यादातर हिस्सों पर रूस का प्रभुत्व रहा है लेकिन पिछले दस वर्षों में यह क्षेत्र ज़रा खुला है। सोवियत संघ के बिखरने और अब अफगानिस्तान के स्थिर होने पर दुबारा यह माना जाने लगा है कि मध्य एशिया के दिन फिरनेवाले हैं। क्या यह सत्य नहीं कि जब तक यह क्षेत्र सोवियत संघ में रहा, वह विश्वशक्ति बना रहा ? एक बार फिर यह क्षेत्र विश्व-राजनीति के शीर्ष पर पहुँचता-सा दिखाई पड़ रहा है। इस क्षेत्र के उत्तर में रूस, पश्चिम में केस्पियन समुद्र, दक्षिण में ईरान, पाकिस्तान, फारस की खाड़ी, हिन्द महासागर और भारत हैं, तथा पूर्व में चीन है।

इस सम्पूर्ण क्षेत्र का मर्मस्थल अफगानिस्तान है। यदि अफगानिस्तान स्थिर और शांत हो तो उसके ज़रिए सारी दुनिया मध्य एशिया पहुँच सकती है और मध्य एशिया सारी दुनिया तक पहुंच सकता है। सारी दुनिया मध्य एशिया क्यों पहुँचना चाहती है और मध्य एशिया को दुनिया तक पहुँचने के लिए अफगानिस्तान की क्या जरूरत है ? सम्पूर्ण मध्य एशिया भू-वेष्टित है याने चारों तरफ ज़मीन से घिरा हुआ है। यह घेरा छोटा-मोटा नहीं है। यदि मध्य एशिया से कोई व्यक्ति पश्चिम के किसी समुद्र-तट याने भू-मध्यसागर तक जाना चाहे तो उसे हजारों किलोमीटर का थल-मार्ग तय करना पड़ेगा और यदि वह पूर्व के किसी समुद्र-तट तक जाना चाहे तो भी उसे वही दिक्कत आएगी। एक तरफ रूस और तुर्की हैं और दूसरी तरफ रूस और चीन हैं। इतने लंबे भू-भाग पर गैस और तेल की पाइप लाइन बिछाना दिवा-स्वप्न देखना है। अमेरिका, अफ्रीका और आग्नेय एशिया के देशों तक अपना माल पहुँचाने का सबसे सस्ता और सरल रास्ता अफगानिस्तान होकर ही जाता है। अफगानिस्तान की उत्तरी सीमा तक मध्य एशियाई देशों की रेलें और सड़कें सीधी आती हैं और गह-युद्ध के पहले तक अफगानिस्तान की सड़कें इतनी पक्की और बढ़िया बनी हुई थीं कि मध्य-एशिया का माल न्यूनतम समय में पाकिस्तान होता हुआ कराची पहुँच सकता था।

मध्य एशिया का माल ईरान के जरिए भी फारस की खाड़ी तक पहुँच सकता है। वह वैकल्पिक मार्ग हो सकता है लेकिन यह मार्ग अफगानिस्तान के मुकाबले अपेक्षाकत अधिक लंबा है, घुमावदार है, महँगा है और अभी मध्य-एशियाई देशों की रेलें और सड़कें सीधे ईरानी सीमा तक नहीं पहुँचतीं। उनके निर्माण में प्रचुर धनराशि की आवश्यकता है। इसके अलावा ईरान की राजनीति भी इस वैकल्पिक मार्ग का रोड़ा है। यदि अमेरिका के साथ ईरान के संबंध सहज नहीं हों तो अमेरिकी

कम्पनियाँ मध्य-एशिया में गैस और तेल निकालने पर अरबों डॉलर खर्च क्यों करेंगी ? उनके द्वारा निकाले गए गैस और तेल के टैंकरों को ईरान ने रास्ता नहीं दिया तो क्या होगा ? अमेरिका ईरान को मार्ग-व्यय कमाने का मौका क्यों देना चाहेगा ? इसके साथ-साथ अमेरिका तथा अन्य महाशक्तियों को यह भी देखना होगा कि ईरान से बढ़ते हुए उनके संबंध कहीं अरब देशों पर भारी न पड़ें। ईरान और मध्य एशियाई राष्ट्रों में शिया-सुन्नी भेद-भाव तो चलता ही रहता है। ईरान का श्रेष्ठता-बोध भी मध्य एशियाई राष्ट्रों को उसके प्रति सहज नहीं होने देता। इस क्षेत्र में चलनेवाली परम्परागत तुर्की-ईरान प्रतिस्पर्धा भी ईरान के मार्ग की बाधा बन जाती है। इसके विपरीत, अब अफगानिस्तान की जो स्थिति है और साम्यवादी तख्ता-पलट (1978) के पहले जो थी, वह लगभग तटस्थता की थी याने सभी महाशक्तियों के साथ उसके संबंध सहज थे। उत्तर के पड़ौसी राष्ट्रों के साथ उसके संबंध वैसे नहीं हैं, जैसे तुर्की या ईरान के हैं। इन राष्ट्रों में अपना प्रभाव बढ़ाने के लिए तुर्की और ईरान की प्रतिस्पर्धा बराबर चलती रहती है। वे अपने जातीय और मज़हबी संबंधों को भुनाने से बाज़ नहीं आते। इन राष्ट्रों में अफगानिस्तान की अपनी कोई राजनीति नहीं है। अफगानिस्तान से उन्हें कोई सामरिक, राजनीति या धार्मिक खतरा भी नहीं है। दूसरे शब्दों में अफगानिस्तान के जरिए समुद्र तक अपना मार्ग बनाने में न तो किसी महाशक्ति और पड़ौसी राष्ट्र को पहले कोई आपत्ति हो सकती थी और न अब होगी। इसीलिए मध्य एशिया में अफगानिस्तान की स्थिति इतनी अप्रतिम बन गई है।

ऐसा नहीं है कि अफगानिस्तान पहली बार महाशक्तियों की आँख का तारा बना है। अब से 200 साल पहले भी अगर कोई यूरोपीय राष्ट्र भारत के माल-मत्ते पर नज़र गड़ाता था तो वह जानता था कि अफगानिस्तान को पार किए बिना वह भारत नहीं पहुँच सकता। 1798 में मिस्त्र पर हमला करने के बाद बोनापोर्ट नेपोलियन ने भारत पर कब्जा करने की अनेक योजनाएँ बनाईं। उसने रूस के ज़ार, ईरान के शाह, अफगानिस्तान के ज़मान शाह और मैसूर के टीपू सुल्तान से भी साँठ-गाँठ की ताकि ब्रिटेन के प्रभाव-क्षेत्र में जितने भी खान-सुल्तान और राजा-महाराजा थे, पहले उन्हें तोड़ा जाए और फिर ब्रिटिश भारत पर हमला बोल दिया जाए। अंग्रेजों को जैसे ही नेपोलियन की चालों की भनक पड़ी, उन्होंने तुर्की, ईरान और अफगानिस्तान में ऐसा कूटनीतिक जाल बिछाया कि फ्रांसीसी विस्तारवाद एक इंच भी आगे नहीं बढ़ पाया। अंग्रेजों ने विभिन्न संधियों के माध्यम से ऐसा इन्तज़ाम भी कर लिया कि फ्रांस क्या, कोई भी यूरोपीय राष्ट्र अगर भारत की तरफ बढ़ने की कोशिश करता तो ईरान और अफगानिस्तान उसके विरुद्ध युद्ध छेड़ देते।

फ्रांस तो कई कारणों से अखाड़े के बाहर हो गया लेकिन अब उससे भी बड़ा एक नया ख़तरा ब्रिटेन के सिर पर मँडराने लगा । वह खतरा था, रूस का। फ्रांस के मुकाबले रूस मध्य एशिया के कहीं ज्यादा निकट था और लगभग 100 साल पहले से ही वह भारत के लिए लार टपका रहा था। 1717 में पीटर महान ने कोशिश की थी कि फ्रांस और रूस मिलकर अफगानिस्तान के ज़रिए भारत पहुँच जाएँ।

रूस ने न केवल मध्य एशिया की छोटी-मोटी सल्तनतों पर कब्जा करना शुरू कर दिया बल्कि 1828 में ईरान के साथ तुर्कमेनचई की संधि और 1829 में तुर्की के साथ आन्द्रियानोपल की संधि भी की। इन दोनों संधियों ने रूस के प्रभुत्व में इतनी वद्धि कर दी कि लंदन और कलकत्ता के कान खड़े हो गए। ब्रिटिश नीति-निर्माताओं ने तय किया कि ईरान तो हाथ से निकल ही रहा है, अब अफगानिस्तान को मज़बूती से पकड़ लेना है। विदेश मंत्री लॉर्ड पामर्स्टन ने अफगानिस्तान को ब्रिटिश भारत का 'सीमांत' घोषित कर दिया और ऐसी नीति चलाने पर जोर दिया कि ब्रिटेन की अनुमति के बिना कोई भी यूरोपीय राष्ट्र अफगानिस्तान से न तो व्यापार कर सके और न ही कोई राजनैतिक या कूटनीतिक व्यवहार ! भारत के महाराज्यपाल लॉर्ड ऑकलैंड को लंदन से निर्देश आ गए कि वे अफगानिस्तान में 'पुरोगामी नीति' का सूत्रपात करें। अफगान अमीर दोस्त मुहम्मद से बात करने के लिए केप्टन एलेक्जेंडर बर्न्स को नवंबर 1836 में काबुल भेजा गया लेकिन दोस्त मुहम्मद ने अंग्रेजों को रियायतें देने की बजाय यह माँग कर डाली कि पेशावर को सिखों से छुड़वाकर अफगानों को लौटाया जाए। ब्रिटिश सरकार महाराजा रणजीतसिंह को नाराज़ नहीं करना चाहती थी। इसी बीच सेंट पीटर्सबर्ग से ज़ार का एक दूत काबुल के दरबार में पहुँच गया। ब्रिटिश सरकार को बहाना मिल गया। दोस्त मुहम्मद पर अनेक आरोप लगाए गए और अफगानिस्तान पर हमला बोल दिया गया। इस हमले का नेतत्व किया अपदस्थ अफगान अमीर शाह शुजा ने लेकिन सिपाहियों, हथियारों और रसद का इंतजाम किया, अंग्रेज सरकार ने। यही वह कुख्यात प्रथम आंग्ल-अफगान युद्ध था, जिसमें सम्पूर्ण ब्रिटिश फौज का कत्ले-आम हुआ था। शाह शुजा भी मारे गए। उनकी जगह दुबारा (1842 में) दोस्त मुहम्मद सत्तारूढ़ हुए। इस युद्ध ने ब्रिटेन की इज्जत को एशिया में जबर्दस्त धक्का लगाया। आखिर यह युद्ध ब्रिटेन ने क्यों लड़ा ?

ब्रिटेन को अफगानिस्तान से उतना खतरा नहीं था, जितना रूस से था। उसे भय था कि यदि ईरान और अफगानिस्तान दोनों ही रूस के प्रभाव-क्षेत्र में चले गए तो सबसे पहला नुकसान तो यह होगा कि भारत में ब्रिटिश साम्राज्य की नींव

हिल जाएगी। यदि मुस्लिम देशों ने अंग्रेजों के खिलाफ कोई गठबंधन खड़ा कर लिया तो भारत के मुसलमानों में बगावत फैल जाएगी और उन्हें काबू करना मुश्किल हो जाएगा। दूसरा, जो भी छोटे-मोटे राजे-रजवाड़े और नवाब तथा सुल्तान अभी ब्रिटिश हुकूमत के साथ हैं, वे बिदक जाएँगे। तीसरा, अफगानिस्तान के स्वतंत्र और शक्तिशाली होने पर वह अपनी सीमाएँ हिन्द महासागर तक फैलाने पर उतारू हो जाएगा। यदि अफगानिस्तान को कराची और मकरान तक सीधे पहुँचने का अधिकार मिल गया तो महारानी कैथरीन के इस स्वप्न को साकार होने में देर नहीं लगेगी कि रूस को गर्म पानी के बंदरगाह तक हर क़ीमत पर पहुँचना है। चौथा, यदि रूस को अफगानिस्तान के ज़रिए हिन्द महासागर तक रास्ता मिल गया तो मध्य एशिया में बढ़े हुए ब्रिटिश व्यापार को गहरी क्षति होगी। पाँचवाँ, अगर रूस मध्य एशिया और अफगानिस्तान में डटकर जम गया तो उधर तुर्की को परास्त करना उसके बाएँ हाथ का खेल होगा। परिणामस्वरूप यूरोप में ब्रिटेन के मुकाबले रूस का प्रभुत्व-विस्तार होने लगेगा।

इस तरह के अनेक काल्पनिक और वास्तविक भयों ने ब्रिटिश और रूसी प्रतिस्पर्धा को अफगानिस्तान में जगाए रखा लेकिन 1841-42 में बुरी तरह से मार खाने के बाद अंग्रेज ने अपनी पुरोगामी नीति को कुछ वर्षों तक विश्राम दिया और उसने दोस्त मुहम्मद के साथ सम्मानपूर्ण संबंध बनाए रखे लेकिन इस महान अमीर के मरने के बाद अंग्रेज ने अफगानिस्तान पर दुबारा कब्जा करने की नीति बनाई। दोस्त मुहम्मद के बेटे शेर अली ने अंग्रेजों के राजदूत को और उसकी माँगों को स्वीकार नहीं किया। अंग्रेजों को दुबारा शक हो गया कि शेर अली रूसियों के साथ कोई गुप-चुप साँठ-गाँठ कर रहा है। यह वह ज़माना था, जब जारशाही रूस मध्य एशियाई सल्तनतों और खानेतों पर कब्जा करता हुआ अफगानिस्तान की तरफ बढ़ा चला आ रहा था। रूस ने 1876 तक ताशकंद, समरकंद, बुखारा, खीवा और खोकंद पर कब्जा कर लिया था। इस इलाके के रूसी महाराज्यपाल जनरल के0वॉन कौफमान के सफल अभियानों और दबदबे की चर्चा लंदन और कलकत्ता में जमकर होने लगी थी। दोनों राजधानियों में यह माना जाने लगा था कि यदि ब्रिटेन अफगानिस्तान को हस्तगत नहीं करेगा तो भारत का सिंहासन छोड़ने के लिए उसे तैयार रहना पड़ेगा। कौफमान और शेर अली के बीच निरंतर चलनेवाले पत्र-व्यवहार और रूसी राजदूत के काबुल पहुँच जाने से तो अंग्रेज भड़के ही, उधर रूस ने तुर्की के विरुद्ध जनवरी 1878 में धावा भी बोल दिया था। अंग्रेज तुर्की की तरफ़ थे। उन्होंने तुर्की की सैन्य सहायता के लिए ज्यों ही थोड़ी कार्रवाई की कि जनरल कौफमान ने अपनी फौजें अफगानिस्तान की दिशा में बढ़ा दीं। उन दिनों रूसी

नीति इस गुर पर चल रही थी कि यदि रूस मध्य एशिया में मजबूत होगा तो अंग्रेज भारत में कमज़ोर होगा और वह भारत में कमज़ोर होगा तो यूरोप में रूस से दबेगा।

रूस की इस चुनौती का सामना करने के लिए तत्कालीन अंग्रेज वायसराय लॉर्ड लिटन ने सितंबर 1878 में अपनी सरकार को लिखा कि अफगानिस्तान से रूस का पूर्ण और स्थायी संबंध-विच्छेद किया जाना चाहिए। यदि अमीर इसके लिए तैयार न हो तो अफगानिस्तान के कई टुकड़े करने होंगे। उन क्षेत्रों को ब्रिटिश भारत में मिला लेना होगा, जिन्हें हम अपने सीमांत की तरह इस्तेमाल कर सकें। इसी नीति के तहत शेर अली के सामने कई अनाप-शनाप माँगें रख दी गईं और उन्हें अल्टीमेटम दे दिया गया। इसके पहले कि वे जवाब देते, अंग्रेज फौज ने अफगानिस्तान पर हमला बोल दिया। रूसियों ने अफगानिस्तान की कोई मदद नहीं की। शेर अली रूस की तरफ भागे और वहीं उनका प्राणान्त हो गया। उनके बेटे याकूब खान ने गद्दी सँभाली और 20 मई 1879 को उसने अंग्रेज के साथ गन्दमक की संधि पर दस्तखत कर दिए। इस संधि ने ब्रिटिश साम्राज्य के चिर-प्रतीक्षित लक्ष्य को पूरा किया। अगले चालीस साल तक अफगानिस्तान के हाथ-पाँव बँध गए। अफगान वैदेशिक संबंधों के संचालन का अधिकार ब्रिटेन के नियंत्रण में चला गया। काबुल में स्थायी ब्रिटिश राजदूत रखने का प्रावधान हो गया और अंग्रेजों को अफगानिस्तान में आने-जाने की पूरी छूट मिल गई। द्वितीय अफगान-युद्ध के कारण चाहे अंग्रेजों की स्थिति रूसियों के मुकाबले काबुल में बहुत मजबूत हो गई लेकिन 1841-42 की तरह इस बार भी 'मैवन्द के युद्ध' में ब्रिटिश भारत के लगभग तीन हजार जवान बुरी तरह मारे गए। 36 साल में दूसरी बार ब्रिटिश प्रतिष्ठा को जबर्दस्त झटका लगा।

गन्दमक की बदनाम संधि पर दस्तखत करनेवाला अमीर याकूब साल भर भी गद्दी पर नहीं बैठ सका। उसके स्थान पर शेर अली के भतीजे अब्दुर रहमान को अंग्रेज ने काबुल की गद्दी सौंप दी। अफगानिस्तान के 'लौह अमीर' माने जानेवाले अमीर अब्दुर रहमान ने अगले दो दशक (1880-1901) हुकूमत इस नफ़ासत के साथ चलाई कि शेर और भालू के बीच बकरी की तरह रहने के बावजूद अफगानिस्तान सही-सलामत बना रहा। वह दो पाटों (रूस और ब्रिटेन) के बीच दाने की तरह जरूर रहा लेकिन वैसे नहीं पिसा, जैसे दोस्त मुहम्मद और शेर अली के समय पिस गया था। अमीर हबीबुल्लाह ने अपने पिता अब्दुर रहमान की नीतियों का ही अनुसरण अगले लगभग दो दशक (1901-1919) तक किया।

अमीर अब्दुर रहमान और हबीबुल्लाह के चालीस वर्षों में न तो कोई आंग्ल-

अफगान युद्ध हुआ और न ही ब्रिटेन-रूस युद्ध लेकिन अफगानिस्तान को लेकर रूसी और ब्रिटिश साम्राज्य में चिंता और प्रतिस्पर्धा बराबर बनी रही बल्कि यों कहा जाए तो बेहतर होगा कि पिछले अस्सी साल से चली आ रही गलाकाट प्रतिस्पर्धा का उदात्तीकरण हुआ। यही वह समय था, जब 1885 के पंजदेह-संकट के बाद अफगान-रूसी सीमांत का निर्धारण हुआ और 1893 में भारत और अफगानिस्तान के बीच डूरेन्ड सीमा-रेखा खींची गई। साम्राज्यवादी उत्कर्ष के इस दौर में किसी मध्यवर्ती राज्य की सीमाओं के निर्धारण का अर्थ है, उस राज्य का सुनिश्चित और आधुनिक रूप धारण करना। ब्रिटिश और रूसी साम्राज्यों ने इन सीमाओं को मान्यता देकर अफगान-राज्य के नक्शे को अधिक सुस्पष्ट किया लेकिन गन्दमक की संधि के कारण अफगानिस्तान के वैदेशिक संबंधों का समुचित विस्तार नहीं हो सका। जब भी दोनों अमीरों ने संबंध-विस्तार की ज़रा भी इच्छा दिखाई, ब्रिटिश वायसराय ने युद्ध के नगाड़े बजाने शुरू कर दिए। अमीर अब्दुर रहमान ने डूरेन्ड-रेखा पर बातचीत में ज़रा आनाकानी की कि उन्हें आक्रमण की धमकी दी गई। इसी प्रकार 1885 में पंजदेह में रूसियों ने पहले हमला किया और फिर संधि की ! इसमें संदेह नहीं कि सीमा-समझौते के मामले में अंग्रेजों के मुकाबले रूसियों का रवैया हमेशा उदार रहा, हालाँकि जिन भूखंडों पर समझौते हुए, वे दोनों न तो रूस के थे और न ही ब्रिटेन के थे। वे पराए थे। एक पठानों का था और दूसरा तुर्कमेनों का था।

दोनों अमीर अपने दोनों पड़ौसी साम्राज्यों के प्रति सदा सशंकित रहते थे। अब्दुर रहमान, अमीर बनने के पहले लगभग 12 साल तक रूसी तुर्किस्तान में रूसियों के मेहमान रह चुके थे। निर्वासित राजकुमार की हैसियत से रूसियों के साथ उनकी गहरी साँठ-गाँठ रही थी। वे रूसियों की असली मनोदशा से परिचित थे। उन्होंने अपनी आत्मकथा में विस्तार से बताया है कि रूसी विस्तारवाद कितना दूरगामी और धैर्यशाली होता है। इसी प्रकार अमीर हबीबुल्लाह अंग्रेजों के बहुत नज़दीक थे लेकिन वे अंग्रेजों की दुरभिसंधियों के प्रति बहुत सजग थे। तत्कालीन वायसराय लॉर्ड कर्जन और हबीबुल्लाह के गण मेल नहीं खाए। कर्जन ने 1904 में उन्हें हमले की धमकी भी दी लेकिन वे अपनी टेक पर डटे रहे। उन्होंने 1905 की आंग्ल-अफगान संधि में खुद को 'अफगान राज्य का स्वतंत्र बादशाह' कहलवा लिया। गन्दमक की संधि का उल्लंघन किए बिना वे अधिकाधिक स्वतंत्रता का उपभोग करते रहे। इसीलिए उन्होंने न केवल राजा महेन्द्रप्रताप, बरकतुल्लाह और ओबेदुल्लाह सिंधी जैसे अंग्रेज-विरोधी भारतीय क्रांतिकारियों को शरण दी बल्कि जर्मन-तुर्क दूतों–ऑस्कर वॉन नीदरमेयर और काज़िम बे–को भी उन्होंने प्रथम

महायुद्ध के दौरान अफगानिस्तान में आने दिया और उनके साथ भी कूटनीतिक वार्ताएँ कीं, जो स्पष्ट रूप से ब्रिटिश-विरोधी थे। हबीबुल्लाह के मन में रूस और ब्रिटेन दोनों के ही इरादों के बारे में शंका बनी रहती थी। इसीलिए उन्होंने अपने पिता की तरह अफगानिस्तान में रेल लाने का डटकर विरोध किया। ब्रिटिश रेल चमन तक पहुँच चुकी थी और रूसी रेल भी आमू दरिया के किनारे तक आ लगी थी लेकिन दोनों साम्राज्यों की लाख कोशिशों के बावजूद हबीबुल्लाह ने महाशक्तियों को अफगान सीमा में एक किलोमीटर की पटरी भी नहीं बिछाने दी। रूसी रेल के निकट आ जाने के कारण रूस के साथ उत्तरी अफगान क्षेत्रों का व्यापार बढ़ गया लेकिन हबीबुल्लाह ने रूसियों के आग्रह के बावजूद उन्हें रियायतें इसीलिए नहीं दीं कि वैसी ही रियायतें ब्रिटिश भारत को भी देनी पड़तीं।

1907 की आंग्ल-रूसी संधि के बाद दोनों प्रतिस्पर्धी महाशक्तियों में इतना सद्भाव जरूर हो गया कि वे दोनों अफगानिस्तान में एक-दूसरे की जरूरतों को समझने लगीं लेकिन इससे हबीबुल्लाह का डर बढ़ गया। उन्हें लगा कि ये दोनों महाशक्तियाँ कहीं अफगानिस्तान की बंदर-बाँट में न लग जाएँ। इसीलिए प्रथम महायुद्ध के दौरान हबीबुल्लाह ने अफगानिस्तान की पूर्ण स्वतंत्रता को मान्यता दिलाने के लिए तीसरा मोर्चा खोलने की कोशिश की। यदि रूस और ब्रिटेन मिलकर अफगानिस्तान को दबाए रखना चाहते थे, तो वे तुर्की और जर्मनी के साथ मिलकर अफगानिस्तान को 'पूर्ण स्वतंत्र' और राजनैतिक दष्टि से 'मुक्त' घोषित करने पर आमादा थे। इसीलिए जनवरी 1916 में उन्होंने नीदरमेयर के साथ जिस जर्मन-अफगान संधि के मसविदे पर दस्तखत किए थे, उसकी पहली धारा में ही उक्त घोषणा कर दी गई थी। हबीबुल्लाह ने चाहे जर्मनी और तुर्कों के साथ गुपचुप साँठ-गाँठ की थी लेकिन उन्होंने इस बात का पूरा ध्यान रखा कि वे अपनी किसी करनी या कथनी से रूस या ब्रिटेन को नाराज़ न कर दें। इसीलिए एक तरफ उन्होंने भारतीय क्रांतिकारियों की इस पेशकश पर ध्यान नहीं दिया कि वे ब्रिटेन के खिलाफ जिहाद छेड़ दें तो उन्हें भारत का बादशाह बना दिया जाएगा और दूसरी तरफ उन्होंने रूसी तुर्किस्तान के असंतुष्ट मुसलमानों को भड़काने के तुर्की के प्रयत्नों का भी सक्रिय समर्थन नहीं किया। वास्तव में हबीबुल्लाह की मुख्य समस्या यही थी कि बकरी को शेर और भालू के पेट में जाने से कैसे बचाएँ ? इस लक्ष्य में वे पूरी तरह सफल हुए।

पिछले चालीस वर्षों में महाशक्तियों की अखाड़ेबाजी में जो थोड़ी शिथिलता दिखाई पड़ रही थी, वह अमानुल्लाह के सत्तारूढ़ होते ही काफूर होने लगी। अमानुल्लाह ने ताज पहनते ही घोषणा की कि अफगानिस्तान अपने आंतरिक और

बाह्य मामलों में 'पूर्ण स्वतंत्र' हो गया है। इस घोषणा के साथ ही चालीस साल पहले सम्पन्न हुई गन्दमक की संधि कूड़ेदान में समा गई। उसके साथ 1907 में सम्पन्न आंग्ल-रूसी संधि के वे सभी प्रावधान भी निरस्त हो गए, जो अफगानिस्तान से संबंधित थे। अफगानिस्तान को रूसी प्रभाव-क्षेत्र के बाहर और ब्रिटिश प्रभाव-क्षेत्र के अंदर मानने की बात निरर्थक हो गई। अब अफगानिस्तान दुनिया के किसी भी स्वतंत्र राष्ट्र की तरह अपनी विदेश नीति चलाने लगा। एशिया के नक्शे पर अफगानिस्तान एक बार फिर मुक्त एवं सम्प्रभु राष्ट्र की तरह दनदनाने लगा। ब्रिटिश पिंजरे को तोड़कर अफगान बाज-मुक्त आकाश में विहार करने लगा।

अफगानिस्तान को लेकर ब्रिटेन और रूस के बीच अब तीव्र प्रतिस्पर्धा शुरू हो जानी चाहिए थी लेकिन उसने उतना उत्कट रूप धारण नहीं किया, क्योंकि प्रथम महायुद्ध अभी-अभी समाप्त हुआ था और महाशक्तियाँ उसकी थकान से उबरी नहीं थीं। भारत में स्वाधीनता संग्राम तो लौ पकड़ ही रहा था, भारत के मुसलमान भी ब्रिटेन से नाराज़ हो गए थे। महायुद्ध में तुर्की की पराजय और खिलाफत की समाप्ति ने ब्रिटिश-विरोधी वातावरण का निर्माण कर दिया था। इसके अलावा 1919 की महामारी में लाखों लोगों के मरने के कारण ब्रिटिश शासन की हालत पतली हो रही थी। ऐसी स्थिति में ब्रिटिश सरकार अफगानिस्तान में पुरोगामी नीति का अनुगमन कैसे करती ? इसी प्रकार उधर 1917 में ज़ारशाही की समाप्ति और सोवियत क्रान्ति के कारण रूस अस्थिरता के दौर से गुजर रहा था। युद्ध में वह भयंकर नुकसान भुगत ही चुका था। इसके अलावा मध्य एशियाई क्षेत्रों की मुस्लिम जनता में भी असंतोष भड़क रहा था। तब तक रूस इतना समर्थ नहीं हो पाया था कि अफगानिस्तान में वह अंग्रेजों से आर्थिक प्रतिस्पर्धा में उलझे। इसीलिए ब्रिटिश-रूसी प्रतिस्पर्धा ने उग्र रूप धारण नहीं किया।

लेकिन इसका मतलब यह नहीं कि सामरिक या कूटनीतिक दष्टि से अफगानिस्तान अप्रासंगिक हो गया था। वास्तव में सोवियत सरकार ने स्वतंत्र अफगानिस्तान को सबसे पहले मान्यता दी, उसके राजदूत का स्वयं लेनिन ने मास्को में स्वागत किया और अमानुल्लाह को पत्र भी लिखे। मास्को ने अपना राजदूत भी काबुल भेजा। यदि यही कार्रवाई 20-25 साल पहले हुई होती तो अफगानिस्तान और ब्रिटेन में शायद युद्ध छिड़ जाता। युद्ध तो अब भी हुआ लेकिन उसका कारण महाशक्ति-प्रतिस्पर्धा नहीं थी बल्कि अमानुल्लाह की अतिरिक्त सक्रियता था। अमानुल्लाह ने अफगानिस्तान को स्वतंत्र तो घोषित कर दिया लेकिन ब्रिटेन ने उसे स्पष्ट मान्यता नहीं दी। ब्रिटेन से स्पष्ट मान्यता लेने का संकल्प इतना तगड़ा था कि अमानुल्लाह युद्ध के लिए भी तैयार हो गए। अमानुल्लाह को

भारतीय क्रांतिकारी तथा भारत के मुसलमान यह भी बताते रहे कि अंग्रेज की चूलें हिल रही हैं और यही सही वक्त है, हमला बोलने का। यदि अंग्रेज को हरा दिया जाए तो वह भारत से भाग जाएगा। अमानुल्लाह भारत के बादशाह बन सकते हैं। मई 1919 में युद्ध छिड़ गया। दोनों तरफ का काफी नुकसान हुआ लेकिन अमानुल्लाह ने ही शांति की पहल की। 8 अगस्त 1919 को रावलपिंडी में सम्पन्न शांति-संधि के पश्चात् ब्रिटिश प्रतिनिधि हेमिल्टन ग्रांट ने अफगान नेता महमूद तर्ज़ी को जो पत्र दिया, उसमें ब्रिटिश सरकार द्वारा अफगानिस्तान की पूर्ण स्वतंत्रता को मान्यता दी गई। धीरे-धीरे ब्रिटिश सरकार के साथ अमानुल्लाह के संबंध इतने सहज हो गए कि उन्होंने भारतीय क्रांतिकारियों पर भी प्रतिबंध लगा दिए और खिलाफत के नाम पर काबुल पहुँचे भारतीय मुसलमानों को भी वापस कर दिया।

अमानुल्लाह के व्यक्तित्व की यह अति सक्रियता उत्तर में भी प्रकट हुई। लेनिन के साथ सीधा संबंध जोड़कर अमानुल्लाह स्वयं को साम्राज्यवादी ब्रिटेन का विरोधी सिद्ध करना चाहते थे और इस्लामी तत्त्वों का नेतत्व करके नए खलीफा बनना चाहते थे। सोवियत-मैत्री का उबाल जल्दी ही ठंडा पड़ गया और अमानुल्लाह ने पूरी ताकत बुखारा के अमीर के पीछे लगा दी। सोवियत सरकार बुखारा के अमीर के विरुद्ध सैन्य कार्रवाई में जुटी हुई थी। अफगान योद्धा आमू दरिया के पार वाले इलाके में फैलकर मुसलमानों को बोल्शेविकों के विरुद्ध भड़काने लगे। तुर्की से भागे हुए इस्लामी नेता अनवर पाशा, बुखारा के इब्राहिम बेग तथा अन्य बसमाची मुखियाओं के साथ मिलकर अफगान सैनिक एक मध्य एशियाई मुस्लिम महासंघ का सपना देखने लगे। सोवियत सेनाओं ने खीवा और बुखारा को पूर्ण नियंत्रण में कर लिया तथा बसमाची बागियों को इतनी मार लगाई कि अमानुल्लाह के खलीफाई के ख्वाब हवा हो गए। पहले ब्रिटेन और उसके तुरंत बाद रूस के साथ थोड़ा खिलवाड़ करने के बाद अमानुल्लाह को समझ आ गई कि अब सारा ध्यान अफगानिस्तान के विकास और सुधार पर लगाना चाहिए।

अमानुल्लाह के दस वर्षों के शासन-काल में ब्रिटेन और सोवियत संघ के साथ अफगानिस्तान ने अनेक संधियाँ और समझौते किए। उनमें एक-दूसरे की काट करने की बजाय अफगानिस्तान के लिए ज्यादा से ज्यादा रियायतें लेने पर ही ध्यान दिया गया। दोनों महाशक्तियों ने अफगानिस्तान को असाधारण रियायतें भी दीं। इसीलिए कि अफगानिस्तान सामरिक दष्टि से महत्त्वपूर्ण देश था। रूस ने न केवल पंजदेह के मामले में रियायत दी बल्कि आमू दरिया का विवादास्पद द्वीप उर्ता तगाई भी अफगानिस्तान को दे दिया। इसी प्रकार कराची बंदरगाह से बिना तटकर माल लाने-ले जाने की सुविधा भी अंग्रेज ने दे दी। अफगानिस्तान के आधुनिकीकरण

में अमानुल्लाह ने दोनों महाशक्तियों से यथासंभव सहयोग प्राप्त किया। रूस-अफगान व्यापार में उल्लेखनीय बढ़ोतरी हुई, सैन्य-सहयोग भी खुलकर होने लगा और रूसी पायलट अफगान जहाज भी उड़ाने लगे। अमानुल्लाह ने रूस और ब्रिटेन के साथ तो संबंध बढ़ाए ही, तुर्की, फ्रांस और जर्मनी जैसे देशों से बड़े पैमाने पर सहयोग के आयाम भी खोले। इन देशों ने अफगानिस्तान के पुरातत्व, तेल, गैस, खनिजों, काराकुल खालों और गलीचों में भी रुचि दिखाई। इन देशों की अफगानिस्तान में उपस्थिति इस दष्टि से भी महत्त्वपूर्ण थी कि वह अनेक महाशक्तियों की कारगुजारियों पर नज़र रखने का सबसे उपयोगी केंद्र था। अमानुल्लाह ने अपने विशेष दूत को वाशिंगटन भी भेजा ताकि अमेरिका से भी अफगानिस्तान के सीधे संबंध कायम हो सकें लेकिन अमेरिका ने सारे मामले को टाल दिया, क्योंकि वह ब्रिटिश सलाह के बिना उन दिनों एशिया में कोई महत्त्वपूर्ण कदम नहीं उठाता था। अमानुल्लाह ने अपने वैदेशिक संबंधों को फैलाने के पीछे यह दष्टि भी रखी कि किसी एक महाशक्ति पर अत्यधिक निर्भर होना उचित नहीं है। इसके बावजूद लंदन की सरकार यह मानकर चल रही थी कि अमानुल्लाह सोवियत संघ के लाल रंग में रँगते जा रहे हैं। प्रधानमंत्री स्टेनले बाल्डविन के ज़माने में ब्रिटेन-रूस संबंध जितने बिगड़ते गए, उतने ही अनुपात में भारत की ब्रिटिश सल्तनत में अफगानिस्तान को लेकर घबराहट बढ़ती गई। वह यह मानने लगी कि भारत में अंग्रेजों के विरुद्ध कोहराम फैलाने में कम्युनिस्ट जो भूमिका निभा रहे हैं, उसमें अफगानिस्तान की सक्रिय सहायता है।

खान अब्दुल गफ्फार खान के नेतत्व में चल रहे 'खुदाइ-खिदमतगार' आंदोलन पर अमानुल्लाह का वरद्-हस्त जरूर था लेकिन उसे सोवियत संघ से जोड़ने का कोई आधार नहीं था। बादशाह खान के पठान स्वयंसेवकों की लाल कुर्ती वेशभूषा ने इस गलतफहमी को ज़रा ज़्यादा मजबूत किया। महात्मा गाँधी के आंदोलन के प्रति अमानुल्लाह की सहानुभूति का भी ब्रिटिश राज ने गलत मतलब लगाया। सीमांत के कबीलों में भड़कनेवाले विद्रोहों के लिए भी अमानुल्लाह को जिम्मेदार ठहराया गया। तात्पर्य यह कि अमानुल्लाह को हटाने की पूरी चौपड़ ब्रिटेन ने जमा ली। अमानुल्लाह जब दिसंबर 1928 में अनेक देशों की यात्रा पर गए तो ब्रिटेन और उसके एजेन्टों को काफी अच्छा मौका मिल गया। उन्होंने मुल्ला-मौलवियों, कबाइली मुखियाओं और फौज के असंतुष्ट तत्त्वों से साँठ-गाँठ करके अफगानिस्तान में अमानुल्लाह विरोधी माहौल खड़ा कर दिया। इस 'समाजवादी बादशाह' को उलटाने के लिए ब्रिटेन ने बच्चा-ए-सक्का नामक एक उचक्के का सहारा लिया, जिसने शिनवारी कबीले की सहायता से जनवरी 1929 में काबुल पर कब्जा कर

लिया। अफगानिस्तान के इस महान बादशाह का अंत उसके अति क्रांतिकारी कार्यक्रमों के कारण तो हुआ ही लेकिन उसे हटवाने में ब्रिटेन ने भी कोई कसर नहीं छोड़ी। काबुल स्थित ब्रिटिश राजदूत सर फ्रांसिस हम्फ्रीज़, लॉरेन्स ऑफ अरेबिया, मुल्ला शोर बाज़ार और मुल्ला अखुंडजादे की भूमिका पर नए अनुसंधानों से काफी प्रकाश पड़ा है। ब्रिटेन की इस कारगुजारी के विरुद्ध सोवियत संघ कुछ नहीं कर सका, हालाँकि अमानुल्लाह का पतन उसके हितों पर सीधी चोट के समान था। अमानुल्लाह की विदेश-यात्राओं के दौरान अफगानिस्तान की प्रसिद्धि का जो सूर्य उगा था, उसे इस तख्ता-पलट ने पूरी तरह ढक लिया।

अमानुल्लाह के पश्चात् लगभग पौन वर्ष के बच्चा-ए-सक्का राज में इतनी अस्थिरता बनी रही कि महाशक्तियों ने अफगानिस्तान से संबंध बढ़ाने में विशेष रुचि नहीं दिखाई। जब स्वयं अफगानिस्तान ही जबर्दस्त अखाड़ा बना हुआ था तो वहाँ महाशक्तियाँ अपना खेल क्या खेलतीं ? वे इन्तज़ार करती रहीं कि कब अफगानिस्तान में स्थिर सरकार बने और कब उससे संबंध बढ़ाएँ। अक्तूबर 1929 में बच्चा-ए-सक्का मारा गया और जनरल नादिरखान बादशाह बने। 8 नवम्बर 1933 को बादशाह नादिरशाह की हत्या हो गई। उनके स्थान पर उनके पुत्र ज़ाहिरशाह को बादशाह बनाया गया। प्रधानमंत्री के तौर पर नादिरशाह के भाई हाशिम खान 1946 तक सरकार चलाते रहे। 17 वर्ष के इस द्वितीय महायुद्ध के काल तक अफगानिस्तान में कोई बड़ी उथल-पुथल नहीं हुई, सिवाय इसके कि 1930 में बसमाची मुखिया इब्राहिम बेग का पीछा करती हुई सोवियत सेना अफगान-सीमा में घुस गई, जिसका काबुल और लंदन दोनों ने विरोध किया। रूसी सेना वापस चली गई लेकिन कुछ माह बाद अफगानों ने ही इब्राहिम बेग को आमू के पार खदेड़ दिया। नादिरशाह के बादशाह बनने पर रूस और ब्रिटेन ने उनका अभिनंदन किया लेकिन मास्को में यह माना जा रहा था कि नादिर और अमानुल्लाह की कोई तुलना नहीं है। इसके अलावा नादिर को बच्चा-ए-सक्का के विरुद्ध अगर ब्रिटिश मदद नहीं मिलती तो वे बादशाह नहीं बन पाते। पठान कबाइली भी इसी तरह सोचते थे। वे समझते थे कि नादिरशाह और उनके पुत्र ज़ाहिरशाह रूसियों के मुकाबले अंग्रेजों की तरफ ज्यादा झुकेंगे लेकिन वे भूल गए कि अमानुल्लाह के सेनापति के तौर पर नादिरशाह ने ही अंग्रेजों के विरुद्ध तीसरा अफगान-युद्ध लड़ा था।

वास्तव में नादिरशाह और ज़ाहिरशाह ने रूस और ब्रिटेन के बीच पूर्ण तटस्थता की नीति अपनाई। पड़ौसियों के प्रति जो सामान्य सद्भाव रखना चाहिए, वह रखते हुए भी अफगान सरकार ने जर्मनी के साथ अपने संबंध विशेष रूप से

बढ़ाए। ऐसा नहीं है कि द्वितीय महायुद्ध में ब्रिटेन और रूस के एक ही खेमे में हो जाने के कारण अफगानिस्तान ने उनके मुकाबले ध्रुव-राष्ट्रों के खेमे के साथ कोई नई यारबाज़ी शुरू कर दी थी। वास्तव में जर्मनी के साथ प्रथम महायुद्ध के दौरान ही घनिष्ट संबंधों का सूत्रपात अमीर हबीबुल्लाह ने कर दिया था। इसी सूत्र को अमीर अमानुल्लाह ने काफी आगे बढ़ाया। अफगानिस्तान के स्कूज-कॉलेजों, कारखानों-दफ्तरों, फौजी केंद्रों-अस्पतालों तथा सड़कों-भवनों–लगभग सभी स्थानों पर जर्मन प्रभाव दिखाई देने लगा था। जर्मनी से बढ़ता हुआ रिश्ता अफगानिस्तान को दो कारणों से अनुकूल लगता था। एक तो जर्मनी का 'आर्य तत्व' पर जोर देना। अफगान लोग अपने आपको 'आर्य' मानने में बड़ा गर्व अनुभव करते हैं। उन्हें जर्मनों से जातीय प्रेम का अहसास होने लगा। दूसरा, जर्मनी का निकट पड़ौसी न होना। जर्मनी की भौगोलिक दूरी ही उसे राजनीतिक दष्टि से अफगानिस्तान के समीप ले आई। जर्मनी से सहयोग बढ़ाते समय अफगानिस्तान को यह खतरा नहीं था कि वह उसकी जमीन छीनने की कोशिश करेगा या उसके कबीलों को अपनी राजनीति का मोहरा बनाएगा। इसके विपरीत अफगान यह मानते थे कि अगर रूस और ब्रिटेन हार गए तो उनका बहुत भला होगा। जर्मनी के साथ मिलकर वे भारत पर भी अपना वर्चस्व कायम कर सकेंगे। इसके अलावा जर्मनी से जबर्दस्त आर्थिक और तकनीकी सहायता तो मिलेगी ही, जैसी कि 1916 में नीदरमेयर मिशन के सौजन्य से मिलनेवाली थी।

इसी प्रकार अफगानिस्तान ने जापान से भी अपने संबंध बढ़ाए। मंचूरिया की तरफ जापान की बढ़त ने रूस के हौसले पस्त कर रखे थे। जापानी राजदूत के काबुल पहुँचते ही रूसी दूतावास के दाँव-पेंचों में काफी कमी आ गई। अफगानिस्तान के बाजारों में जापानी माल की भरमार हो गई। जापान और जर्मनी जैसे दूर स्थित देशों के साथ घनिष्ट संबंध बनाने के अभियान को ज़ाहिरशाह सरकार ने अमेरिका तक पहुँचाया। बारम्बार के अफगान आग्रह को स्वीकार करते हुए राष्ट्रपति एफ.डी. रूजवेल्ट ने 1942 में काबुल में अमेरिकी दूतावास स्थापित करने के प्रस्ताव को मान लिया। जून 1943 में वाशिंगटन में अफगान दूतावास की स्थापना हो गई। रूस और ब्रिटेन को काबुल में अमेरिकी उपस्थिति पर विशेष आपत्ति कभी नहीं हुई। लेकिन ध्रुव-शक्तियों के नागरिकों की गतिविधियों पर उनका इतना अधिक शक बढ़ गया कि उन्होंने 1941 में अफगान-सरकार से उन्हें निकाल बाहर करने की माँग की। अफगान सरकार ने मित्र-राष्ट्रों की इस माँग पर झुँझलाहट व्यक्त की लेकिन अन्ततोगत्वा उसने काबुल की जर्मन कॉलोनी खाली करवा ली और जर्मन नागरिकों को कराची भिजवा दिया। अफगानिस्तान को यह सब क्यों करना

पड़ा ? इसीलिए कि दोनों खेमों में यह दहशत बैठ गई थी कि अफगानिस्तान का इस्तेमाल उनके विरुद्ध किया जाएगा। मित्र-राष्ट्रों की यह पक्की धारणा थी कि जर्मनी ने अफगानिस्तान को अपनी जासूसी का अड्डा बना लिया है और ज्यों-ज्यों युद्ध बढ़ता जाएगा, वह काबुल सरकार को पटाकर अफगान कबीलों को भड़काएगा ताकि ब्रिटिश सरकार की फौजें भारत में ही उलझी रहें और उधर आमू-पार के मुसलमानों को रूस के खिलाफ भी इस्तेमाल करेगा ताकि मित्र राष्ट्र जर्मनी-जापान और इटली का ठीक से मुकाबला न कर पाएँ।

संकट की इस घड़ी में ज़ाहिरशाह-सरकार ने पर्याप्त विवेक और धैर्य का परिचय दिया। किसी भी महाशक्ति को नाराज़ किए बिना अपनी तटस्थता बनाए रखी। अमीर हबीबुल्लाह से सबक सीखा और भावी अफगान-विदेश नीति की नींव भी पक्की कर दी। महाशक्तियों ने अफगानिस्तान को अपने खेल का अखाड़ा बनाने में कोई कसर नहीं छोड़ी लेकिन संकट की इस भट्ठी में तपकर अफगान विदेश नीति का सोना पहले से भी अधिक चमक उठा। पुराने अफगान बादशाह एक बार में सिर्फ एक या दो महाशक्तियों से निपटते थे, इस दौर के अफगान शासकों ने कई महाशक्तियों से एक साथ निपटने की कला का भी अभ्यास कर लिया।

इस अभ्यास का लाभ उन्हें महायुद्धोत्तर काल में जमकर मिला। द्वितीय महायुद्ध के बाद मध्य एशिया में चल रही डेढ़-सौ साल पुरानी अखाड़ेबाज़ी खत्म हो जानी चाहिए थी, क्योंकि भौगोलिक दष्टि से आमने-सामने डटी हुई महाशक्तियों का युग समाप्त हो गया था। ब्रिटेन तो भारत से कूच कर ही गया था, सोवियत संघ के सामने कोई भौगोलिक प्रतिद्वंद्वी भी नहीं रह गया था लेकिन शीतयुद्ध ने सारा परिदश्य ही बदल दिया। ब्रिटेन की जगह अमेरिका आ बैठा। बैठने की जगह उसे पाकिस्तान में मिल गई। पहले मध्य एशिया में रूसी भालू और ब्रिटिश शेर लड़ रहे थे। अब यह लड़ाई रूसी भालू और अमेरिकी बाज में छिड़ गई। 20वीं सदी के मध्य में अब तात्विक प्रश्न यह नहीं रह गया कि दो साम्राज्यों के बीच स्थित मध्यवर्ती राज्य पर भौगोलिक कब्जा कौन करता है बल्कि यह हो गया कि कौन-सा राष्ट्र किस महाशक्ति के प्रभाव-क्षेत्र में है। प्रथम और द्वितीय महायुद्धों के अनुभवों ने अफगानिस्तान को यह सिखाया कि वह तटस्थ रहे। तटस्थता को अफगान शासकों ने ललित कला की तरह साध लिया। 1961 के बेलग्राद सम्मेलन के बाद जिस नीति को दुनिया गुट-निरपेक्षता या असंलग्नता के नाम से जानने लगी, उसे अफगानिस्तान ने बहुत पहले ही सिद्ध कर लिया था। गुटों के बनने के बहुत पहले से ही अफगानिस्तान गुट-निरपेक्ष हो गया था।

महायुद्धों के बाद कुछ वर्षों तक दोनों महाशक्तियाँ यह जाँचती-परखती रहीं कि अफगानिस्तान, देखें इधर आता है कि उधर जाता है। जब उन्हें यह पता चल गया कि अफगानिस्तान किसी भी गुट में शामिल नहीं होगा तो दोनों महाशक्तियों ने यह संकल्प कर लिया कि अब उसे किसी भी क़ीमत पर अपने प्रतिद्वंद्वी के प्रभाव-क्षेत्र में नहीं जाने देना है। दोनों के अपने-अपने तर्क थे। सोवियत संघ का सोचना था कि अफगानिस्तान यदि प्रतिद्वंद्वी के हाथ में चला गया तो रूस के मर्म-स्थल को भेदना एकदम सरल हो जाएगा। वह सम्पूर्ण मुस्लिम मध्य एशिया का दक्षिणी दरवाज़ा है। अफगानिस्तान में वे सब जातियाँ रहती हैं, जिनके नाम से मध्य एशियाई गणतंत्र बनाए गए हैं। अमेरिका उन सब जातियों के जरिए इन गणतंत्रों में जासूसी, तोड़-फोड़ और बगावत का जाल बिछा सकता है। दूसरे शब्दों में वह शस्त्र-प्रयोग के बिना ही सोवियत संघ को भंग कर सकता है। इस लक्ष्य की प्राप्ति में इस्लाम और इन क्षेत्रों की गरीबी आग में घी का काम करेगी। इसीलिए अफगानिस्तान को लेकर रूस इतना छुई-मुई हो गया था कि अफगान सरकार किसी अमेरिकी कम्पनी को अफगानिस्तान के उत्तरी हिस्से में तेलोत्खनन का अधिकार दे दे या फ्रांसीसी या जर्मन संस्था को पुरातत्व-उत्खनन की सुविधा दे दे तो भी रूस बौखला जाता था। रूस का कहना था कि चाहे भूमि अफगानिस्तान की ही है लेकिन पड़ौस तो हमारा है। बहाना होगा, अफगानिस्तान के लिए काम करने का लेकिन काम किया जाएगा, रूस के खिलाफ़ ! रूस का ध्यान इस बात पर केंद्रित नहीं था कि किसी विदेशी मदद से अफगानिस्तान का फायदा होगा या नहीं बल्कि इस बात पर था कि कहीं उससे रूस का नुकसान तो नहीं हो जाएगा।

जहाँ तक अमेरिका का सवाल है, उसका डर यह था कि यदि अफगानिस्तान लाल रंग में रँग गया तो साम्यवादी लहर पाकिस्तान और भारत को भी भिगो सकती है। यदि साम्यवाद को आमू दरिया के उत्तर में ही कैद कर दिया जाए तो रूस को हिन्द महासागर के गर्म पानी के बंदरगाहों तक पहुँचने का अवसर कदापि नहीं मिलेगा। यदि रूस हिन्द महासागर तक पहुँच गया तो वह अमेरिका द्वारा डाले गए सुरक्षा-कवच को भेद देगा और उसके व्यापारिक जाल को काट डालेगा। वह पश्चिम एशिया में भी अमेरिका के लिए खतरा खड़ा कर देगा। इस प्रतीति के बावजूद शीत-युद्ध के प्रारंभिक छह-सात वर्षों में अमेरिका ने अफगानिस्तान की कोई उल्लेखनीय सहायता नहीं की जबकि शाह महमूद के प्रधानमंत्रित्व-काल (1946-1953) में अफगान सरकार ने अमेरिका से बहुविध सहयोग के लिए कई बार पहल की उन्होंने फौजी सहायता भी माँगी। मोरीसन-क्नडसन नामक एक अमेरिकी कम्पनी को मार्च 1946 में अफगान सरकार ने 170 लाख डॉलर का ठेका

भी दिया ताकि वह हेलमंद क्षेत्र में कुछ निर्माण-कार्य कर सके। अमेरिका के मुकाबले सोवियत रूस ने अफगानिस्तान में अपना प्रभाव काफी तेजी से बढ़ा लिया। उसने 1946 में सीमा-संधि के जरिए अफगानिस्तान को पर्याप्त रियायतें दीं और 1950 में जब पख्तून-प्रश्न पर पाकिस्तान ने सीमा बंद कर दी तो रूस ने न सिर्फ अफगान माल खरीद लिया बल्कि अफगानिस्तान से एक व्यापार-समझौता करके उसके लिए एक वैकल्पिक मार्ग भी खोल दिया। रूस ने पख्तून प्रश्न पर अफगानिस्तान का स्पष्ट समर्थन किया जबकि अमेरिका गोलमोल शब्दावली का प्रयोग करता रहा।

1953 में अमेरिका, रूस और अफगानिस्तान तीनों देशों में नया नेतत्व आ गया। अमेरिका में आइज़नहावर-डलेस, रूस में ख्रुश्चौफ-मालेन्कौफ और अफगानिस्तान में सरदार दाऊद ! नए अमेरिकी नेतत्व ने सैनिक गठबंधनों का जाल बिछाना शुरू कर दिया जबकि नए रूसी नेतत्व ने तटस्थ राष्ट्रों के प्रति अधिक उदारता का परिचय दिया। अफगान प्रधानमंत्री सरदार दाऊद ने इन दोनों प्रवत्तियों का लाभ उठाया और दोनों महाशक्तियों को अफगानिस्तान की ओर आकर्षित करने की रणनीति बनाई। वे 'सेन्टो' और 'सीटो' में तुर्की, ईरान और पाकिस्तान की तरह शामिल नहीं हुए। भारत की तरह वे सैनिक गुटों से बाहर रहे। उन्होंने अफगान-असंलग्नता का जमकर प्रतिपादन किया। उन्होंने अमेरिकियों को खुश करने के लिए न तो साम्यवाद पर आक्रमण किया और न ही रूसियों को खुश करने के लिए सैन्य-गुटों की निंदा की। उनका प्रयत्न हमेशा यह रहा कि महाशक्तियों की अखाड़ेबाजी में उलझने की बजाय वे उन्हें अपनी अखाड़ेबाजी में उलझाएँ। जब भी पख्तून-प्रश्न पर वे पाकिस्तान से भिड़े—1950, 1955 तथा 1961-63—उन्होंने महाशक्तियों को अपनी ओर झुकाने की कोशिश की। अमेरिका ने पख्तूनिस्तान का समर्थन कभी नहीं किया लेकिन ब्रिटेन की तरह स्पष्ट विरोध भी कभी नहीं किया। वह अफगानिस्तान को यथास्थिति बनाए रखने की सलाह देता रहा जबकि सोवियत रूस 'जातियों के आत्म-निर्णय' के सिद्धांत के नाम पर न सिर्फ पख्तूनिस्तान का समर्थन करता रहा बल्कि यह भी कहता रहा कि यह समस्या ब्रिटेन और अमेरिका जैसे साम्राज्यवादियों ने खड़ी की है और वे ही पाकिस्तान के माध्यम से इसे जीवित रखे हुए हैं। पख्तून-क्षेत्रों में वे अपने सैन्य-अड्डे बनाना चाहते हैं। अमेरिका को दुविधा यह रही कि वह अपने सैन्य-गठबंधन के साथी पाकिस्तान का विरोध कैसे करे और यदि वह अफगानिस्तान का विरोध करेगा तो वह पूर्णरूपेण रूसी खेमे में चला जाएगा। अमेरिका की सावधान नीति के बावजूद अफगानिस्तान सोवियत संघ के निकट बढ़ता गया। उसने अपनी गुट-निरपेक्षता पर सदा बल दिया लेकिन साठ के दशक तक पहुँचते-पहुँचते उसकी फौज, उसके प्रशासन,

उसकी पंचवर्षीय योजनाओं, उसकी शिक्षा, उसके सार्वजनिक और राजनीति जीवन पर सोवियत रूस का असर बढ़ता गया। पाक-अफगान संकट के समय दी गई सोवियत सहायता का अफगान जन-मानस पर नाटकीय असर होता गया। अमेरिका द्वारा अफगानिस्तान में शुरू किए गए छुट-पुट आर्थिक और शैक्षणिक कार्यक्रमों की रूस कड़ी निंदा करता रहा और उनका लक्ष्य यही बताता रहा कि पश्चिमी राष्ट्र अफगानिस्तान को अपने खेमे में खींचना चाहते हैं।

दिसंबर 1955 में ख्रुश्चौफ और बुल्गानिन की काबुल-यात्रा ने अमेरिका को जोरदार झटका दिया। हेलमंदघाटी प्रयोजना के लिए दी गई छोटी-मोटी अप्रत्यक्ष अमेरिकी सहायता के मुकाबले जब रूसी नेताओं ने अफगानिस्तान को 10 करोड़ डॉलर देने की घोषणा की तो तहलका मच गया। इसके पहले भी रूसियों ने सड़क-निर्माण, बेकरी और अनाज की बड़ी खत्ती, पेट्रोल डिपो और गैस की पाइप लाइन आदि बनाने के ऐसे कार्यक्रम शुरू कर दिए थे, जिन पर आम जनता की नज़र पड़े बिना नहीं रहती थी। अब तो अमेरिकी काँग्रेस, अखबारों और स्टेट डिपार्टमेंट में अपूर्व सुगबुगाहट शुरू हो गई। अफगानिस्तान के साथ रूस और अमेरिका के अनवरत शिखर-सम्मेलन होने लगे। दोनों महाशक्तियों के शिखर पुरुष एक के बाद एक अफगानिस्तान आने लगे और अफगानिस्तान के शिखर-पुरुष वाशिंगटन और मास्को जाने लगे। यह त्रिकोणात्मक गहमागहमी इस हद तक बढ़ गई कि मानो अफगानिस्तान ही सम्पूर्ण शीतयुद्ध की उलट-धुरी बन गया हो। दुनिया के कई अन्य क्षेत्रों में अमेरिकी और रूसी हितों में सीधी टकराहट हो रही थी लेकिन अफगानिस्तान में चल रही टकराहट का स्वरूप इतना उदात्त और रचनात्मक था कि अन्तरराष्ट्रीय राजनीति के बड़े-बड़े पंडितों के दिमाग चकराने लगे। शीत-युद्ध के दो अलग-अलग नमूने एकदम सामने आ गए। एक तरफ क्यूबा और दूसरी तरफ अफगानिस्तान। क्यूबा में दोनों महाशक्तियों की फौजें एक-दूसरे से टकराने के लिए तत्पर हो रही थीं जबकि काबुल की सड़कों पर वे गलबहियाँ डालकर साथ-साथ घूमती दिखाई पड़ती थीं। सोवियत नेताओं की दिसंबर 1955 की काबुल-यात्रा ने सारा परिदृश्य ही बदल दिया।

यदि हम आँकड़ों की ओर देखें तो विदित होगा कि 1955 में अफगानिस्तान को केवल 16 लाख डॉलर की अमेरिकी मदद का वायदा था जो 1956 में लगभग नौ गुना बढ़कर 182 लाख का हो गया। अफगानिस्तान को दी जानेवाली अमेरिकी सहायता में इस उल्लेखनीय वद्धि का कारण सोवियत प्रभाव से प्रतिस्पर्धा करने की इच्छा थी। इन्हीं दिनों पुराना प्रतिबंध हटाकर श्रीलंका को भी सहायता का प्रावधान किया गया था किन्तु उसका प्रयोजन दूसरा था। वास्तव में श्रीलंका के

प्रधानमंत्री ने बांडुंग सम्मेलन में भारी पश्चिम-समर्थक रुख अपनाया था। इसीलिए श्रीलंका को पुनः सहायता मिलने लगी। इस प्रकार अफगानिस्तान में अमेरिकी सहायता का मुख्य उद्देश्य अफगानिस्तान में सोवियत प्रभाव का मुकाबला करना और पाक-अफगान संबंधों को सुधारकर अफगानिस्तान को पश्चिमाभिमुख बनाना था। सोवियत संघ ने आर्थिक क्षेत्र में मजबूत कदम उठा ही लिया था। वह भी अमेरिका को आगे नहीं बढ़ने देना चाहता था। दोनों महाशक्तियों में होड़ लग गई कि कौन अफगानिस्तान में अधिक सफलता प्राप्त करता है।

यह प्रतिस्पर्धा कई रूपों में प्रगट हुई। सबसे महत्त्वपूर्ण बात तो यह है कि अफगानिस्तान जैसे अन्य एशियाई असंलग्न और लघु-राष्ट्रों–बर्मा, श्रीलंका और नेपाल–को एक अवधि में जितनी सहायता मिली, उससे कहीं अधिक सहायता अफगानिस्तान को मिली। उदाहरणार्थ एक प्रामाणिक स्रोत के अनुसार 1965 तक बर्मा को लगभग 6 करोड़ डॉलर, श्रीलंका को लगभग 3 करोड़ 70 लाख डॉलर और नेपाल को लगभग 4 करोड़ 50 लाख डॉलर की अमेरिकी सहायता मिली जबकि अकेले अफगानिस्तान को लगभग 21 करोड़ 90 लाख डॉलर की सहायता मिली, जो कि इन तीनों देशों को मिली सहायता के कुल जोड़ से डेढ़ गुना अधिक थी। इसी प्रकार 1966 तक बर्मा को लगभग 4 करोड़ 50 लाख डॉलर, श्रीलंका को लगभग 6 करोड़ डॉलर तथा नेपाल को लगभग 1 करोड़ 10 लाख डॉलर की सोवियत सहायता मिली, जबकि इसी अवधि में अकेले अफगानिस्तान को जो सोवियत सहायता मिली, वह लगभग 75 करोड़ डॉलर थी याने वह इन तीनों देशों को मिली सोवियत सहायता के कुल जोड़ से लगभग 6 गुना अधिक थी। इन सब देशों में से अफगानिस्तान को इतनी अधिक सहायता मिलने का एक प्रमुख कारण दोनों महाशक्तियों की तीव्र प्रतिस्पर्धा थी। अपने राजनैतिक उद्देश्यों की प्राप्ति के लिए दोनों महाशक्तियाँ आर्थिक मैदान में एक-दूसरे के विरुद्ध मोर्चा लिए हुए थीं। इस आर्थिक-युद्ध में, जिसे राजदूत हेनरी बायरोड ने "आर्थिक कोरिया" कहकर सम्बोधित किया है, महाशक्तियों की धनशक्ति के अलावा जनशक्ति भी उतनी ही प्रबलता के साथ संलग्न थी। उदाहरणार्थ 30 अप्रैल 1963 तक अमेरिकी सहायता-कार्य का संचालन करने के लिए जबकि पाकिस्तान में 278, ईरान में 194, नेपाल में 469, तुर्की में 208 तथा भारत में 577 व्यक्ति संलग्न थे, अकेले अफगानिस्तान में 614 व्यक्ति संलग्न थे। इसी प्रकार अफगानिस्तान में सोवियत व्यक्तियों की संख्या एक हजार से भी अधिक थी।

एक-दूसरे से आगे निकल जाने की इस प्रतिस्पर्धा में दोनों महाशक्तियों ने कई बार विशिष्ट कल्पनाशीलता का परिचय दिया। जैसे काबुल की सड़कें बनाकर यदि

उन पर गुजरनेवाले लाखों कबाइलियों और नागरिकों का मन जीतने का सोवियत संघ ने प्रयत्न किया तो धर्मप्राण मुस्लिमों को प्रभावित करने के लिए अमेरिका ने हज करनेवाले यात्रियों के लिए वायुयानों की व्यवस्था कर दी। यदि सोवियत संघ ने कुश्का से कन्धार तक और किजिल क़िला से क़ाबुल तक सड़कें बनाईं तो अमेरिका ने काबुल से कन्धार और कन्धार से चमन तक सड़कें बनाकर सोवियत कार्रवाई की बराबरी करने का प्रयत्न किया। यदि सोवियत सहायता से काबुल का हवाई अड्डा एक दर्शनीय और ध्यानाकर्षक स्थल बना तो अमेरिका ने कन्धार में एक अधुनातन और विशाल हवाई अड्डा बनाकर तैयार कर दिया। पाक-अफगान सीमाबन्दी के समय यदि सोवियत जहाजों ने अफगान माल को अत्यन्त नाटकीय और उपयोगी ढंग से उठवाकर रूस भिजवाया तो अमेरिका ने भी लगभग दस लाख डॉलर खर्च करके ईरान होकर रास्ता निकालने का प्रयत्न किया। यदि हेलमंद घाटी में सिंचाई और पुनर्वास के लिए अमेरिका काम कर रहा था तो लगभग उसी उद्देश्य से जलालाबाद में सोवियत संघ काम कर रहा था। यदि सोवियत संघ तकनीकी शिक्षा के क्षेत्र में अफगान नौजवानों को अपनी पद्धति सिखाना चाहता था तो काबुल विश्वविद्यालय की सहायता द्वारा अमेरिका अफगान शिक्षा में लोकतंत्र, अंग्रेजी भाषा आदि के महत्त्व को जमा देना चाहता था। यदि अमेरिका अफगानों को शिक्षा के लिए अमेरिका आमंत्रित करता, तो सोवियत संघ अफगान नौजवानों को प्रचुर छात्रवत्तियाँ देकर मास्को बुलाना चाहता था। यदि अमेरिकी संस्थाएँ काबुल के अकादमिक प्रतिष्ठानों को पुस्तकें तथा अन्य साहित्य भेंट करतीं तो सोवियत संस्थाएँ भी रूसी पुस्तकें अफगान संस्थाओं पर थोप देती थीं। एक महाशक्ति यदि नहला फेंकती तो दूसरी महाशक्ति दहला फेंकने का प्रयत्न करती।

इस प्रतिस्पर्धा की विशिष्टता यह थी कि एक महाशक्ति के समीप जाने के कारण दूसरी महाशक्ति अफगानिस्तान से चिढ़ती नहीं है, जैसा कि मिस्र के मामले में हुआ। मिस्र ने सोवियत सहायता स्वीकार की तो अमेरिकी नीति-निर्माता क्षेत्रों में उसकी तीव्र भर्त्सना हुई, जबकि अफगानिस्तान को लेकर सदा यह असमंजस बना रहा कि आखिरकार जब अफगानिस्तान इतनी प्रचुर मात्रा में सोवियत सहायता ग्रहण कर रहा है तब भी अमेरिका उसकी सहायता करने के लिए क्यों व्याकुल है ? इस रहस्य या 'भरम' को अनवरत रूप से बनाए रखने का बहुत-सा श्रेय, जैसा कि हम पिछले अध्यायों में देख चुके हैं, अफगानिस्तान की सधी हुई कूटनीति को भी है। यदि अफगानिस्तान की परम्परागत गणितीय तटस्थता का अनुशीलन करने में अफगान सरकार चूक जाती तो यह निश्चित था कि भारी सोवियत-सहायता अमेरिका और अफगानिस्तान के मध्य एक लौह-आवरण डाल सकती थी। दोनों

महाशक्तियों की प्रेरणा का मूल-स्रोत प्रतिस्पर्धा में निहित था किन्तु धीरे-धीरे महाशक्तियों को ज्ञात हो गया कि दोनों के समीप जाकर भी अफगानिस्तान किसी एक के साथ तदाकार होने के लिए तैयार नहीं है और सामीप्य के आधिक्य की प्रतीति भी एक छलना है, केवल संतुलन ही सत्य है। अफगानिस्तान का इस संतुलन के सत्य के प्रति इतना दढ़ आग्रह था कि महाशक्तियों ने कुछ ही वर्षों में यह भली-भाँति समझ लिया कि अफगानिस्तान को शीतयुद्ध के प्रांगण में घसीटा नहीं जा सकता। लेकिन इस धारणा का परिणाम यह नहीं हुआ कि महाशक्तियाँ अफगानिस्तान के प्रति उदासीनता का रूख अपना लें। वे निरंतर अफगानिस्तान की सहायता करती रहीं। ऐसा भी नहीं हुआ कि जिस निर्माण-कार्य को एक महाशक्ति पूर्ण करना चाहती थी, उस बनती हुई बात को बिगाड़कर या बिगड़ जाने पर दूसरी महाशक्ति ने, पहली महाशक्ति और मेज़बान राष्ट्र के संबंधों की कटुता का कूट-उपयोग करके, उसी कार्य को अपने हाथों में ले लिया हो जैसा कि मिस्त्र में अस्वान बाँध तथा भारत में बोकारो स्टील कारखाने को लेकर हुआ।

अफगानिस्तान में केवल कन्धार के अन्तरराष्ट्रीय हवाई अड्डे को लेकर अमेरिकियों ने जल्दबाजी की। कहीं रूसी कन्धार में अपना पाँव जमाकर अमेरिकी सुरक्षा-श्रंखला के लिए खतरा पैदा न कर दे, इस आशंका से अभिभूत होकर अफगान शासकों की सौदेबाजी के आगे उन्होंने घुटने टेक दिए लेकिन इस घटना को अस्वान बाँध और बोकारो की घटनाओं के समान कहना उचित नहीं होगा। अमेरिकियों द्वारा कंधार के हवाई अड्डे के निर्माण को लेकर अफगानिस्तान और सोवियत संघ में कोई कटुता उत्पन्न नहीं हुई और न ही किसी पूर्व-कटुता के कारण अफगानों ने वह निर्माण- कार्य अमेरिकियों के हाथ में सौंपा। वास्तव में राजनैतिक उद्देश्यों से प्रेरित जो प्रतिस्पर्धा आर्थिक क्षेत्र में प्रकट हो रही थी, वह पुन: राजनैतिक रूप में प्रकट होकर विस्फोटक बनती, इसके पूर्व ही अफगानिस्तान के कुशल राजनय ने उसे रचनात्मक रूप प्रदान कर दिया। रचनात्मक प्रतिस्पर्धा की यह प्रवत्ति अन्य क्षेत्रों में स्पष्ट रूप से परिलक्षित हुई। उदाहरण के लिए यदि अफगानिस्तान में सड़क निर्माण-कार्य को 'एक' कार्य के रूप में मानें तो आधा कार्य रूसियों ने सम्पन्न किया और शेष आधा कार्य अमेरिकियों ने किया। लगभग इसी तरह के सहयोग की बात जब अस्वान बाँध के बारे में रूसियों ने प्रस्तावित की थी तो अमेरिकियों ने उसे तीक्ष्ण रूप में निरस्त कर दिया था। जबकि अफगानिस्तान में यातायात, वायु-संचार, प्रशासन, शिक्षा, सिंचाई, तकनीकी प्रशिक्षण और परामर्श तथा अन्त-अन्त में सैनिक मामलों में भी दोनों महाशक्तियाँ किसी-न-किसी रूप में एक-दूसरे के कार्य में सहयोग करती हुई दिखाई पड़ती हैं। इसका मतलब यह

नहीं कि दोनों महाशक्तियों में प्रतिस्पर्धा नहीं थी, प्रतिस्पर्धा तो थी लेकिन उसका उदात्तीकरण हो गया था।

सरदार दाऊद अफगान अखाड़े में महाशक्तियों को सहकार के लिए इसीलिए विवश कर पाए कि सामरिक और राजनीतिक दृष्टि से अफगानिस्तान का महत्त्व बराबर बना रहा लेकिन मार्च 1963 में दाऊद के पद-त्याग और अन्तरराष्ट्रीय स्थितियों में बुनियादी परिवर्तनों के कारण महाशक्तियों की नज़र में अफगानिस्तान का महत्त्व पहले जैसा नहीं रह गया। दाऊद के बाद लगभग दस साल की अवधि में अफगानिस्तान में चीन का भी प्रवेश हुआ। रूस और अमेरिका की घटती हुई प्रतिस्पर्धा के दौर में चीन का प्रवेश जैसा था, उससे भी बड़ा दिखाई देने लगा। पख्तूनिस्तान के सवाल पर अफगानिस्तान काफी कठिनाई भुगत चुका था, इसलिए अब पाकिस्तान के साथ भी उसके संबंध सहज होने लगे। भारत ने भी सहायता की कुछ नई पहल की। तुर्की, ईरान, सउदी अरब, जापान आदि राष्ट्रों के साथ भी सहयोग के नए आयाम खुले। दूसरे शब्दों में अफगानिस्तान में महाशक्तियों की प्रतिस्पर्धा का पाट धीरे-धीरे चौड़ा होता गया और उसमें कई नए पात्र जुड़ते गए। जब जुलाई 1973 में पूर्व प्रधानमंत्री दाऊद ने ज़ाहिरशाह का तख्ता-पलट किया तो अफगानिस्तान में महाशक्तियों की प्रतिस्पर्धा अत्यंत क्षीण हो चुकी थी। इस गणतांत्रिक तख्ता-पलट का अन्तरराष्ट्रीय राजनीति से कोई सीधा संबंध नहीं था। यह किसी भी महाशक्ति के इशारे पर नहीं किया गया था और न ही इसका लक्ष्य किसी महाशक्ति-विशेष के हितों को सम्पादित करना था।

इसमें सन्देह नहीं कि अफगान अखाड़े में दाऊद के दुबारा दनदनाने के कारण सोवियत संघ में हर्ष की लहर दौड़ गई और यह भी सत्य है कि दाऊद को अफगानिस्तान के कम्युनिस्टों, खासकर परचमियों का सक्रिय समर्थन प्राप्त था लेकिन राष्ट्रपति दाऊद अपने इस दूसरे पंचवर्षीय कार्य-काल में वह जलवा पैदा नहीं कर पाए, जो उन्होंने पिछले दसवर्षीय कार्यकाल में पैदा किया था। ज़ाहिरशाह के तख्ता-पलट में जिन फौजी अफसरों ने दाऊद का साथ दिया था, उनमें से ज्यादातर कम्युनिस्ट थे, जो बाद में खल्की और परचमी सरकारों में मंत्री भी बने। उनकी सहानुभूति सोवियत संघ के साथ थी ही। दाऊद के दुबारा सत्तारूढ़ होने पर दुनिया ने महसूस किया कि अफगान अखाड़े के बुझे हुए चिराग फिर से रोशन होंगे लेकिन अमेरिका ने तथाकथित सोवियत वर्चस्व का मुकाबला करने में कोई खास दिलचस्पी नहीं दिखाई। रूस के नए प्रतिद्वंद्वी के तौर पर अफगानिस्तान में चीन उभर ही रहा था, उसके अलावा ज़ाहिरशाह की मूसा शफ़ीक सरकार ने ईरान के साथ चले आ रहे हेलमंद नदी के पुराने विवाद को भी सुलझा लिया था।

अपने शासन के पहले वर्ष में ही दाऊद को लगा कि सोवियत संघ जरूरत से ज्यादा श्रेय लेने लगा है और दबाव भी डाल रहा है। उन्होंने न सिर्फ अपने मंत्रिमंडल से कम्युनिस्टों को हटाना शुरू कर दिया बल्कि फौज और प्रशासन से भी उनको मुक्त कर दिया। कुछ समय बाद उन्होंने सभी पार्टियों पर प्रतिबंध लगा दिया और 'राष्ट्रीय क्रांतिकारी मोर्चा' नामक अपनी पार्टी बना ली। उन्होंने ईरान के साथ हुई हेलमंद संधि की निंदा बंद कर दी बल्कि उसे मान्यता देने की घोषणा भी कर दी। इसी प्रकार उन्होंने पख्तूनिस्तान पर अपना रवैया नरम किया और प्रधानमंत्री जुल्फिकार अली भुट्टो को आश्वस्त किया कि वे पश्तून और बलूच उग्रवादियों को शरण नहीं देंगे। सोवियत संघ के लिए ये सब काफी अप्रिय संकेत थे। दाऊद ने सोवियत सहायता पर निर्भर रहने की बजाय ईरान, सउदी अरब, मिस्र, तुर्की, चीन, भारत आदि मध्यम शक्तियों पर अपना ध्यान केंद्रित करना शुरू किया। ईरान के शाह ने दो अरब डॉलर की सहायता का वचन दिया, जो अब तक अफगानिस्तान को मिली सम्पूर्ण विदेशी सहायता से भी अधिक थी। उन्होंने ईरान की तरफ से रेल-मार्ग बनाने की योजना भी प्रस्तुत की, जिसके पूर्ण होने पर रूस और पाकिस्तान पर रहनेवाली अफगानिस्तान की निर्भरता समाप्त हो जाती। इसी प्रकार जल-विद्युत परियोजना के लिए दाऊद ने सउदी अरब के साथ 50 करोड़ डॉलर का समझौता भी किया। मिस्र के राष्ट्रपति अनवर सादात के साथ भी दाऊद के समीकरण गहरे होने लगे। सोवियत संघ ईरान के शाह, मिस्र के सादात और सउदी अरब के शाह को अमेरिकी हितों के क्षेत्रीय चौकीदार की तरह मानता था। वह अपने प्रतिद्वंद्वी चीन को भुट्टो का मित्र मानता था।

ऐसी स्थिति में दाऊद से ब्रेझनेव का खफ़ा होना स्वाभाविक था। दाऊद अपने प्रशासन से सोवियत सलाहकारों को भी हटाते जा रहे थे और इसी दौर में जब अप्रैल 1977 में वे मास्को गए तो ब्रेझनेव से उनकी तगड़ी झड़प हो गई। उन्होंने ब्रेझनेव के इस सुझाव पर काफी नाराज़गी दिखाई कि उनके सलाहकारों में नाटो देशों के विशेषज्ञों की संख्या बढ़ती जा रही है। उन्होंने ब्रेझनेव को ऐसी टिप्पणी करने पर न केवल झिड़क दिया बल्कि वार्ता भी भंग कर दी। दाऊद ने कहा कि अफगानिस्तान गरीबी सह लेगा लेकिन इस तरह के हस्तक्षेप को कदापि बर्दाश्त नहीं करेगा। अगले एक वर्ष तक दाऊद ने मध्यम शक्तियों से संबंध बढ़ाने, सरकार में से कम्युनिस्ट प्रभाव खत्म करने और सत्ता का केंद्रीयकरण करने में पूरी ताकत लगा दी। लेकिन जिन पर तक़िया था, वही पत्ते हवा देने लगे। 'खल्क देमोक्रेतिक पार्ती-ए-अफगानिस्तान' के दोनों खेमे, 'खल्क' और 'परचम' एक हो गए और

उन्होंने 27-28 अप्रैल 1978 को दाऊद का तख्ता-पलट कर दिया। अफगान इतिहास का यह पहला अवसर था, जबकि अफगानिस्तान महाशक्तियों के चंगुल से मुक्त होकर अपना स्वतंत्र विकास कर सकता था लेकिन यह अवसर भी फिसल गया। फिसला ही नहीं, उलट गया।

28 अप्रैल 1978 को दाऊद का तख्ता-पलट हुआ। इसे 'सौर-क्रांति' कहा गया, क्योंकि वह 'सौर' नामक इस्लामी महीना था। इस 'इन्कलाबे-सौर' ने पौने दो सौ साल से तने हुए उस झीने पर्दे की चिंदियाँ उड़ा दीं, जिसके पीछे छिपकर महाशक्तियाँ अफगानिस्तान में अपना खेल खेलती रहती थीं। इस बार काबुल पर जिनका कब्जा हुआ, वे कोई अमीर-उमरा और खान-सुल्तान नहीं, अफगानिस्तान की कम्युनिस्ट पार्टी के नेतागण थे। यह ठीक है कि अफगान कम्युनिस्टों से सोवियत संघ के घनिष्ट संबंध थे लेकिन कम्युनिस्टों के जिस गुट ने 'इन्कलाबे-सौर' किया, 'खल्क' गुट ने, उसका रूस से सीधा संबंध नहीं के बराबर था। जिसका रूसी दूतावास से सीधा संबंध था, वह 'परचम' नामक गुट इस तख्ता-पलट की साजिश में शामिल नहीं था। दूसरे शब्दों में यह कम्युनिस्ट तख्ता-पलट होते हुए भी रूसी खेल नहीं था। वास्तव में इस तख्ता-पलट के तात्कालिक कारण अंदरूनी थे। महाशक्तियों से उसका सीधा संबंध नहीं था लेकिन ज्यों ही कम्युनिस्ट सत्तारूढ़ हुए, रूस की पतंग ऊँची उड़ने लगी। काबुल की नई सरकार को सबसे पहले मास्को ने मान्यता दी, उसके बाद भारत ने दी और आठ-दस दिन में अमेरिका ने भी दे दी। पहले एक-दो हफ्तों में ऐसा नहीं लगा कि अफगानिस्तान एक बार फिर महाशक्तियों का अखाड़ा बन जाएगा।

लेकिन ज्यों-ज्यों समय बीतने लगा, दो मुख्य प्रवत्तियाँ सामने आईं। एक तो यह कि अफगान नेताओं ने अपने आपको पूरी तरह सोवियत संघ से जोड़ने की कोशिश की और दूसरी यह कि अफगान सत्तारूढ़ दल के 'खल्क' और 'परचम' गुटों में फूट पड़ गई। फूट के इस दौर में 'खल्क' के साथ भरपूर सहयोग करने के बावजूद रूस का झुकाव 'परचम' की तरफ बना रहा। 'खल्क' के नेता थे, नूर मुहम्मद तरक्कइ और हफीजुल्लाह अमीन तथा 'परचम' के नेता था, बबरक कारमल और अनाहिता रातबजाद। खल्क का असर ग्रामीणों और पठानों में ज्यादा था जबकि परचम का प्रभाव शहरी और गैर-पठानों में ज्यादा था। सितम्बर-अक्टूबर 1978 में राष्ट्रपति तरक्कइ और उप-प्रधानमंत्री अमीन के साथ मेरी अनेक मुलाकातें हुईं। तरक्कइ ने साफ़-साफ़ कहा कि अफगान-क्रांति सोवियत क्रांति का ही विस्तार है, या उसका अगला चरण है। उन्होंने कहा कि सोवियत संघ अफगानिस्तान का 'स्वाभाविक मित्र' है। उन्होंने यह भी कहा कि खल्की सरकार

की गुट-निरपेक्षता अफगानिस्तान की पिछली सरकारों की गुट निरपेक्षता से अलग है। वह भारत की गुट-निरपेक्षता से भी अलग है। उन्होंने अपनी सरकार को सोवियत संघ के साथ जोड़ते हुए कहा कि वे ब्रेझनेव के 'सामूहिक सुरक्षा' के सिद्धांत का पूर्ण समर्थन करते हैं। ब्रेझनेव के इस सिद्धांत को 1969 में भारत और अफगानिस्तान, दोनों ने ही अस्वीकार कर दिया था, क्योंकि यह गुट-निरपेक्षता के विरुद्ध था लेकिन तरक्कइ ने इसे सिर्फ एशिया ही नहीं, सम्पूर्ण तीसरी दुनिया के लिए भी ठीक बताया। सितंबर 1978 में भारतीय विदेश मंत्री अटलबिहारी वाजपेयी की काबुल-यात्रा के दौरान दोनों पक्षों के नेताओं में अनेक मतभेद उभरे। उनमें एक यह भी था कि तरक्कइ ने सार्वजनिक तौर पर कह दिया कि अफगानिस्तान भारत की तरह दबी जुबान से नहीं बोलता। वह अंगोला, इथियोपिया और मोजाम्बीक में होनेवाले 'साम्राज्यवादी हस्तक्षेप' की कड़े शब्दों में निंदा करता है। वह उन राष्ट्रों को गुट-निरपेक्ष सम्मेलन में अतिथि या पर्यवेक्षक के तौर पर भी नहीं आने देना चाहता जो सैन्य-गुटों के सदस्य हैं। उसने सोवियत संघ के चरण-चिह्नों पर चलते हुए दक्षिण कोरिया और मिस्र से अपने राजनयिक संबंध भंग कर दिए, केम्प डेविड समझौते की भर्त्सना की, वियतनाम पर हुए चीनी हमले की निंदा की, कम्पूचिया की हेंग समरिन सरकार को मान्यता दी, अफ्रीका के सशस्त्र मुक्ति-संग्रामों का समर्थन किया और हिन्द महासागर क्षेत्र में पश्चिमी शक्तियों की उपस्थिति की आलोचना की। इस तरह के मुद्दों पर पिछली अफगान सरकारों का रवैया भी काफी भिन्न रहा है और भारत का रवैया काफी संतुलित रहा है।

सोवियत संघ और अफगानिस्तान की आपसी फँसावट कैसे बढ़ती गई, इसका एक नमूना तो यही था कि खल्की नेताओं ने अफगान गुट-निरपेक्षता को एकदम नया मोड़ दे दिया। इसके अलावा अफगान सरकार के हर विभाग में सोवियत उपस्थिति लगातार बढ़ती गई। पूरा अफगानिस्तान ही लाल रंग में रँगने लगा। सितम्बर-अक्टूबर 1978 में विदेश मंत्री वाजपेयी के साथ मैं काबुल गया था। वहाँ मैं एक माह से भी अधिक रहा। उसके पहले मैं कई बार काबुल, मास्को और ताशकंद में रहा था लेकिन इस बार मुझे काबुल ताशंकद की तरह लग रहा था, खास तौर से उस समय जबकि 'खान-ए-खल्क़' (राजमहल) में नया झण्डा फहराने का समारोह मनाया गया। रूस की नक़ल पर लाल झण्डों से काबुल पटा पड़ा था, जगह-जगह लेनिन के पोस्टरों की तरह तरक्कइ के बड़े-बड़े पोस्टर लगे हुए थे, उन्हें 'नाबेगा-ए-तवाना' (महामानव या महात्मा) कहकर संबोधित किया जाता था, लोग एक-दूसरे को फारसी में 'रफीक़', रूसी में 'तवारीश' और अंग्रेजी में

'कॉमरेड' कहा करते थे। किसी महाशक्ति के प्रति अफगानों ने पिछले पौने दो-सौ वर्षों में ऐसा भक्ति-भाव कभी प्रदर्शित नहीं किया था। शाह शुजा को (1839-42) काबुल की गद्दी पर अंग्रेजों ने बिठाया था, लेकिन उसने भी तत्कालीन महाशक्ति ग्रेट ब्रिटेन को अफगानिस्तान पर इस तरह हावी नहीं होने दिया था। खल्की अफगान तो अपने दम-खम से सत्तारूढ़ हुए थे लेकिन उनकी वैचारिक पष्ठभूमि ने उन्हें सोवियत दल-दल में फँसा दिया और बाद में स्वयं सोवियत संघ अफगान दल-दल में फँस गया। स्वयं हफीजुल्लाह अमीन ने स्वीकार किया कि क्रांति के छह माह के अंदर ही रूस के साथ 10 करोड़ 40 लाख डॉलर के 29 औपचारिक समझौते सम्पन्न हुए। एक हफ्ता भी ऐसा नहीं गुजरा कि उसमें कोई समझौता न हुआ हो। सोवियत फौजी और प्रशासकीय सलाहकारों की संख्या हजारों में हो गई। चाहे मंत्रालय हो, अखबार का दफ्तर हो, सैन्य मुख्यालय हो, अस्पताल हो, कारखाना हो, हर जगह रूसी दिखाई पड़ने लगे। अफगान नेताओं के बोलने की शैली बदल गई। उनकी फारसी में रूसी शब्दों की भरमार हो गई और जो अफगान रूसी बोलते थे, उनका उच्चारण बिल्कुल रूसियों जैसा ही हो गया था। अफगानिस्तान के इस महाशक्तिमय हो जाने की प्रक्रिया का खल्की राज में चरमोत्कर्ष तब हुआ जब अपनी मास्को-यात्रा के दौरान 5 दिसंबर 1978 को राष्ट्रपति और प्रधानमंत्री तरक्कइ (दोनों पद उन्हीं के पास थे) ने एक 'अफगान-सोवियत शांति संधि' पर दस्तखत कर दिए। इस संधि के कारण अफगानिस्तान 'वारसा पेक्ट' का सदस्य तो नहीं बना लेकिन उसका दर्जा लगभग वही हो गया, जो सैन्य-गुटों के सदस्यों का होता है। इस संधि में 1921, 1926 और 1931 की संधियों के प्रावधान तो थे ही लेकिन उनसे भी बढ़-चढ़कर ऐसे प्रावधान थे, जिनमें न केवल ब्रेझनेव की 'एशियाई सामूहिक सुरक्षा' का पूर्ण समर्थन था बल्कि आवश्यकता पड़ने पर दोनों देशों में एक-दूसरे की फौजें भी निमंत्रित की जा सकती थीं। 5 दिसंबर के रात्रि-भोज में ब्रेझनेव ने कहा कि इस संधि ने सद्पड़ौस के संबंधों को अब नए धरातल पर पहुँचा दिया है। दोनों देशों में अब 'कॉमरेडशिप और क्रांतिकारी एकजुटता' उत्पन्न हो गई है।

सोवियत महाशक्ति और अफगान लघुशक्ति के बीच इस तरह के समझौते के पीछे कौन-कौन से कारण काम कर रहे थे? सबसे पहला तो वैचारिक कारण था। दूसरा, कम्युनिस्ट सरकार की वैधता का बढ़ता हुआ संकट था। जैसे दाऊद के तख्ता-पलट को कुछ ही माह में देश के अंदर और बाहर वैधता मिलनी शुरू हो गई थी, ठीक उसके विपरीत तरक्कइ-अमीन की सरकार का विरोध–अन्दरूनी और बाहरी–बढ़ने लगा था। तीसरा, सबसे महत्त्वपूर्ण कारण यह था कि 'खल्क'

और 'परचम' में फूट पड़ जाने के कारण साम्यवादी विचारधारा और खल्की सरकार की प्रतिमा ही नहीं तड़क गई थी, सोवियत संघ की मजबूरी भी हो गई थी कि वह बची-खुची पार्टी और सरकार के आंतरिक मामलों में भी पूरी तरह से हस्तक्षेप करे। जून में पार्टी के छह 'परचमी' स्तम्भों–बबरक कारमल, नूर अहमद नूर, अनाहिता रातबजाद, महमूद बरयलाई, नजीबुल्लाह और अब्दुल वकील–को राजदूत बनाकर देश-निकाला दे दिया गया और बाद में इन्हें बर्खास्त भी कर दिया गया। ये परचमी नेता, अपने-अपने दूतावासों से भागकर मास्को में जा बैठे। उनके अनुयायियों को या तो छाँट- छाँटकर सताया गया या उन्हें अपने खेमे में मिला लिया गया। ये लोग यों भी रूसियों के नज़दीक थे। उन्होंने रूसी नेताओं को समझाया कि अगर वे काबुल की कमान अपने हाथों में नहीं लेंगे तो खल्की अपने उग्रवादी सुधारों और अत्याचारों के कारण साम्यवाद को बदनाम कर देंगे और क्रांति को पथभ्रष्ट कर देंगे।

रूसियों का सिरदर्द बढ़ता गया। पहले खल्कियों और परचमियों में फूट पड़ गई और उसके कुछ माह पश्चात 'इन्कलाबे-सौर' के दोनों महान नेताओं के बीच दरार पड़ गई। जिन दिनों हफीजुल्लाह अमीन तरक्कइ को 'नाबेगा-ए-तवाना' कहा करते थे, मैंने उनसे पूछा कि किसी दिन आप तरक्कइ को जन्नत की सैर तो नहीं करवा देंगे। उसके जवाब में उन्होंने कहा कि तरक्कइ को 'महामानव' तो वे ही बना रहे हैं। वे ऐसी बात स्वप्न में भी नहीं सोच सकते लेकिन इस संभाषण के ठीक एक साल बाद सितंबर 1979 में राष्ट्रपति तरक्कइ और उनके प्रिय प्रधानमंत्री अमीन के बीच 'राजमहल' में गोलियाँ चलीं और अक्टूबर में तरक्कइ के निधन की घोषणा हो गई। इस बन्दूकबाज़ी में भाग लेनेवाले ज्यादातर नेताओं और सिपाहियों से बाद में मेरी व्यक्तिगत बात हुई। उसका विवरण और तरक्कइ-अमीन के बिगड़ते हुए रिश्तों का लंबा और रोचक ब्यौरा कहीं और दिया जाएगा, यहाँ केवल यही जानना प्रासंगिक रहेगा कि पड़ौसी महाशक्ति के नाते जिस रूस ने पिछले पौने दो-सौ साल में जबर्दस्त सावधानी, संकोच और मर्यादा का परिचय दिया और जिसका आचरण अंग्रेजों के मुकाबले कहीं अधिक परिपक्व रहा, वह बूढ़े ब्रेझनेव के नेतत्व में इतना कैसे लड़खड़ा गया कि 1979 के क्रिसमस पर उसे अफगानिस्तान में अपनी फौजें उतारनी पड़ीं और अमीन की हत्या करके उसके स्थान पर बबरक कारमल को बिठाना पड़ा ?

ब्रेझनेव प्रशासन के दिल में डर बैठ गया कि हफीजुल्लाह अमीन कहीं अफगानिस्तान का 'मार्शल टीटो' या 'अनवर सादात' सिद्ध न हो। तरक्कइ के निधन के बाद यह डर बढ़ता गया। जिस व्यक्ति को अफगानिस्तान का स्तालिन

माना जाने लगा था, उसे सी.आई.ए. का एजेन्ट कहा जाने लगा। वास्तव में अमीन पहले दिन से ही बहुत सावधान थे। उन्होंने मार्क्सवाद और सोवियत संघ की तारीफ़ में भरपूर कसीदे काढ़े लेकिन उनमें अफगानियत इतनी कूट-कूटकर भरी हुई थी कि वे अफगानिस्तान की कमान पूरी तरह सोवियत संघ के हाथों में सौंपने को तैयार नहीं थे। सितंबर 1978 में जब मैंने अमीन को बताया कि ब्रेझनेव की सामूहिक सुरक्षा योजना का असली मतलब क्या है और भारत व अफगानिस्तान ने उसे रद्द क्यों किया था तो अमीन ने मुझसे कहा कि "जब तरक्कइ ने उसका समर्थन कर दिया है तो मैं क्या करूँ ?" एक पल की देर लगाए बिना वे बोले कि आप ऐसा लिख दीजिए कि "अमीन "मोटे तौर" पर ब्रेझनेव योजना का समर्थन करता है।" अमीन की मुख्य चिंता यह भी रहा करती थी कि दोस्त मुहम्मद, शेर अली और अब्दुर रहमान ने शेर और भालू से अफगानिस्तान को बचाने की कोशिश कैसे-कैसे की, यह मैं उनको हर बैठक में विस्तार से बताऊँ। वे मेरे साथ बैठकर अफगान इतिहास के उन पन्नों को उलटना-पलटना चाहते थे, जिनमें शेर और भालू के झपट्टों से बकरी को बचाने के उपाय बताए गए थे। ऐसा लगता था कि अमीन को रूसी खतरे का बोध साल भर पहले से ही हो गया था। एक बार अमीन ने मुझसे कहा कि अमेरिकी राजदूत (एडोल्फ डब्स) 'आपका दोस्त' है, आप उससे यह क्यों नहीं कहते कि 'वह हमें ब्लैंक चेक दिया करे' ताकि हमारी एकतरफा निर्भरता बढ़ती न चली जाए। यह ठीक है कि 1978 में मिलनेवाली दो करोड़ डॉलर की अमेरिकी सहायता में से केवल एक करोड़ तीस लाख डॉलर ही मिले लेकिन अमीन बराबर 30 करोड़ डॉलर की माँग करते रहे। वे जब संयुक्तराष्ट्र में गए तो अमेरिकी अधिकारियों से भी मिले। इसी प्रकार कुछ अमेरिकी अधिकारी अफगान नेताओं से मिलने काबुल आए। रूसी भाषा के माहिर और क्षेत्रीय राजनीति के जानकार एडोल्फ डब्स को राजदूत बनाकर भी काबुल इसीलिए भेजा गया था कि वे विषम परिस्थितियों में भी ठीक से काम कर सकें। अपने कुछ माह के काबुल-प्रवास में एडोल्फ डब्स अमीन से बराबर मिलते रहते थे। लेकिन फरवरी 1979 में अचानक उन्हें बंधक बनाया गया और उनकी हत्या हो गई। यद्यपि इसमें अफगान सरकार का हाथ नहीं था लेकिन इस घटना के बाद अफगान-अमेरिकी संबंधों में गहरा शैथिल्य और तनाव उत्पन्न हो गया। यदि डब्स की अकस्मात हत्या नहीं होती तो शायद सोवियत संघ पर अफगानिस्तान की निर्भरता अधिक नहीं बढ़ती। उस स्थिति में रूस को शायद अफगानों के आंतरिक मामलों में ज्यादा उलझने की मजबूरी भी नहीं होती।

यद्यपि अमीन अपने आपको पक्का मार्क्सवादी और तरक्कइ का शिष्य कहा

करते थे लेकिन सबको पता था कि पहले शिक्षक प्रशिक्षण कार्यक्रम के तहत और बाद में पीएच.डी. करने वे अमेरिका गए थे और कोलंबिया और विस्कॉन्सिन विश्वविद्यालयों में पढ़े थे। बबरक कारमल के साथ प्रारंभ से ही उनकी अनबन रहती थी। लेकिन बबरक प्रसिद्ध छात्र नेता रह चुके थे और काबुल से सफल सांसद की तरह चुने जाते थे। इन दोनों महत्त्वाकांक्षी नेताओं को जोड़े रखने का काम नूर मुहम्मद तरक्कइ किया करते थे। एक बार उन्होंने मुझसे कहा था कि ये दोनों मेरी दो आँखों की तरह हैं। जब 'सौर-क्रांति' हुई तो उसके मुख्य सूत्रधार अमीन थे। उनके फौजी सहयोगियों ने उनके इशारे पर ही तख्ता-पलट किया था लेकिन इसके बावजूद जो क्रांतिकारी परिषद् बनी, उसमें तरक्कइ के बाद दूसरा नम्बर बबरक का था, अमीन का नहीं, हालाँकि सरकार में दोनों उप-प्रधानमंत्री थे। जब अमीन ने कुछ हफ्तों में ही बबरक-विरोधी अभियान चला दिया तो मास्को से पधारे रूसी सलाहकारों ने अमीन को मनाया लेकिन वे माने नहीं। अमीन की बात तरक्कइ को माननी पड़ी। बबरक समेत अन्य परचमी नेताओं को जब देश-निकाला दे दिया गया तो रूसी अमीन से नाराज़ हो गए। जब तरक्कइ और अमीन के आपसी झंझट बढ़ने लगे तो भी रूसी तरक्कइ के पक्ष में थे और अमीन के विरुद्ध थे। सितंबर 1979 में मास्को से लौटते ही तरक्कइ अमीन को हटाना चाहते थे। उन्होंने अमीन को 'खान-ए-खल्क' में बुलाया। अमीन की हत्या की योजना तैयार थी। अमीन 'खान-ए-खल्क' में नहीं जाना चाहते थे लेकिन रूसी राजदूत पुजानौफ के आग्रह पर वे वहाँ चले गए। देखिए, इतिहास की कैसी विडम्बना है। जिन अफगानों ने ब्रिटिश महाशक्ति के दूतों–बर्न्स, मेकनाटन और केवेगनारी–की हत्या सिर्फ इसलिए कर दी थी कि वे अफगानों से अकड़ रहे थे, उन्हीं अफगानों के सर्वोच्च नेताओं को अब सोवियत महाशक्ति कठपुतली की तरह नचा रही थी। अमीन पर वार करनेवाले मंत्रिगण असलम वतनज़ार, गुलाबजई, मज़दूरयार वगैरह भागकर सोवियत दूतावास में ही छिपे रहे। तरक्कइ और अमीन के बीच गोली भी शायद इसीलिए चली कि अमीन को यह बर्दाश्त नहीं हुआ कि तरक्कइ और ब्रेझनेव ने क्रेमलिन में बैठकर अमीन को हटाने की योजना बनाई थी, जिसकी ताज़ा खबर अमीन को तरक्कइ के काबुल पहुँचने के पहले ही मिल गई थी। तरक्कइ से हुई मुठभेड़ के दिन से ही अमीन ने सत्ता पर पूरा कब्जा जमा लिया था और अफगान विदेश नीति को नई दिशा में ठेलना शुरू कर दिया था। क्रेमलिन में यह बहस छिड़ गई थी कि अमीन को चलने दिया जाए या हटा दिया जाए। आखिरकार सोवियत पोलितब्यूरो ने अमीन को हटाने का ही निर्णय किया। रूसियों को डर था कि अमीन अमेरिकियों के हाथ की कठपुतली न बन

जाए। मिस्र के अनवर सादात की तरह वह कहीं मैत्री-संधि रद्द न कर दे, रूसी सलाहकारों को निकाल न दे और अमेरिकियों को बुलाकर काबुल में न बैठा ले।

सोवियत पोलितब्यूरो का यह भय इसलिए भी प्रबल हुआ कि ईरान में आयतुल्लाह खुमैनी के आगमन और शाह के पतन से अमेरिका पहले ही बौखलाया हुआ था। अमेरिकी दूतावास पर इस्लामी कब्जा भी चल रहा था। ईरान के विरुद्ध सैन्य कार्रवाई के लिए अमेरिका कटिबद्ध दिखाई दे रहा था। रूसियों को भय था कि कहीं अमेरिकी ईरान पर कब्जा न कर लें। यदि ईरान पर अमेरिकी कब्जा हो गया तो अफगानिस्तान को फिसलने में कितनी देर लगेगी। इन्हीं दिनों अमीन ने रूस को अफगान-ईरान सीमांत पर स्थित शिंदन्द का हवाई अड्डा देने से भी मना कर दिया था। रूस सिर्फ ईरान की वजह से ही नहीं, यूरोप की वजह से भी परेशान था। नवंबर 1979 में अमेरिकी सीनेट ने 'साल्ट' समझौता रद्द कर दिया और दिसंबर में नाटो देशों ने फैसला किया कि यूरोप में 464 टोमाहॉक क्रूज़ मिसाइल और 108 पर्शिंग-दो रॉकेट लॉन्चर्स तैनात किए जाएँगे तो रूस के कान खड़े हो गए। सोवियत संघ की सुरक्षा को इससे बड़ा खतरा क्या हो सकता था। यह चिंतन अक्तूबर-नवंबर में चल रहा था लेकिन रूसी फौज अफगानिस्तान जाए या न जाए, यह ऊहापोह मार्च 1979 में ही शुरू हो गई थी, क्योंकि मार्च में पूरा हेरात ही बगावत में उठ खड़ा हुआ था। वहाँ अनेक सोवियत सलाहकार भी मारे गये थे। हेरात के बाशिंदों को इस्लामी ईरान तो उकसा ही रहा था, अफगान फौज का भी पहले गुप्त और फिर स्पष्ट समर्थन मिल रहा था।

हेरात में उठी बगावत की चिंगारियाँ पूरे अफगानिस्तान में फैलने लगीं। कई प्रांतों में साधारण लोग कम्युनिस्टों को पकड़-पकड़कर मारने लगे। आर्थिक और सामाजिक सुधारों के कार्यक्रम तो अच्छे थे लेकिन लोगों को समझाए बिना उन पर जबर्दस्ती थोप दिए गए थे। अफगानिस्तान के अनेक प्रसिद्ध नेता, गायक, धर्मध्वजी और विद्वान मारे गए। उन सबका खून अमीन के माथे आया। जबकि 1979 में हजरत मुजद्ददी और उनके परिवार के 75 लोगों की हत्या ने पूरे अफगानिस्तान को हिला दिया। कम्युनिस्ट सरकार के विरुद्ध अनेक इस्लामी संगठनों ने जिहाद बोल दिया था। पेशावर स्थित इन इस्लामी संगठनों को अमेरिका, पाकिस्तान, सउदी अरब, कुवैत, ईरान आदि राष्ट्रों की सक्रिय सहायता मिलने लगी। मास्को का सोच यह था कि अमीन को हटाकर किसी ऐसे व्यक्ति को काबुल की गद्दी पर बिठा दिया जाए, जो गैर-कम्युनिस्ट तत्त्वों को साथ मिलाकर काम चला सके। अनेक पुराने नेताओं, प्रधानमंत्रियों और कूटनीतिज्ञों के नाम चलने लगे लेकिन अमीन अपने रास्ते पर डटे रहे। अमीन और शीर्ष सोवियत नेताओं

के बीच संवाद के मार्ग बंद हो चुके थे। रूसी सोचते थे कि अमीन की जगह कोई मुल्ला-राज कायम हो, उससे बेहतर तो यही है कि बबरक को ले आएँ। अमीन को इसकी भनक लग चुकी थी। उन्हीं दिनों अमीन ने अमेरिकी पत्रों को दिए इन्टरव्यू के जरिए पश्चिमी दुनिया को संदेश भेजने शुरू कर दिए। उन्होंने पाकिस्तान से भी सीधा संवाद शुरू किया। उनके विदेश मंत्री शाह वली ने पाकिस्तानी विदेश मंत्री आगा शाही को भी काबुल बुलाया लेकिन खराब मौसम के कारण वे 22 दिसंबर को नहीं पहुँच सके और 24 दिसंबर की शाम से रूसी फौजों का काबुल में उतरना शुरू हो गया। दो दिन तक संघर्ष चलता रहा। 27 दिसंबर को अमीन की हत्या हो गई, पूरे अफगानिस्तान पर उत्तरी महाशक्ति रूस का कब्जा हो गया और साम्यवादी क्रांति (इन्कलाबे-सौर) एक नए युग में प्रवेश कर गई, जिसे परचमियों ने 'शशे-जदी' कहा याने इस्लामी माह जदी का छठा दिन !

महाशक्तियों ने इसके पहले भी दो बार काबुल पर कब्जा किया लेकिन इस बार जैसा कब्जा हुआ, अफगान इतिहास में पहले कभी नहीं हुआ। दोस्त मुहम्मद और शेर अली ब्रिटिश महाशक्ति से हारे लेकिन उनकी हत्या नहीं हुई और ब्रिटेन को शीघ्र ही लौटना पड़ा। लौटा तो रूस भी लेकिन उसके लौटने में 12 साल लग गए। यह ठीक है कि जब ब्रिटिश कब्जा हुआ तो प्रतिद्वंद्वी महाशक्ति रूस ने अफगानिस्तान की कोई मदद नहीं की। उसी प्रकार अब की प्रतिद्वंद्वी महाशक्ति अमेरिका ने भी हफीजुल्लाह अमीन की कोई मदद नहीं की। बल्कि अपने अंतिम सप्ताहों में अमीन द्वारा भेजे जा रहे संदेशों को समझने की भी अमेरिका ने कोशिश नहीं की लेकिन इस बार जो अंतर था, वह यह कि रूसी फौजी कब्जे के बाद प्रतिद्वंद्वी शक्ति अमेरिका ही नहीं, लगभग सारा विश्व अफगानिस्तान के साथ एकजुट हो गया। सोवियत खेमे के राष्ट्र रूस के साथ जरूर रहे लेकिन भारत जैसे मित्र-राष्ट्रों ने भी रूसी कार्रवाई का अंध-समर्थन नहीं किया। अमेरिकी राष्ट्रपति जिमी कार्टर ने सोवियत हमले की निंदा करते हुए स्पष्ट कहा कि "द्वितीय महायुद्ध के बाद शांति के लिए यह सबसे बड़ा खतरा उपस्थित हुआ है।" इस खतरे पर अमेरिकी खेमे के राष्ट्रों ने ही नहीं, गुट-निरपेक्ष राष्ट्रों ने भी गहरी चिंता व्यक्त की। संयुक्तराष्ट्र संघ महासभा का आपात्कालीन सत्र 10 जनवरी 1980 को आहूत किया गया, जिसमें एक पाकिस्तानी प्रस्ताव पर जमकर बहस हुई। इस प्रस्ताव में सोवियत संघ का नाम नहीं लिया गया लेकिन कहा गया कि "अफगानिस्तान में हाल ही में किया गया सैन्य-हस्तक्षेप संयुक्तराष्ट्र घोषणा-पत्र के मूल सिद्धांतों के विरुद्ध है।" इसीलिए महासभा माँग करती है कि "अफगानिस्तान से विदेशी सेनाएँ तत्काल, बिना शर्त, पूर्णरूपेण वापस जाएँ ताकि वहाँ की जनता बिना किसी

बाहरी हस्तक्षेप, तोड़-फोड़, जोर-जबर्दस्ती और किसी भी बंधन के बिना अपनी पसंद की राजनीतिक, आर्थिक और सामाजिक व्यवस्था कायम कर सके।" इस प्रस्ताव का 104 देशों ने समर्थन किया, 18 ने विरोध किया और 18 तटस्थ रहे। भारत भी तटस्थ रहा।

इस प्रस्ताव के बाद अफगानिस्तान में महाशक्तियों का अखाड़ा एक बार फिर दनदनाने लगा। अफगानिस्तान दो हिस्सों में बँट गया। एक हिस्से में 'खल्क देमोक्रेतिक पार्ती-ए-अफगानिस्तान', उसके नेता बबरक कारमल, फौज और सरकार थी और दूसरे हिस्से में अफगान जनता, इस्लामी संगठन और लाखों अफगान शरणार्थी थे। पहले हिस्से के साथ सोवियत रूस और उसके मित्र-राष्ट्र थे और दूसरे हिस्से के साथ अमेरिका और उसके मित्र-राष्ट्र थे। दोनों महाशक्तियाँ अगले 12 साल तक (1980-92) एक-दूसरे के विरुद्ध डटी रहीं। इस दौरान अधबीच में (1986) बबरक की जगह नजीबुल्लाह को लाया गया लेकिन महाशक्तियों की टक्कर मंद नहीं पड़ी। इस 12 वर्ष के सुदीर्घ काल में यह समझना ही मुश्किल हो जाता था कि महाशक्तियाँ अफगानिस्तान के सिर पर बैठी हुई हैं या अफगानिस्तान महाशक्तियों की गोद में बैठा हुआ है।

दोनों महाशक्तियों ने अपने-अपने मोहरों को आगे खिसकाना और उनका वज़न बढ़ाना भी शुरू कर दिया। अगर सोवियत संघ ने यह कहना शुरू किया कि खल्की शासन तो अंधा और अत्याचारी था, अब बबरक के नेतत्व में अधिक व्यापक, अधिक उदार, अधिक नरम शासन स्थापित हो रहा है तो दूसरी ओर कार्टर और रेगन प्रशासन ने बबरक सरकार को रूस की कठपुतली बताया और विभिन्न मुजाहिदीन संगठनों को स्वाधीनता सेनानियों की संज्ञा दे दी। सोवियत संघ ने बबरक सरकार को लोकप्रिय बनाने के लिए पूरी ताकत लगा दी। काबुल सरकार को उसने इस तरह चलाया मानो अफगानिस्तान रूस का ही कोई प्रांत हो। न सिर्फ सरकार के हर अंग में रूसियों का प्रवेश हो गया बल्कि फौज का नियंत्रण उन्हीं के हाथों में चला गया। जगह-जगह उमड़नेवाली बगावतों को दबाने के लिए रूसियों ने उसी निर्ममता से प्रहार किए, जैसे कि कभी लेनिन और स्तालिन के ज़माने में उन्होंने अपने 'बसमाचियों' पर किए थे। मुजाहिदीन के हमलों का मुकाबला करने और जन-सामान्य को नियंत्रण में रखने के लिए एक लाख से भी अधिक रूसी फौजी अफगानिस्तान में डटे हुए थे। टैंकों, मिग विमानों और हेलिकॉप्टरों से जो कार्रवाई होती थी, वह किसी युद्ध से कम नहीं थी। उन दिनों रूस का खर्च लगभग एक करोड़ डॉलर रोज़ था। रूस ने लगभग 13 हजार जवान खोए। इतना नुकसान उठाने के बावजूद रूस को कोई श्रेय नहीं मिला। ख्रुश्चौफ

और बुल्गानिन के ज़माने में रूस को अफगानिस्तान में जो लोकप्रियता मिली थी, वह धूल में मिल गई।

बबरक और नजीब, दोनों ने ही अफगानिस्तान की जनता को पटाने के लिए एक से एक नया पैंतरा मारा लेकिन सारी कोशिशें बेकार हुईं। रूसियों को लोग घृणा की नज़र से देखते थे। उन्हें सम्मान देने की बजाय लोग उनसे भयभीत रहते थे। रूसियों के 'खर्च' और 'कुर्बानियों' का लोग मज़ाक उड़ाते थे। साधारण अफगानों का मानना यह भी था कि अफगानिस्तान पर रूसी जो भी खर्च कर रहे हैं, उसे वे अफगान गैस को सस्ते में खरीदकर वसूल कर ले रहे हैं। रूस अपनी गैस यूरोप में पाँच डॉलर प्रति हजार क्यूबिक फीट बेचता था, जबकि वह अफगानिस्तान से सवा दो डॉलर में खरीदता था। सौर-क्रांति के समय इसी गैस के लिए वह ईरान को तीन गुना अधिक मूल्य देता था। इसके अलावा गैस नापने के मीटर भी आमू-पार के इलाके में लगे हुए थे। इसी प्रकार कम्युनिस्ट सरकारों की अवधि में रूस के साथ अफगान-व्यापार भी कई गुना बढ़ गया। फौजी साजो-सामान भी बहुत बड़े पैमाने पर आने लगा। उनकी कीमतों का भुगतान गैस, काराकुल, मेवों और गलीचों से होने लगा, जिन्हें रूस सस्ते में खरीदता और महँगे में बेचता रहा। रूस कहता कि वह यह सब अफगानों की मदद के लिए कर रहा है लेकिन अफगान इसका उल्टा ही मतलब लगाते। अंग्रेजों ने अफगानों के साथ तीन-तीन युद्ध लड़ने के बावजूद इतनी दुश्मनी पैदा नहीं की, जितनी कि रूसियों ने कर ली। साम्यवादियों की आड़ में उन दिनों रूसी चाहे अफगानिस्तान में हुकूमत करते रहे हों लेकिन वे इतने डरे रहते थे कि गार्डों के बिना वे बाज़ारों में नहीं निकल सकते थे। रूसी सलाहकारों की कपा से अखबार, रेडियां, टी .वी., पाठ्य-पुस्तकों, विश्वविद्यालयों, सरकारी विभागों और फौजी टुकड़ियों में भी रूस के गुण गाए जाते थे लेकिन सत्तारूढ़ दल के सदस्यों के अलावा उन पर कोई कान नहीं देता था। अफगान लोग कहा करते थे कि रूसी खुद तो क्रेमलिन में बैठकर अफगानिस्तान का खून पी रहे हैं और यहाँ लड़ने के लिए उन्होंने अपने मध्य एशियाई गणतंत्रों के नौजवानों को झोंक दिया है। ये नौजवान अफगानों की ही तरह उज़बेक, ताज़िक, किरगीज़, कज़्ज़ाक और तुर्कमेन हैं। मुसलमान हैं। रूसी लोग अपने स्वार्थों के लिए मुसलमानों को मुसलमानों से मरवा रहे हैं।

लगभग यही काम अमेरिका करवा रहा था। अमेरिका पेशावर स्थित मुजाहिदीन संगठनों को पैसा, हथियार, प्रशिक्षण और मार्गदर्शन खुलकर दे रहा था और उसी के दम पर वे अफगानिस्तान के अंदर घुसकर रूसियों और उनके साथ-साथ अफगानों को भी मार रहे थे। यदि अमेरिकियों को अफगानों की चिंता होती तो

वे रूसियों के घुसने के पहले भी मुजाहिदीन को बड़े पैमाने पर मदद करते। अफगानिस्तान में रूसी क्या घुसे, अमेरिकी थैलियों के मुँह खुल गए। अमेरिकियों ने रूसी कार्रवाई को अपने लिए सीधी चुनौती माना। राष्ट्रपति कार्टर ने अफगानिस्तान में रूसी हस्तक्षेप के जवाब में फारस की खाड़ी में तीव्रगामी सेना (आर.डी.एफ.) तैनात कर दी, न्यूयॉर्क में रूसी वाणिज्य दूतावास और कीव में अमेरिकी दूतावास खोलने की योजना रद्द कर दी, अनेक सांस्कतिक और व्यापारिक समझौते समाप्त कर दिए, 'ऑक्सीडेन्टल पेट्रोलियम' के 20 अरब डॉलर के रूसी सौदे पर रोक लगा दी तथा 1980 में होनेवाले मास्को ओलम्पिक के बहिष्कार की भी घोषणा कर दी। कार्टर ने अपने रक्षा मंत्री हेरल्ड ब्राउन को चीन भेजा ताकि अमेरिका, चीन और पाकिस्तान मिलकर रूस पर दबाव डालें। तीनों राष्ट्रों ने मुजाहिदीन को सक्रिय सहायता देना भी आरंभ कर दिया। सउदी अरब, कुवैत तथा अन्य मुस्लिम देश भी पीछे नहीं रहे। पाकिस्तान को मोर्चाबंद (फ्रंटलाइन) राज्य घोषित किया गया। जैसे रूसियों की लड़ाई बबरक सरकार लड़ रही थी, अमेरिकियों की लड़ाई ज़िया-सरकार लड़ रही थी। दोनों महाशक्तियों को अपने-अपने गुर्गे मिल गए थे। जैसे बबरक इस मुगालते में थे कि उनको रूसियों की जितनी जरूरत थी, उससे ज्यादा रूसियों को उनकी जरूरत है, वैसे ही अमेरिकियों के बारे में जनरल ज़िया भी सोचने लगे थे। कार्टर द्वारा प्रस्तावित 40 करोड़ डॉलर की सहायता को उन्होंने 'मूँगफली के दाने' कहकर हवा में उड़ा दिया था। सचमुच पाकिस्तान इतना अपरिहार्य बन गया था कि अमेरिका ने उसे मालामाल कर दिया। इसीलिए उन दिनों कहा जाता था कि अरबों के लिए अल्लाह ने तेल भेज दिया और पाकिस्तानियों के लिए अफगानिस्तान में रूसी भेज दिए। अफगानिस्तान के नाम पर आनेवाली पश्चिमी हथियारों और डॉलरों की गड्डियों पर पहले पाकिस्तानी अफसर हाथ साफ़ करते थे और अफगान मुजाहिदीन तक बचा-खुचा माल पहुँचता था, यह बात मुझे पेशावर में कई अफगान नेताओं ने सप्रमाण बताई।

अफगान मुजाहिदीन के सातों गुटों को पश्चिमी मदद मिलती रही लेकिन उनमें से जो पाकिस्तान के चहेते होते थे, उन्हें ज्यादा मदद मिल जाती थी। जैसे क्रेमलिन अपने चहेतों को काबुल में ज्यादा तरजीह देता था, वैसे ही ह्वाइट हाउस भी पेशावर के मुजाहिदीन में अंतर करता था। जैसे क्रेमलिन-पोषित तत्त्व काबुल में आपस में लड़ते रहते थे, वैसे ही ह्वाइट हाउस पोषित तत्त्व पेशावर में लड़ते रहते थे। जैसे क्रेमलिन हमेशा इस पसोपेश में पड़ा रहता था कि खल्की और परचमी सरकार कभी लोकप्रिय हो पाएगी या नहीं या रूसी फौजें कभी वापस लौट पाएँगी या नहीं, वैसे ही अमेरिकी प्रशासन भी इसी असमंजस में पड़ा रहता था कि

मुजाहिदीन कभी काबुल फतेह कर पाएँगे या नहीं या वे कभी एक हो पाएँगे या नहीं ! इसीलिए अमेरिकी मदद की मात्रा कभी घट जाती थी तो कभी बढ़ जाती थी। जैसे क्रेमलिन के नेताओं को कभी-कभी लगता था कि काबुल के कॉमरेडों को अपनी उँगलियों पर नचाना आसान नहीं है, वैसे ही अमेरिकी और पाकिस्तानी नेता भी कहा करते थे कि इन 'पेशावरी अफगानों' को साधे रखना बड़ा कठिन काम है। दोनों महाशक्तियाँ इस तथ्य से परेशाान रही हैं कि अफगान लोग स्वभावत: खुदमुख्तार होते हैं। उन्हें ज्यादा नाच नहीं नचाया जा सकता बल्कि इस बात की सावधानी रखनी पड़ती है कि कहीं वे ही महाशक्तियों को नाच नचा न दें। यह समस्या तब खास तौर से ज्यादा सामने आती थी जबकि रूस और अमेरिका के बीच समझौते की बात चल पड़ती थी। दोनों तरफ के अफगान कहते थे कि ये रूसी और अमेरिकी कौन होते हैं, हमारी क़िस्मत का फैसला करनेवाले ? 1981 में बबरक कारमल ने अपनी साढ़े तीन घंटे की भेंट-वार्ता में मुझसे कई बार कहा कि "मैं अपना 'बॉस' स्वयं हूँ।" इसी प्रकार 1983 में जब रूसी जनरल ज़िया से सीधी बात करने लगे तो गुलबदीन हिकमतयार ने कहा कि 'हम अपना फैसला खुद करेंगे।' पेशावर में लगभग सभी मुजाहिदीन नेताओं ने भारत के प्रति नाराज़गी दिखाई लेकिन मुझे कई बार आश्वस्त किया कि 'हम अमेरिका या पाकिस्तान की कठपुतली नहीं हैं।' जैसे 1986 में बबरक ने और 1988 में नजीब ने क्रेमलिन की अवज्ञा का प्रयत्न किया, वैसे ही रूसी कब्जे के प्रारंभिक वर्षों में गुटीय एकता के अमेरिकी और पाकिस्तानी प्रयत्नों को मुजाहिदीन ने सफल नहीं होने दिया। दोनों महाशक्तियों ने अफगान-संकट के शुरू होते ही आपस में सीधे संपर्क स्थापित कर लिए थे लेकिन अपने-अपने अफगान पक्षों को वार्ता की मेज़ पर ले आना उनके लिए आसान नहीं था।

अफगानिस्तान में सेना भेजते समय ब्रेझनेव ने दो बातें कही थीं, जिन्हें परवर्ती सोवियत नेता भी बराबर दोहराते रहते थे। एक तो यह कि रूस ने अफगानिस्तान के अनुरोध पर कुछ 'सीमित टुकड़ियाँ' भेजी हैं और दूसरी यह कि ये शीघ्र ही वापस लौटेंगी। जब रेगन-प्रशासन ने इन टुकड़ियों को लौटाने का खुले-आम और कूटनीतिक माध्यम से भी अनुरोध किया तो रूस ने उस पर अनुकूल प्रतिक्रियाएँ कीं। यों भी संयुक्तराष्ट्र संघ हर साल 'विदेशी फौजों' को लौटाने का प्रस्ताव जोर-शोर से पारित करता रहता था। इसके अलावा काबुल में कॉमरेडों के पाँव मजबूती से जम नहीं पा रहे थे और मरनेवाले मध्य एशियाई मुस्लिम जवानों की वजह से सारे रूस में थर्राहट फैली हुई थी। ईरान के आयतुल्लाह खुमैनी 'नास्तिक' अफगान सरकार के विरुद्ध बराबर ज़हर उगलते रहते थे, ईरान स्थित मुजाहिदों

को सक्रिय सहायता करते थे और मध्य एशिया के सोवियत मुसलमानों को यह कहकर उकसाते थे कि वे इस्लाम-विरोधी रूसी काफिरों का साथ क्यों दे रहे हैं। वे अमेरिका को बड़ा शैतान (शैतान-ए-बुजुर्ग) कहते थे तो रूस को छोटा शैतान (शैतान-ए-कूचक) कहते थे। चारों तरफ से दबाए जाने पर रूस ने कई बार पहल की कि अन्तरराष्ट्रीय समाज उसे अफगान दल-दल से निकलने में मदद करे।

इस मामले में सबसे सक्रिय पहल संयुक्तराष्ट्र संघ के उप-महासचिव श्री दिएगो कार्दोवीज़ ने की। अप्रैल 1982 से अप्रैल 1988 तक, जब तक जिनीवा समझौते सम्पन्न नहीं हुए, वे अमेरिका, रूस, अफगानिस्तान, पाकिस्तान तथा अन्य प्रमुख देशों के नेताओं से मिलते रहे। काबुल के कॉमरेडों और पेशावर के मुजाहिदीन से भी वे बराबर बात करते रहे। प्रारंभ के कुछ वर्षों तक ब्रेझनेव इस बात पर अड़े रहे कि अफगान-संकट को हल करने का सबसे सीधा तरीका यह है कि मुजाहिदीन अपनी दखलंदाजी बंद करें। अगर वे कर देंगे तो काबुल की बबरक-सरकार को रूसी फौजों की जरूरत ही नहीं रहेगी। इसीलिए बातचीत सिर्फ काबुल और पेशावर के अफगानों के बीच ही होनी चाहिए। जब कार्टर ने कहा कि अफ़गानिस्तान में रूसियों की बढ़त अमेरिका के मध्य-पूर्वीय हितों के लिए खतरा है तो ब्रेझनेव ने कहा कि वे अमेरिका को इस संबंध में गारंटी दे सकते हैं कि रूसी कार्रवाई हमेशा आत्म-रक्षात्मक ही रहेगी, कभी आक्रामक नहीं होगी, बशर्ते कि अमेरिका काबुल में कम्युनिस्ट सरकार को न छेड़े। दूसरे शब्दों में ब्रेझनेव शायद वही स्थिति चाहते थे जो गन्दमक की संधि (1879-1919) ने अंग्रेजों को दे रखी थी। जाहिर है कि इसके लिए न अमेरिकी तैयार थे और न मुजाहिदीन।

अमेरिकियों की इस राय को कि काबुल में व्यापक जनाधारवाली सरकार बनाई जानी चाहिए, सोवियत विदेश मंत्री आंद्रेइ ग्रोमीको कल्पना के घोड़े दौड़ानेवाली बात कहा करते थे। स्वयं कार्दोवीज़ मानते थे कि काबुल की आंतरिक व्यवस्था क्या हो, इस पर बहस करने की बजाय मुख्य मुद्दा यह है कि रूसी फौजें वापस जाएँ, मुजाहिदीन कार्रवाई रुके और दोनों महाशक्तियाँ अपने-अपने पोषितों को सहायता देना बंद करें। उनकी इस बात को मानने के लिए कोई भी पक्ष तैयार नहीं था, लेकिन संयोग की बात है कि नवम्बर 1982 में लियोनिद ब्रेझनेव का निधन हो गया और उनकी जगह यूरी आंद्रापौफ आ गए। आंद्रापौफ ने न केवल रूसी फौजी कब्ज़े को "एक गलती" बताया बल्कि अफगानिस्तान से रूसी फौजों की वापसी के लिए ठोस कार्यक्रम बनाने की बात भी कही। उन्होंने ब्रेझनेव की अंत्येष्टि पर मास्को पहुँचे जनरल ज़िया को भी अपने नेक इरादों से आश्वस्त कर दिया। पंजशेर

घाटी के विश्व-प्रसिद्ध मुजाहिद कमांडर अहमदशाह मसूद से काबुल के सोवियत कमांडर सीधे बातचीत करने लगे। 1983 में पाकिस्तान के विदेश मंत्री साहबजादा याकूब खान और आंद्रापौफ के प्रतिनिधि राजदूत स्तानिस्लाव गवरीलौफ मिलकर आपसी समझौते का मसविदा भी तैयार करने लगे लेकिन 1983 में उभरी ये पहलें परवान चढ़तीं, उसके पूर्व ही मई में आंद्रापौफ सख्त बीमार हो गए। मास्को की नीतियों का संचालन ग्रोमीको जैसे कठोरपंथी करने लगे। फरवरी 1984 में आंद्रापौफ का निधन हो गया और उनकी जगह कांस्तंतीन चेरनेन्को आ गए। चेरनेन्को के आते ही अफगानिस्तान में सोवियत नीति अत्यधिक आक्रामक हो गई। फौजियों की संख्या एक लाख से भी ऊपर हो गई। सैनिक साजो-सामान बड़े पैमाने पर दिया जाने लगा। ऐसे संकेत भी आए कि मुजाहिदीन का पीछा करते-करते रूसी सिपाही पाकिस्तानी सीमा में भी घुस सकते हैं या डूरेन्ड-रेखा के पार बम-वर्षा भी कर सकते हैं।

रूस के इस नए तेवर की वाशिंगटन में कड़ी प्रतिक्रिया हुई। रेगन-प्रशासन ने बड़े पैमाने पर सहायता कार्यक्रम की घोषणा की। डॉलरों के अलावा तरह-तरह के हथियारों के ज़खीरे मुजाहिदीन को भेंट किए गए। अमेरिकी यह मानते थे कि काबुल से रूसियों को भगाना लगभग असंभव है लेकिन अफगान मुजाहिदीन के हाथों उनका मरते रहना ही गहरे संतोष का विषय है। अप्रैल 1985 में रेगन ने 'राष्ट्रीय सुरक्षा निर्णय निदेश 166' पर दस्तखत किए, जिसका लक्ष्य रूसियों को अफगानिस्तान से "हर क़ीमत पर" निकाल बाहर करना था। इन्हीं दिनों मुजाहिदीन को 'स्टिंगर मिसाइल' दिए गए, जिन्हें कंधे पर रखकर छोड़ा जा सकता था। इन स्टिंगरों ने रूसी हेलिकॉप्टरों को तबाह कर दिया। रूसी खेमे में हड़कम्प मच गया। अमेरिका के कुछ नीति-निर्माता ऐसा भी सोचने लगे कि मसूद और हिकमतयार आमू दरिया के पार सोवियत क्षेत्र में हमले करना शुरू क्यों न करें।

दोनों महाशक्तियों ने एक-दूसरे के पोषितों के लिए पूरी ताकत लगा दी। अमेरिका ने 1980 में मुजाहिदीन को 3 करोड़ डॉलर प्रति वर्ष की सहायता घोषित की थी जिसका चरमोत्कर्ष एक अरब डॉलर प्रति वर्ष में हुआ और रूस का कुल खर्च लगभग पाँच अरब डालर प्रति वर्ष तक पहुँच गया। 1955 से 1978 तक अमेरिका ने अफगानिस्तान को प्रति वर्ष जितनी सहायता दी, उसके मुकाबले यह पचास गुना अधिक थी। इसी प्रकार मास्को ने 25 साल में अफगानिस्तान को कुल मिलाकर ढाई अरब डॉलर की सहायता दी थी लेकिन अब वह हर साल पाँच अरब डॉलर खर्च कर रहा था। कितनी विचित्र बात है कि अफगानिस्तान के निर्माण में दोनों महाशक्तियाँ जितना खर्च कर रही थीं, उससे कई गुना वे उसके विनाश में

खर्च कर रही थीं। सारी दुनिया को यह लग रहा था कि अफगानिस्तान को लेकर कहीं विश्व-युद्ध ही न छिड़ आए। जिसे कभी राजदूत हेनरी बायरोड ने 'आर्थिक कोरिया' कहा था वह अब कोरिया से भी अधिक खतरनाक बनता जा रहा था। इसके पहले कि दोनों महाशक्तियाँ सीधे टकरातीं, ऊपरवाले का हस्तक्षेप हो गया। कॉमरेड चेरनेन्को मार्च 1985 में स्वर्ग सिधार गए और उनकी जगह मिखाइल गोर्बाचौफ सत्तारूढ़ हो गए।

प्रारंभ में गोर्बाचौफ की नीति काफी आक्रामक रही लेकिन शीघ्र ही उन्होंने कठोरपंथी ग्रोमीको के स्थान पर एदुअर्द शेवरनाज्जे को अपना विदेश मंत्री बनाया और अमेरिका को सीधे संकेत दिए कि रूसी फौजों का अफगानिस्तान-प्रवेश भयंकर भूल थी और वे उसको सुधारना चाहते हैं। उन्होंने बबरक कारमल सरकार को जाहिरा तौर भी बता दिया कि वे काबुल में ऐसी सरकार चाहते हैं, जिसमें सीमा-पार क्षेत्र के सक्रिय तत्त्व भी शामिल हों। मास्को ने अफगानिस्तान के बादशाहों और कबाइली मुखियाओं से अपने परम्परागत उत्तम संबंधों की दुहाई देना भी शुरू कर दिया। मई 1986 में बबरक को पद-त्याग करना पड़ा। उनके स्थान पर परचम के ही डॉ. नजीबुल्लाह को लाया गया, जो कि गिलजई पठान थे और जिनकी पत्नी, फत्ताना, अमानुल्लाह की रिश्तेदार होने के कारण दुर्रानी राजवंश से भी जुड़ी हुई थी। मास्को और काबुल में हुए सत्ता-परिवर्तन ने संयुक्तराष्ट्र संघ के प्रतिनिधि कार्दोवीज़ को पुनः सक्रिय कर दिया। दो-तीन वर्षों के कठिन परिश्रम के परिणामस्वरूप अप्रैल 1988 में जिनीवा-समझौता सम्पन्न हुआ। समझौते के मार्ग में काबुल और पेशावर के अफगानों ने तरह-तरह के अड़ंगे लगाए। इसके पहले कि समझौता-वार्ताएँ भंग होतीं, गोर्बाचौफ ने 8 फरवरी 1988 को अपने भाषण में काबुल से रूसी फौजों की वापसी का कार्यक्रम घोषित कर दिया। 15 मई 1988 से दस माह के अंदर रूसी फौजों की वापसी होनी थी। इस घोषणा ने जिनीवा-समझौतों की प्रक्रिया के पाँवों में पहिए लगा दिए।

14 अप्रैल 1988 को जिनीवा-समझौते सम्पन्न हुए। कुल मिलाकर ये चार समझौते थे। पहला था–पाक और अफगान सरकारों के बीच, एक-दूसरे के आंतरिक मामलों में हस्तक्षेप न करने के बारे में। दूसरा था, अमेरिका और सोवियत संघ के बीच, यह गारंटी देने के लिए कि वे दोनों राष्ट्रों के आंतरिक मामलों में हस्तक्षेप नहीं करेंगे। तीसरा था, अफगान शरणार्थियों की वापसी के बारे में और चौथा था, तीनों समझौतों को लागू करने की प्रक्रिया पर सहमति के बारे में। चौथे समझौते के पाँचवें पैरे के मुताबिक विदेशी फौजों की वापसी 15 मई 1988 से होनी थी और 15 अगस्त 1988 तक आधी फौजों और अगले नौ माह में सारी

फौजों को वापस जाना था। फौजें तो वापस चली गईं लेकिन जिनीवा-समझौतों में सहमत मुद्दों पर ज़रा-सी भी प्रगति नहीं हुई। मुजाहिदीन पहले की तरह लड़ते रहे और अफगान फौजें उन पर प्रहार करती रहीं। काबुल और इस्लामाबाद के बीच अघोषित युद्ध जारी रहा और अफगान गह-युद्ध भी। दोनों महाशक्तियाँ अपने पोषितों को छद्म तौर पर सहायता देती रहीं। अफगान शरणार्थी भी बड़ी संख्या में वापस नहीं लौटे। जिनीवा-समझौते अपनी मौत खुद मर गए। पंचों की राय सिर-माथे पर लेकिन परनाला वहीं बहता रहा।

ऐसा नहीं कहा जा सकता कि जिनीवा-समझौतों का कोई असर नहीं हुआ। वे विफल हो गए लेकिन उनके कई दूरगामी परिणाम भी हुए। जैसे रूसी फौजों की वापसी के कारण मुजाहिदीन के दिलों में यह आशा जगी कि वे अब काबुल में अपनी सरकार बना सकते हैं। इस आशा के कारण उनमें एकजुटता बढ़ी। उधर डॉ. नजीब को यह समझ में आ गया कि उन्हें अपने टिकने का इन्तज़ाम खुद करना होगा। वे लंबे समय तक रूस के भरोसे टिके नहीं रह सकते। इसीलिए उन्होंने अपना जनाधार व्यापक करने के लिए कई कदम उठाए। यहाँ तक कि शांतिपूर्ण सत्ता-परिवर्तन के लिए उन्होंने पूर्व बादशाह ज़ाहिरशाह और मुजाहिदीन नेता हिकमतयार से भी संपर्क स्थापित किया। खल्क-परचम पार्टी को भंग करके उसकी जगह 'वतन पार्टी' भी बना ली। जिनीवा-समझौतों के कारण सारी दुनिया को यह संकेत भी मिला कि महाशक्तियाँ एक मेज़ पर बैठकर अफगान-संकट का शांतिपूर्ण समाधान भी खोज सकती है।

जैसे पहले ब्रेझनेव और चेरनेन्को की मत्यु ने रूसी नीतियों को नया मोड़ दे दिया था, वैसे ही अब 1991 में सोवियत संघ के विघटन ने अफगानिस्तान का सम्पूर्ण परिदश्य ही बदल दिया। मार्च 1990 में नजीब के खल्की रक्षा मंत्री शाहनवाज़ तनाई ने तख्ता-पलट की कोशिश करके काबुल सरकार को पहले ही हिला दिया था। उधर मास्को में भी अगस्त 1991 में गोर्बाचौफ के विरुद्ध तख्ता-पलट की कोशिश हुई। दोनों असफल तख्ता-पलट वास्तविक तख्ता-पलट के आधार बन गए। रूस के नए राष्ट्रपति बोरिस येल्तसिन ने नजीब सरकार की आर्थिक और फौजी सहायता में भी जबर्दस्त कटौती कर दी। क्रेमलिन ने मुजाहिदीन नेताओं को नवंबर 1991 में खुले-आम मास्को बुलवाया और उनके साथ एक संयुक्त बयान जारी किया, जिसमें कहा गया कि दोनों पक्ष काबुल में एक इस्लामी अंतरिम सरकार बनाने पर सहमत हैं। रूसी नेता अलेक्सांद्र रूत्सकोई ने दिसंबर में ईरान, अफगानिस्तान और पाकिस्तान जाकर तीनों देशों के नेताओं को रूसी इरादों से अवगत करा दिया। पहली बार मुजाहिदीन नेताओं को अफगानिस्तान के

भाग्य-निर्णय में सम्मानजनक भूमिका मिली। जिनीवा-समझौतों की इस सबसे बड़ी कमी को अब पूरा कर लिया गया। जाहिर है कि उक्त परिस्थितियों में नजीब की स्थिति बहुत कमज़ोर हो गई। डूरेंड-रेखा के कुछ इलाकों और पंजशेर घाटी पर तो मुजाहिदीन पहले से ही काबिज थे, अब अनेक उत्तरी प्रांत भी सरकार के हाथ से फिसलने लगे। आर्थिक सहायता के अभाव में अफगानों की रोजमर्रा की जिंदगी भी दूभर होने लगी। फौज में फरारी तो बढ़ ही गई, बबरक-समर्थकों ने भी नजीब का खुला विरोध शुरू कर दिया। उधर उज़्बेक क्षत्रप अब्दुल रशीद दोस्तम और अहमदशाह मसूद के बीच साँठ-गाँठ शुरू हो गई। इन सब परिस्थितियों में नजीब ने 16 अप्रैल 1992 को अपने इस्तीफे की घोषणा कर दी। इसके पहले कि संयुक्तराष्ट्र संघ के तत्त्वावधान में काबुल को सँभालने की वैकल्पिक व्यवस्था होती, नजीब की घोषणा से शक्ति-शून्य उत्पन्न हो गया। नजीब-सरकार क्या गिरी, रूस और अमेरिका दोनों का पिण्ड छूटा। अमेरिका ने भी रूसियों की तरह अपने पोषितों, मुजाहिदों, की सहायता में कटौती शुरू कर दी थी। अब दोनों महाशक्तियों ने अफगानों को अपने हाल पर छोड़ दिया।

सारा बोझ अब पाकिस्तान के सिर आ गया। पाकिस्तानी सहायता से काबुल में 27 अप्रैल 1992 को मुजाहिदीन सरकार की स्थापना हो गई। अपने चार साल के कार्यकाल में मुजाहिदीन सरकार की अंदरूनी उठा-पटक, सफलताओं-विफलताओं, विभिन्न राष्ट्रों से उसके संबंधों पर प्रकाश डालना इस अध्याय का विषय नहीं है लेकिन यहाँ यह जानना बहुत रोचक है कि क्या महाशक्तियों ने वाकई अफगानिस्तान के साथ कोई मित्रता निभाई ? क्या वास्तव में उनके दिल में अफगानिस्तान के लिए कोई दर्द था ?

अफगानिस्तान को मुजाहिदीन सरकार और मुजाहिदीन सरकार को पाकिस्तान के भरोसे छोड़कर दोनों महाशक्तियाँ निश्चिंत हो गई थीं। यदि नजीबुल्लाह ने स्वेच्छया पद-त्याग कर दिया और काबुल में शांतिपूर्ण सत्ता-परिवर्तन हो गया तो महाशक्तियों का क्या कर्तव्य था ? क्या उनका काम यह देखना नहीं था कि 'अफगानिस्तान के इस्लामी गणतंत्र' की सरकार सफल हो या गह युद्ध से उजड़ा हुआ अफगानिस्तान दुबारा अपने पाँव पर खड़ा हो ? लेकिन वे ऐसा क्यों सोचने लगे? जहाँ तक रूस का सवाल है, उसे अपने घावों को सहलाने से ही फुर्सत नहीं थी। आर्थिक दष्टि से वह टूट चुका था, मध्य एशियाई गणतंत्र स्वतंत्र हो चुके थे और अब अफगानिस्तान उससे उतना ही दूर हो गया था, जितना कि ढाई सौ साल पहले था। अफगानिस्तान की खल्क और परचम पार्टियों के नेतागण या तो अफगानिसतान से भाग गए थे या जेल में थे या मारे जा चुके थे। रूस के लिए

उनका कोई खास उपयोग नहीं रह गया था। यों भी मार्क्सवाद का नशा रूस पर से ही उतर चुका था तो अब उसे काबुल में चढ़ाए रखने की क्या तुक थी ? जहाँ तक अमेरिका का प्रश्न है, उसकी चिंता का कोई आधार ही नहीं बचा था। सोवियत संघ अफगानिस्तान से न सिर्फ बेआबरू होकर भागा था बल्कि खुद भी बिखर गया था। वह न तो अफगानिस्तान के लिए कोई खतरा रह गया था, न पाकिस्तान के लिए, न खाड़ी-देशों के लिए और न ही अमेरिका के लिए ! ऐसे में अमेरिका अफगानिस्तान में दुबारा क्यों फँसता ? उसने मुजाहिदीन सरकार को मान्यता दे दी और अपने कर्तव्य की इतिश्री समझी। अगर वह काबुल में सीधी रुचि दिखाता तो उसे भी उसी दलदल में फँसना पड़ता, जिसमें पाकिस्तान फँस गया। पाकिस्तान को काबुल की मुजाहिदीन सरकार कुछ माह तक उसी तरह चलानी पड़ी, जैसे कि रूस को कम्युनिस्ट सरकार चलानी पड़ी थी। सारा आर्थिक बोझ अपने सिर लेने के बावजूद पाकिस्तान रब्बानी और हिकमतयार, दोस्तम और हज़ारा तथा दूसरे क्षत्रपों को आपस में लड़ने से नहीं रोक सका। जब वे रुके तो भी अंदर ही अंदर एक-दूसरे को गिराने में लगे रहे। पाकिस्तान हिकमतयार का पक्षधर हो गया। अमेरिका और सउदी अरब भी उसके पीछे हो लिए जबकि रूस, भारत और ईरान रब्बानी और अहमदशाह मसूद के पीछे हो गए। निरंतर अन्तर्द्वन्द्व में फँसी सरकार को तालिबान ने आसानी से गिरा लिया। तालिबान ने हिकमतयार जैसे क्षत्रपों के होश पहले ही ठंडे कर दिए थे।

तालिबान को पहले प्रच्छन्न और फिर स्पष्ट समर्थन देने में पाकिस्तान ने कोई कोताही नहीं बरती बल्कि 26-27 सितंबर 1996 को जब तालिबान ने काबुल पर कब्जा किया तो पाकिस्तानी फौज उनके साथ थी। तालिबान को सिर्फ पाकिस्तान, सउदी अरब और संयुक्त अरब अमारात ने मान्यता दी। अमेरिका और रूस दोनों मुजाहिदीन सरकार को मान्य करते रहे, हालाँकि बाद में वाशिंगटन स्थित मुजाहिदीन दूतावास बंद कर दिया गया था। संयुक्तराष्ट्र में मुजाहिदीन सरकार के प्रतिनिधि ही बैठते रहे। जहाँ तक भारत और सोवियत संघ का सवाल है, दोनों ही तालिबान सरकार का विरोध करते रहे। भारत को डर था कि तालिबान इस्लाम के नाम पर कश्मीर में आतंकवाद का समर्थन करेंगे और रूस को डर था कि मध्य एशिया के सीधे-साधे मुसलमानों को वे इस्लामी उग्रवाद में दीक्षित करेंगे। पाकिस्तान की संतान होने के कारण तालिबान अफगानिस्तान में उसे 'सामरिक पिछवाड़ा' भी प्रदान कर सकता है, यह संदेह भी भारत के रणनीति विशेषज्ञों को बना रहा। ईरान ने तालिबान का विरोध इसलिए किया कि एक तो वह फारसीवान अफगानों के विरुद्ध थे और दूसरा वे सुन्नी बवाबीवाद चला रहे

थे, जो ईरानी शियावाद के विरुद्ध था। तीसरा, तालिबान ने कुछ ईरानी कूटनीतिज्ञों की हत्या भी कर दी थी। चौथा, तालिबान और अमेरिकियों के बीच प्रारंभिक साँठ-गाँठ के कारण मध्य-एशियाई राष्ट्रों और विदेश तेल-कम्पनियों के साथ हुए ईरानी समझौते भी भंग हो रहे थे। ईरान और तालिबान के बीच इतना तनाव बढ़ गया था कि दोनों देश के बीच युद्ध के बादल भी मँडराने लगे।

जहाँ तक अमेरिका का सवाल है, तालिबान के साथ उसके तरह-तरह के संबंध रहे। तालिबान जब संघर्ष के दौर में थे तो पाकिस्तान के ज़रिए अमेरिका ने उनकी सक्रिय सहायता की। उसे विश्वास था कि तालिबान तो अभी नौसिखिए ही हैं और पाकिस्तान के खिलौने हैं। अगर काबुल में उनका राज हो गया तो हिकमतयार जैसे अकड़बाज और रब्बानी जैसे रूस-समर्थकों से भी अफगानिस्तान को छुटकारा मिलेगा और तालिबान अमेरिकी इशारों पर नाचेंगे। वे अफगानिस्तान में ईरान का विकल्प भी चाहते थे। ईरान-अमेरिकी संबंध पिछले डेढ़ दशक से तनावपूर्ण ही चले आ रहे थे और ईरान मध्य एशियाई राष्ट्रों से साँठ-गाँठ करके गैस और तेल की पाइप लाइनें डालने की कोशिश भी कर रहा था। इसके अलावा पाकिस्तान ने अमेरिकियों को यह बात जँचा दी थी कि तालिबान के सत्तारूढ़ होने पर पूरे अफगानिस्तान में शांति और व्यवस्था कायम हो जाएगी, क्योंकि वे एक तो पठान हैं और दूसरे, मदरसों के छात्र होने के कारण इस्लामी जनता को स्वीकार्य होंगे। कुछ हद तक यह बात ठीक भी निकली। दो साल में ही तालिबान अफगानिस्तान पर छा गए। तालिबान को सत्तारूढ़ होते ही अमेरिकी मान्यता मिलते-मिलते रह गई। अमेरिकी विदेश मंत्रालय ने उनका स्वागत किया और उनसे मिलने के लिए एक अमेरिकी अधिकारी काबुल भेजने की बात भी कही लेकिन कुछ ही घंटों में उसने अपने वक्तव्य को वापस ले लिया। इसके बावजूद उसने तालिबान की तारीफ की। तालिबान को उसने आधुनिकता-विरोधी जरूर बताया लेकिन यह विश्वास भी व्यक्त किया कि वे अफगानिस्तान में शांति और व्यवस्था कायम कर देंगे। वास्तव में अमेरिका के इस तालिबान-समर्थक बयान के पीछे उसके आर्थिक स्वार्थ थे। 'युनोकल' नामक अमेरिका की प्रसिद्ध तेल कम्पनी पिछले कुछ वर्षों से मध्य एशियाई गैस और तेल को हिंद महासागर तक लाने में जुटी हुई थी। उसे इस बात की जलन थी कि मध्य एशियाई गणतंत्रों के स्वतंत्र होते ही और नजीबुल्लाह सरकार के गिरते ही अर्जेन्टिना की कम्पनी 'ब्रिदास' ने पहले हाथ कैसे मार लिया। 'ब्रिदास' के अधिकारियों ने दूरदष्टि का परिचय दिया, खतरा मोल लिया और आगे निकल गए। उन्होंने तुर्कमेनिस्तान की गैस को अफगानिस्तान के ज़रिए पाकिस्तान तक ले लाने की योजना बनाई। उन्होंने न सिर्फ तुर्कमेन और पाक नेताओं से

सीधे सम्पर्क किए बल्कि अफगानिस्तान के हर उस नेता से बात कर ली जो उनकी पाइप लाइन के लिए खतरा बन सकता था। उन्होंने मज़ारे-शरीफ में दोस्तम, हेरात में इस्माइल, कंधार में तालिबान और काबुल में रब्बानी को भी राजी कर लिया। जैसे ही तालिबान का काबुल में कब्जा हुआ 'युनोकल' की बाँछें खिल गईं। 'युनोकल' के साथ अमेरिका के बड़े-बड़े नेताओं, अफसरों और विशेषज्ञों के स्वार्थ जुड़े हुए थे। तालिबान के जरिए 'युनोकल' मजबूत होती और 'युनोकल' के जरिए तालिबान ! इसीलिए प्रारंभिक दौर में अमेरिका ने तालिबान का समर्थन और स्वागत किया। अमेरिका ने तालिबान के इस्लामी उग्रवाद और पश्चिम-विरोधी विचारों को अनदेखा कर दिया। अमेरिका को यह संतोष भी था कि सुन्नी तालिबान शिया ईरान को जोरदार टक्कर देंगे और ईरान के मुकाबले अफगानिस्तान के जरिए पाइप लाइन का एक वैकल्पिक मार्ग भी मिल जाएगा।

एक-डेढ़ साल तक तालिबान के साथ अमेरिका के सहज संबंध बने रहे, हालाँकि वह यदा-कदा उनकी आलोचना भी करते रहे। लेकिन 1997 में अमेरिका के महिला संगठनों ने राष्ट्रपति क्लिटन की नाक में दम कर दिया। उन्होंने अफगान महिलाओं पर किए जा रहे तालिबानी जुल्मों की करुण-कथा सारी दुनिया में फैला दी। मानव अधिकारों के हनन को लेकर भी सारी दुनिया में शोर उठा। इनसे भी भयंकर बात यह हुई कि अमेरिका-विरोधी आतंकवादी उसामा बिना लादेन तालिबान का दायाँ हाथ बन गया और उसने अमेरिका के विरुद्ध जिहाद की घोषणा कर दी। उसने अफ्रीका में अमेरिकी दूतावासों पर बमों से हमला भी करवाया। तालिबान उसामा को अफगानिस्तान से बाहर निकालने के लिए तैयार नहीं थे। तालिबान ने 'युनोकल' के साथ भी समझौते सम्पन्न नहीं किए। इसके अलावा ईरान में नई सरकार आ गई थी, जिसने कठमुल्लावाद से पिंड छुड़ाने का वादा किया था। अगस्त 1998 में उसामा को मारने के लिए जब अमेरिका ने अफगानिस्तान पर प्रक्षेपास्त्र चलाए तो तालिबान और अमेरिका के बीच अघोषित युद्ध छिड़ गया। अमेरिका ने तालिबान सरकार को आतंकवादी घोषित करवा दिया और 1999 में उस पर संयुक्तराष्ट्र संघ के प्रतिबंध भी लगवा दिए।

तालिबान ने अपने कारनामों से सारी दुनिया को नाराज़ कर दिया था। पाकिस्तान और सउदी अरब के अलावा कोई भी देश उनके साथ नहीं था। बामियान में बुद्ध की प्रतिमा उन्होंने क्या गिराई, इस्लामी जगत में भी उन्होंने अपनी प्रतिमा चूर-चूर कर ली। कोई महाशक्ति तो क्या, कोई लघु-शक्ति भी अफगानिस्तान याने तालिबान के साथ नहीं थी। इसलिए 11 सितंबर की घटनाओं के लिए जब अमेरिका ने उसामा और तालिबान को जिम्मेदार ठहराया तो दुनिया

ने अमेरिका से ठोस प्रमाण तक नहीं माँगे और तालिबान के उन्मूलन के अभियान में वे देश भी अमेरिका के साथ हो गए, जिन्होंने तालिबान को जन्म दिया था और पाल-पोसकर बड़ा किया था। इस्लामी देशों के संगठन ने भी तालिबान का स्पष्ट विरोध किया। तालिबान के विनाश में महाशक्तियों ने एक-दूसरे का जिस तरह सहयोग किया और अब अफगानिस्तान के पुनर्निर्माण में कर रही हैं, वह अन्तरराष्ट्रीय राजनीति के इतिहास की अविस्मरणीय घटना है लेकिन अफगानिस्तान की विपुल गैस और लोह-अयस्क तथा मध्य एशियाई गणतंत्रों की असीम खनिज राशि भविष्य में महाशक्तियों की प्रतिस्पर्धा को आमंत्रित नहीं करेगी, यह मानना कठिन है। शांत और सुव्यवस्थित अफगानिस्तान मध्य एशिया और हिंद-महासागर के बीच सहज सेतु के रूप में दुनिया के आकर्षण और गहन प्रतिस्पर्धा का केंद्र बने बिना नहीं रह सकता। यह असंभव नहीं कि मध्य एशिया की असीम सम्पदा के दोहन का लालच महाशक्तियों ही नहीं, भारत और पाकिस्तान जैसी क्षेत्रीय शक्तियों को भी परस्पर सहयोग के लिए विवश कर दे। ऐसी प्रतिस्पर्धा के लिए विवश कर दे, जो संघर्षात्मक नहीं, सहयोगात्मक हो और जो अफगान अखाड़े को अफगान यज्ञशाला में बदल दे।

भारत-पाक-अफगान त्रिकोण

भारत और पाकिस्तान के संबंध उतने ही पुराने हैं, जितना हिमालय का बर्फ है या आमू दरिया का पानी ! एक का इतिहास जाने बिना दूसरे का इतिहास समझा नहीं जा सकता। अभी कुछ सदियों पहले ही स्थिति कुछ ऐसी थी कि जिस इलाके को आप अफगानिस्तान कहते, उसे ही भारत भी कह सकते थे और जिसे भारत कहते, उसे अफगानिस्तान ! इतिहास में ऐसा समय भी गुजरा है जबकि अफगान राजाओं के राज में भारत शामिल था और भारतीय राजाओं के राज में अफगानिस्तान ! दोनों क्षेत्र एक ही थे। दोनों क्षेत्रों की भाषा, धर्म, खान-पान, रहन-सहन, जीवन-पद्धति आदि जितने एक-जैसे हो सकते थे, उतने थे ही। लगभग एक हजार साल पहले हुए अरब आक्रमणों के समय से दोनों देशों की अलग-अलग पहचान उभरने लगी। इसके बावजूद 1602 में मुग़ल इतिहासकार अबुल फज़ल ने लिखा था कि काबुल और कन्धार, भारत के दो दरवाज़े हैं। मुगलों और रणजीत सिंह के ज़माने तक दोनों देशों की सीमाएँ एक-दूसरे के क्षेत्रों में फैलती और सिकुड़ती रहीं और उसी दौरान अफगानिस्तान में रूस और ब्रिटेन की प्रचंड प्रतिस्पर्धा भी शुरू हो गई। लगभग डेढ़ सौ वर्ष की इस प्रतिस्पर्धा की कहानी अन्यत्र अंकित है, यहाँ तो केवल इतना ही कहना है कि 1947 में पाकिस्तान के निर्माण ने भारत और अफगानिस्तान के हजारों वर्षों के सम्बन्धों में एक नई दीवार खड़ी कर दी। अब भारत और अफगानिस्तान के सम्बन्ध त्रिकोणात्मक हो गए। यह भारत-पाक-अफगान त्रिकोण कभी भी स्वस्थ नहीं रहा। इसकी भूमिका सदा त्रस्त त्रिकोण की रही। इस त्रिकोण की पाकिस्तानी भुजा कभी भारतीय भुजा से टकराती रही और कभी अफगान भुजा से !

अन्तरराष्ट्रीय राजनीति में भूगोल का कितना महत्त्व है, यह भारत और अफगानिस्तान के बीच पाकिस्तान के पैदा हो जाने से पता चलता है। पाकिस्तान के पैदा हो जाने का सबसे बड़ा लाभ तो यह हुआ कि भारत और अफगानिस्तान में सीधी टक्कर की सम्भावना सदा के लिए समाप्त हो गई। लगभग एक हजार साल का इतिहास तो दोनों तरफ से हुए हमलों और मुकाबलों का ही इतिहास है।

1839 से 1919 तक यानी सिर्फ 80 साल की अवधि में ब्रिटिश भारत और अफगानिस्तान के बीच तीन पूर्ण युद्ध हुए। लेकिन पिछले 54 साल में स्वतन्त्र भारत के साथ अफगानिस्तान की कभी कोई मुठभेड़ तक नहीं हुई, क्योंकि दोनों देशों की सीमाएँ एक-दूसरे को नहीं छूतीं। यदि पाकिस्तान कब्जाए हुए कश्मीर का उत्तरी हिस्सा चीन को नहीं दे देता तो वाखान क्षेत्र में भारत और अफगानिस्तान की सीमाएँ अब लगभग 100 कि.मी. तक एक-दूसरे को स्पर्श करतीं। लेकिन सीमाओं का वह हिस्सा ऐसे उत्तरी कोने में है कि अगर वह साथ होता तो भी उस पर कोई विवाद क्या ही होता।

आज़ादी के बाद भारत का सिरदर्द पाकिस्तान के माथे आ गया। सचमुच आ ही गया। अंग्रेज के जाने के बाद सिर्फ 11 साल में तीन बार अफगानिस्तान और पाकिस्तान में युद्ध की नौबत आ गई। 1950, 1955 और 1961 में। सीमाएँ बन्द हो गईं। राजनयिक सम्बन्ध भंग हो गए और युद्ध के नगाड़े बजने लगे। काबुल में पाकिस्तान के दूतावास पर जितने हमले अफगान जनता ने किए और पाकिस्तानी कूटनीतिज्ञों की जितनी पिटाई की, उसने किसी भी देश के कूटनीतिज्ञों की नहीं की। यहाँ तक कि मुजाहिदीन और तालिबान सरकारों के काल में भी पाकिस्तानी दूतावास को अफगानों ने ध्वस्त कर दिया। 1978 में जैसे ही राष्ट्रपति दाऊद का तख्ता पलटा और खल्क-परचम सत्तारूढ़ हुए, पाकिस्तान और अफगानिस्तान के बीच तलवारें खिंच गईं। ये तलवारें 14 साल तक म्यान में नहीं गईं। 1992 में नजीब हटे और मुजाहिदीन आए लेकिन दो साल में ही पाकिस्तान ने तालिबान उछाल दिए और दो साल बाद यानी 1996 में तालिबान ने मार-धाड़ मचाई और काबुल पर कब्जा कर लिया और अब पाँच साल बाद भी कुन्दूज, काबुल, कन्धार, मजारे-शरीफ और हेरात में जो दंगल चल रहा है, उससे पाकिस्तान का सीधा सम्बन्ध है। उससे पाकिस्तान जितना प्रभावित हो रहा है, कोई अन्य देश नहीं हो रहा है। पहले से पच्चीस-तीस लाख शरणार्थी पाकिस्तान की छाती पर सवार हैं, उसके कई इलाकों पर अफगानों ने अपना कब्जा जमा लिया है, अपने हथियारों और अफीम के पैसों से वे पाकिस्तानी राज और समाज को काबू करने की कोशिश करते हैं और अब अफगानिस्तान में पिटने के बाद दुनिया के आतंकवादी पाकिस्तान को ही अपना अड्डा बनाना चाहेंगे।

कल्पना की जाए कि यदि 1947 में पाकिस्तान पैदा नहीं हुआ होता तो क्या होता ? जहाँ पाकिस्तान है, वहाँ भारत होता और शायद भारत को भी उनमें से कई कष्ट भुगतने पड़ते, जो अभी पाकिस्तान भुगत रहा है। शायद इसका उलटा भी हो सकता था। जैसे भारत और नेपाल के सम्बन्ध सभी उतार-चढ़ावों के

बावजूद एक स्तर से नीचे नहीं जाते हैं, वैसे ही भारत-अफगानिस्तान सम्बन्ध भी अफ़गान-पाक सम्बन्धों के मुकाबले कहीं बेहतर हो सकते थे। जैसे नेपाल भूवेष्टित है, वैसे ही अफगानिस्तान भी भूवेष्टित है। जैसे भारत और नेपाल की हिन्दू जनसंख्या दोनों देशों में सेतुबन्ध का कार्य करती है, वैसे ही अविभाजित भारत के तीस करोड़ मुसलमानों और अफ़गानिस्तान के डेढ़-दो करोड़ मुसलमानों में भी भाव-साम्य बना रहता। क्या पता, पाकिस्तान के नहीं होने पर सैन्य-गुटों की बीमारी दक्षिण एशिया के दरवाज़े पर ही नहीं फटकती। मैत्रीपूर्ण अफगानिस्तान भारत के लिए यूरोप और मध्य एशिया का सीधा और सरल सेतु बन जाता।

लेकिन भारत-विभाजन ने दक्षिण एशियाई राजनीति का चरित्र ही बदल दिया। मज़हब के आधार पर पाकिस्तान बना, इस दष्टि से अफगानिस्तान और पाकिस्तान को एक-दूसरे का दोस्त होना चाहिए था लेकिन हुआ क्या ? अफगानिस्तान इस्लामी देश होने के बावजूद पाकिस्तान का जन्मजात विरोधी बन गया। जब पाकिस्तान का निर्माण होने लगा तो अफगानिस्तान ने माँग की कि सरहदी सूबे के लिए दो विकल्प काफी नहीं हैं। यानी यह क्यों आवश्यक हो कि वह भारत में शामिल हो या पाकिस्तान में ? तीसरा विकल्प भी होना चाहिए। यानी पठान चाहें तो अफगानिस्तान में भी शामिल हो सकें। जब अंग्रेज ने यह सुझाव नहीं माना तो जनमत-संग्रह के बाद अफगानिस्तान ने पख़्तूनिस्तान की माँग का समर्थन शुरू कर दिया। 12 अगस्त 1949 को घोषित पख़्तूनिस्तान नामक राज्य को उसने औपचारिक मान्यता भी दे दी और पाकिस्तान के विरुद्ध खुला अभियान छेड़ दिया। सितम्बर 1947 में जब संयुक्तराष्ट्र में पाकिस्तान के प्रवेश का मुद्दा उठा तो, उसका अकेले अफगानिस्तान ने जमकर विरोध किया और विरोध का आधार यह था कि वह सरहदी सूबे और कबाइली इलाके पर पाकिस्तान की सम्प्रभुता को अमान्य करता है। पख़्तूनिस्तान की समस्या का प्रारम्भ कब और कैसे हुआ, इसका विवेचन पिछले अध्यायों में भली-भाँति हो चुका है। यहाँ तो यही जानना काफी है कि पख़्तूनिस्तान का सवाल पाकिस्तान के गले की हड्डी बन गया और पाकिस्तान ने इसका सारा दोष भारत के माथे मढ़ा। पाकिस्तान निरन्तर यह आरोप लगाता रहा कि भारत ही अफगानिस्तान को पख़्तून-प्रश्न पर उकसा रहा है और बादशाह खान जैसे नेता 'हिन्दुओं की दलाली' कर रहे हैं। दूसरे शब्दों में भारत-अफगान सम्बन्ध अपने आप त्रिकोणात्मक बनते गए।

पाकिस्तान ने पख़्तून-प्रश्न पर अफगानिस्तान से और कश्मीर प्रश्न पर भारत से झगड़ा मोल ले लिया। दूसरे शब्दों में पाकिस्तान भारत और अफगानिस्तान, दोनों का समान शत्रु बन गया। शत्रु का शत्रु मित्र, यह कौटिल्य का गुर यहाँ काम

करने लगा। पाकिस्तान की वजह से भारत और अफगानिस्तान में भौगोलिक दूरी जरूर बढ़ गई लेकिन राजनैतिक निकटता भी पैदा हो गई। मज़हब के नाम पर बने पाकिस्तान के लिए इससे बढ़कर अटपटी बात क्या हो सकती थी कि अफगानिस्तान और भारत दोनों ने ही अपनी-अपनी विदेश नीति से मज़हब के आधार को रद्द कर दिया था। पाकिस्तान पख्तूनों को यह कहकर नहीं दबा पाया कि वे मुसलमान होने के बावजूद इस्लामी देश के विरुद्ध बगावत क्यों कर रहे हैं ? अफगानिस्तान ने इस्लाम के बजाय राष्ट्रवाद को अधिक महत्त्व दिया और भारत ने मज़हब के आधार पर कश्मीर दे देने को अपने राष्ट्रवाद की हत्या बताया। पाकिस्तान की हालत साँप-छछूँदर की-सी हो गई। जब वह पख्तूनों को दबाता तो अफगानिस्तान पूछता कि वह कश्मीरियों के आत्म-निर्णय की बाँग किस आधार पर लगा रहा है और जब वह कश्मीर का मुद्दा उठाता तो भारत पूछता, पहले वह पख्तूनिस्तान का निर्माण क्यों नहीं करता ?

भारत और अफगानिस्तान अपने-अपने ढंग से पाकिस्तान की खिंचाई करते रहे लेकिन दोनों राष्ट्रों ने पख्तूनिस्तान या कश्मीर मुद्दे पर एक-दूसरे का समर्थन स्पष्ट रूप से कभी नहीं किया। कांग्रेस ने आज़ादी के पहले पख्तूनिस्तान के प्रति स्पष्ट सहानुभूति जरूर जाहिर की लेकिन पाकिस्तान बन जाने के बाद भारत ने स्वतन्त्र पख्तूनिस्तान का स्पष्ट समर्थन कभी नहीं किया। इसके कई कारण थे। भारत सरकार ब्रिटिश सरकार की उत्तराधिकारिणी थी। वह डूरेन्ड सीमा-रेखा को कैसे रद्द कर सकती थी ? यदि अफगानिस्तान के साथ डूरेन्ड सीमा-रेखा को वह अवैध कहती तो चीन के साथ अंग्रेज की खींची हुई मेकमहोन-रेखा को वह वैध कैसे बता सकती थी ? अफगानिस्तान डूरेन्ड-रेखा को नहीं मानता और चीन मेकमहोन- रेखा को ! एक रेखा भारत की बाईं सीमा है और दूसरी रेखा भारत की दाईं सीमा है। इसीलिए भारत ने पहले दिन से ही अपना कदम फूँक-फूँककर रखा है। जवाहरलाल नेहरू ने कई बार पख्तून कबीलों के प्रति गहरी सहानुभूति व्यक्त की लेकिन उन्होंने स्वतन्त्र पख्तूनिस्तान का कभी भी समर्थन नहीं किया। यदि वे करते तो पाकिस्तान के साथ सम्बन्ध और भी खराब हो जाते। नेहरू-लियाकत पेक्ट तक शायद सम्पन्न नहीं हो पाता। इसके अलावा उस वक़्त पख्तून कबाइलियों के प्रति भारत की सहानुभूति इसलिए भी घट गई थी कि 1948 में वे ही कश्मीर में घुसे थे। वे पाकिस्तानी फौज के अग्रिम दस्ते बने हुए थे। वे कश्मीर को भी पख्तूनिस्तान का हिस्सा बनाना चाहते थे। अफगान सरकार ने भी कबाइलियों के इस जिहाद की निन्दा की थी।

भारत के सामने एक सैद्धान्तिक समस्या तब भी थी और अब भी है कि यदि

पख्तूनिस्तान जैसे उपराष्ट्रवादों को वह प्रोत्साहित करने लगा तो भारत और पाकिस्तान क्या, बर्मा, नेपाल, श्रीलंका और अफगानिस्तान जैसे-जैसे छोटे-छोटे देशों के भी कई टुकड़े हो जाएँगे। इसीलिए संयुक्तराष्ट्र संघ में जब-जब आत्म-निर्णय के अधिकार पर बहस उठी तो भारत ने हमेशा 'उपनिवेशों' के आत्म-निर्णय का समर्थन किया जबकि अफगानिस्तान ने 'लोगों' के आत्म-निर्णय के समर्थन की भी बात उठाई। इस प्रश्न पर भारत और अफगानिस्तान का सदा सैद्धान्तिक मतभेद बना रहा लेकिन अफगानिस्तान ने कश्मीर पर भारत का विरोध और पाकिस्तान का समर्थन कभी नहीं किया। इसी प्रकार भारत ने भी पख्तूनिस्तान की माँग का स्पष्ट विरोध कभी नहीं किया। दूसरे शब्दों में दोनों को जोड़नेवाला एक ही तत्त्व था–पाकिस्तान का विरोध ! 1965 में भारत-पाक युद्ध के बाद उप-विदेश मन्त्री राजा दिनेश सिंह ने एक बार संसद में यह जरूर कहा कि पख्तून लोगों की वैध आकांक्षाओं का भारत पूर्ण समर्थन करता है लेकिन इस तरह का बयान पाकिस्तान के शत्रुतापूर्ण रवैए के कारण ही दिया गया। इसलिए नहीं दिया गया कि भारत स्वतंत्र पख्तूनिस्तान का समर्थक बन गया था। वास्तव में 1965 के भारत-पाक युद्ध के समय अफगानिस्तान दूसरा मोर्चा खोले या नहीं, इस मुद्दे पर अफगान मंत्रिमंडल ने विचार अवश्य किया लेकिन उसने तटस्थ रहना ही पसन्द किया। भारत की खातिर उसने पाकिस्तान से झगड़ा मोल लेना ठीक नहीं समझा। ऐसे में पख्तून प्रश्न पर भारत अपनी गर्दन क्यों फँसाता? इसी प्रकार 1962 में भारत-चीन युद्ध और 1971 के बांग्लादेश युद्ध के समय भी अफगानिस्तान ने तटस्थता का रवैया अपनाया। उसने भारत का पक्ष लेने की बजाय चुप रहना या शान्ति की कामना करना पर्याप्त समझा। उधर भारत ने भी निष्पक्षता का रुख अपनाया। जब भी पाक-अफगान तनाव बढ़ा और सीमाएँ बन्द हुईं, भारत ने चिन्ता अवश्य व्यक्त की लेकिन उसने झगड़े में टाँग नहीं अड़ाई। ये बात दूसरी है कि पाकिस्तान ने भारत पर हमेशा आरोप लगाए कि वह अफगानिस्तान को भड़का रहा है। भारत के नेताओं ने इन आरोपों का जमकर खंडन किया। उन्होंने स्पष्ट किया कि वे दो पड़ौसी देशों के आपसी मामलों या उनके आंतरिक मामलों में दखलन्दाजी के सर्वथा विरुद्ध हैं।

भारत के इस तरह के दावों पर पाकिस्तान की सरकार या अखबारों ने कतई विश्वास नहीं किया। इसका सबसे बड़ा कारण यह था कि भारत और अफगानिस्तान दोनों ही पाकिस्तान के अमेरिकी खेमे में जाने का डटकर विरोध करते रहे। दोनों ने गुट-निरपेक्षता का मार्ग पकड़ा जबकि पाकिस्तान 'सीटो' और 'सेन्टो' नामक सैन्य गुटों का सदस्य बन गया। अफगानिस्तान और भारत अनेक अन्तरराष्ट्रीय

मुद्दों पर संयुक्तराष्ट्र में एक राय जाहिर करते दिखाई पड़ते जबकि पाकिस्तान दूसरी ! भारत और अफगानिस्तान रूस के अधिक निकट थे लेकिन उसके अन्धभक्त नहीं जबकि पाकिस्तान अमेरिका का शरणागत-सा बन चुका था। सोवियत संघ ने अफगानिस्तान को पख्तून प्रश्न पर और भारत को कश्मीर मुद्दे पर स्पष्ट समर्थन दे दिया था। ऐसी स्थिति में पाकिस्तान का यह सन्देह स्वाभाविक था कि भारत और अफगानिस्तान की हर मुद्दे पर मिलीभगत बनी रहती है।

वास्तविकता तो यह है कि 1950 में भारत-अफगान मैत्री सन्धि पर हस्ताक्षर होने के बावजूद 1959 के पहले तक दोनों देशों के शीर्षस्थ नेताओं ने एक-दूसरे के देशों की यात्रा तक नहीं की थी। उसके पहले रूस और अमेरिका जैसे राष्ट्रों के नेता काबुल पहुँच चुके थे। अफगानिस्तान में जब महाशक्तियों की पुरानी प्रचंड प्रतिस्पर्धा दुबारा लौटती-सी दिखाई पड़ने लगी तो भारत की नींद खुली। प्रधानमन्त्री जवाहरलाल नेहरू 1959 में काबुल गए और उनके पहले अफगान प्रधानमन्त्री सरदार मुहम्मद दाऊद खान भारत आए। बादशाह ज़ाहिरशाह और उनके प्रधानमन्त्री डॉ. मुहम्मद यूसुफ भी भारत आए। राष्ट्रपति के तौर पर दाऊद दुबारा भारत आए। उनके पश्चात् डॉ. नजीबुल्लाह और प्रो. बुरहानुद्दीन रब्बानी ने भी अफगान शासनाध्यक्ष के नाते भारत-यात्रा की लेकिन तरक्कइ, अमीन, कारमल, मुजद्ददी जैसे शासनाध्यक्ष भारत नहीं आ सके। तालिबान नेताओं की भारत-यात्रा का तो सवाल ही नहीं उठता था। भारत के राष्ट्रपति राधाकृष्णन, डॉ. जाकिर हुसैन और उपराष्ट्रपति डॉ. गोपाल स्वरूप पाठक काबुल गए लेकिन इन्दिरा गाँधी के बाद कोई भी प्रधानमन्त्री काबुल नहीं गया। सितम्बर 1978 में विदेश मन्त्री श्री अटलबिहारी वाजपेयी ने अफगानिस्तान की यात्रा की। नजीबुल्लाह के जमाने में विदेश मंत्री के तौर पर नारायण दत्त तिवारी भी काबुल गए। अफगानिस्तान की वर्तमान अन्तरिम सरकार के शपथ ग्रहण समारोह में 22 दिसंबर 2001 को विदेश मंत्री जसवन्त सिंह का उपस्थित होना उल्लेखनीय घटना है। यह भारत-अफगान संबंधों के नए आयामों का प्रतीक है।

उसका एक प्रमुख कारण तो यह था कि 1978 में कम्युनिस्ट तख्ता-पलट के बाद काबुल में जितनी भी सरकारें बनीं वे वैधता के संकट से जूझती रहीं। उनकी स्थिरता और प्रामाणिकता में सन्देह बना रहा, हालाँकि उनमें से ज्यादातर भारत की मित्र और पाकिस्तान की शत्रु सरकारें थीं। अफगानिस्तान में निरंतर चल रहे गह युद्ध के इस दौर में कोई अत्यंत महत्त्वपूर्ण राष्ट्राध्यक्ष काबुल क्यों जाने लगा, खास तौर से तब जबकि उसकी अपनी सुरक्षा ही खतरे में पड़ सकती हो। इसके अलावा अस्थिरता के उस दौर में भारत जैसे देश अफगानिस्तान के साथ सहज

आर्थिक और सांस्कृतिक संबंध प्रगाढ़ बढ़ाने के लिए शायद ही कोई ठोस कदम उठा सकते थे। अफगानिस्तान के पाकिस्तान विरोधी रवैए का लाभ उठाने की भारत ने कोई खास कोशिश नहीं की। संबंधों के त्रिकोण को अपनी तरफ़ झुकाने के कोई संकेत भारत के बर्ताव में नहीं मिलते। भारत और अफगानिस्तान की राजनीतिक निकटता को बढ़ाने में पाकिस्तान का तीसरा तत्त्व विशेष सार्थक दिखाई नहीं पड़ता।

इसके बावजूद हमेशा की तरह पाकिस्तान सरकार ने भारत पर यह आरोप लगाया कि वह पहले नजीबुल्लाह सरकार और बाद में रब्बानी की मुजाहिदीन सरकार की सक्रिय सहायता करता रहा है। भारत सरकार ने समय-समय पर इन आरोपों का स्पष्ट खंडन किया है। कारमल और नजीबुल्लाह के काल (1980-92) में मुजाहिदीन नेताओं ने खुले-आम आरोप लगाए थे कि भारत के विमान चालक अफगान वायु सेना में शामिल होकर मुजाहिदीन योद्धाओं पर बम बरसा रहे हैं। 1983 और 1988 में मैंने पेशावर स्थित मुजाहिदीन नेताओं से इस आरोप के प्रमाण माँगे तो उन्होंने अपनी असमर्थता प्रकट की और मुझे आश्वस्त किया कि वे आइन्दा इन आरोपों को नहीं दोहराएँगे। स्पष्ट है कि यह कुप्रचार निराधार था और पाकिस्तान के इशारे पर किया गया था। पाकिस्तान पहले श्रीमती इंदिरा गाँधी और बाद में श्री राजीव गाँधी के बयानों को इस तरह से तोड़-मरोड़कर प्रचारित करता रहा कि अफगानिस्तान की आम जनता में भारत की छवि सर्वथा विकृत हो गई थी। जनवरी 1980 में भारत द्वारा संयुक्तराष्ट्र में दिए गए बयान का मतलब समस्त अफगानों ने यही लगाया कि भारत अफगानिस्तान में सोवियत सैन्य-कार्रवाई का समर्थन करता है। प्रधानमंत्री इंदिरा गाँधी और विदेश मंत्री नरसिंहराव के अनेक स्पष्टीकरणों के बावजूद अफगान जनता की गलतफहमी दूर नहीं की जा सकी।

सितंबर 1978 में विदेश मंत्री वाजपेयी ने अपनी काबुल-यात्रा के दौरान यह स्पष्ट कर दिया था कि अफगानिस्तान में हुए 'राजनीतिक परिवर्तन' के बावजूद भारत-अफगान संबंध मैत्रीपूर्ण बने रहेंगे लेकिन तत्कालीन खल्की प्रधानमंत्री तरक्कइ ने वाजपेयी को बीच में टोककर बताया कि यह परिवर्तन नहीं, क्रांति है। उन्होंने भारत और अफगानिस्तान की गुट-निरपेक्षताओं में तीन अंतर भी बताए। उन्होंने ब्रेझनेव के 1969 के एशियाई सामूहिक सुरक्षा का उत्साहपूर्ण समर्थन किया, अफगानिस्तान को रूस का 'स्वाभाविक मित्र' घोषित किया तथा सैन्य-गुटों के सदस्य राष्ट्रों को गुट-निरपेक्ष सम्मेलन में अतिथि या पर्यवेक्षक के तौर पर बुलाने का भी विरोध किया। पाकिस्तान के प्रति उनका कठोर रवैया इसी तरह व्यक्त हो रहा था। वे अपने तख्ता-पलट को सोवियत क्रांति का विस्तार कहते थे और

चाहते थे कि भारत भी 'लाल अफगानिस्तान' की तारीफ़ में कसीदे पढ़े लेकिन विदेश मंत्री वाजपेयी ने स्पष्ट कर दिया कि भारत अफगानिस्तान को अपनी आँखों से ही देखेगा, किसी अन्य राष्ट्र के चश्मे से नहीं। उनकी यात्रा ने यह भ्रम दूर किया कि सोवियत रूस, भारत और अफगानिस्तान की कोई तिकड़ी बन रही है, जो अमेरिका और पाकिस्तान की काट करेगी। श्री वाजपेयी ने भारत की परम्परागत विदेश नीति का निष्ठापूर्ण अनुसरण किया। याद किया जाए कि 1969 में जब ब्रेझनेव ने 'एशियाई सामूहिक सुरक्षा' का सिद्धांत पेश किया था तो श्रीमती इंदिरा गाँधी ने उसे भारत की गुट-निरपेक्षता के अनुकूल नहीं माना था। 1980 में दुबारा सत्तारूढ़ होने पर श्रीमती गाँधी ने अपनी परम्परागत नीति का ही पालन किया, हालाँकि अफगानिस्तान के सिलसिले में उनकी अवांछित छवि बन गई थी।

यदि इंदिरा गाँधी सोवियत रूस की अंध-समर्थक होतीं तथा काबुल की बबरक कारमल सरकार के प्रति उनका कोई संकोच-भाव नहीं होता तो वे या तो खुद काबुल जातीं या श्री कारमल को भारत बुलातीं। श्री कारमल भारत कभी नहीं आए। न प्रधानमंत्री रहते हुए और न ही उसके पहले या बाद में। वे भारत के प्रगाढ़ मित्र थे, इसके बावजूद भारत सरकार ने उन्हें औपचारिक निमंत्रण नहीं भेजा। 1981 में जब मैं उनसे मिला तो वे यहाँ तक चाहते थे कि सोवियत फौजें वापस चली जाएँ और उनकी जगह भारतीय फौजें अफगानिस्तान में तैनात कर दी जाएँ। यह प्रस्ताव भारत ने बिल्कुल भी पसंद नहीं किया। यदि भारत चाहता तो कारमल पाकिस्तान के विरुद्ध युद्ध का मोर्चा भी खोल सकते थे लेकिन भारत ने अफगानिस्तान के साथ अपने मैत्रीपूर्ण संबंधों का दुरुपयोग करने की कोशिश नहीं की। इसी प्रकार श्री कारमल के बाद डॉ. नजीबुल्लाह ने भी भारत के प्रति गहन मैत्रीपूर्ण संबंधों का निर्वाह किया। उन्होंने अपने हमजुल्फ (साढ़ू भाई) श्री अहमद सरवर को भारत में राजदूत नियुक्त किया और स्वयं दो बार राजकीय यात्राओं पर भारत आए। उनके उप-राष्ट्रपति हातिफ और विदेश मंत्री अब्दुल वकील भी नई दिल्ली आए। नजीबुल्लाह के दौर में भारत ने अफगानिस्तान की आर्थिक और मानवीय सहायता के अनेक कार्यक्रम चलाए लेकिन इन संबंधों का इस्तेमाल पाकिस्तान के विरुद्ध नहीं किया। पद-त्याग के बाद अप्रैल 1992 में नजीब भारत ही आ रहे थे लेकिन उन्हें हवाई अड्डे की ओर जाते हुए गिरफ्तार कर लिया गया। उनकी पत्नी और बच्चे अब भी भारत में ही हैं। इसी प्रकार श्री बबरक कारमल पद-त्याग के बाद मास्को चले गए और उनका देहांत वहीं हुआ लेकिन उनके छोटे भाई और उप-प्रधानमंत्री महमूद बरयलाई और उनकी सास तथा प्रसिद्ध परचमी नेता डॉ. अनाहिता रातिबजाद और महमूद की पत्नी जमीला

बरयलाई कई वर्षों तक भारत में ही रहे। यह ठीक है कि अफगानिस्तान के शरणार्थियों को पाकिस्तान ने लाखों की संख्या में शरण दी लेकिन उनके बहाने उसने करोड़ों डॉलर भी अर्जित किए तथा पेशावर में मुजाहिदीन अड्डे कायम करवाकर उसने पश्चिमी देशों से काफी हथियार और पैसे भी उलीचे जबकि भारत ने अफगान शरणार्थियों को निस्वार्थ शरण प्रदान की, वे चाहे खल्क या परचम या शाही या इस्लामी या किसी अन्य गुट के रहे हों। पाकिस्तान की मजबूरी थी कि वह अफगानों को शरण दे लेकिन भारत की ऐसी कोई मजबूरी नहीं थी। एक तो पाक-अफगान सीमा बंधनहीन है। उस पर पाक सरकार का नियंत्रण नहीं है। दूसरा अफगान लोग पाकिस्तान के सरहदी सूबे पर अपना पुश्तैनी अधिकार समझते हैं और तीसरा, वे वहाँ स्वयं को शरणार्थी नहीं, मेहमान समझकर ठस्के के साथ रहते हैं। इसीलिए लाखों अफगानों के मन में पाकिस्तान के प्रति कृतज्ञता का भाव तो है लेकिन वे यह भी जानते हैं कि उनके बहाने पाकिस्तान ने खुद का जबर्दस्त फायदा किया है जबकि भारत के 'सोवियत समर्थन' के प्रति 'नाराज़ी' का भाव रखते हुए भी वे यह मानते हैं कि भारत ने जो भी सहायता दी है, उसके पीछे कोई संकीर्ण स्वार्थ नहीं है।

पाकिस्तान के प्रति अफगान-रवैया दुतरफा है। एक तरफ तो इस्लाम, भौगोलिक निकटता और डूरेन्ड-रेखा के आर-पार एक-जैसे पख्तूनों की उपस्थिति दोनों देशों को एक-दूसरे के करीब लाती है, दूसरी तरफ पख्तूनिस्तान का विवाद, महाशक्तियों से संबंध और भौगोलिक निकटता उन्हें एक-दूसरे से दूर भी करती है। अफगानिस्तान भूवेष्टित देश होने के कारण अपने आवागमन और यातायात के लिए मुख्यतया पाकिस्तान पर ही निर्भर है। कराची के बन्दरगाह से वह सारी दुनिया में अपना माल भेजता है और मँगाता है। वह ईरान और पहले सोवियत संघ और अब उज़बेकिस्तान, तुर्कमेनिस्तान और ताज़िकिस्तान के रास्तों का भी इस्तेमाल कर सकता है लेकिन वे इतने लंबे और कठिन हैं कि सोने से गढ़ाई महँगी पड़ जाती है। अफगानिस्तान की इस मजबूरी का पाकिस्तान फायदा उठाता है। पख्तून-विवाद को लेकर 1950, 55 तथा 61 में तो ये रास्ते बंद हो ही गए, 1978 के बाद भी इन रास्तों को लेकर पाकिस्तान सरकार अफगानिस्तान की बाँह मरोड़ती रही। नतीजा यह हुआ कि अफगान व्यापारियों ने बड़े पैमाने पर तस्करी की राह खोज ली। रास्तों की यह मजबूरी भी दुतरफ़ा है। यदि भारत-अफगान व्यापार की दष्टि से देखें तो पाकिस्तान की भौगोलिक अवस्थिति दोनों देशों के लिए कभी-कभी काफी हानिकारक सिद्ध होती है। यदि पाक-अफगान विवाद हो तो ये रास्ते बंद हो ही जाते हैं और यदि भारत-पाक विवाद हो तो भी ये रास्ते बंद हो

जाते हैं, जैसे कि 1948, 1965, 1971 और 1999 में बंद हो गए थे। त्रिकोण का यह अजीब खेल है कि यदि उसकी कोई भी दो भुजाएँ हिलने लगें तो तीसरी भुजा अपने आप डाँवाडोल हो जाती है। किन्हीं भी दो देशों में तनाव हो तो तीनों देशों का नुकसान होने लगता है। इसीलिए अफगानिस्तान संयुक्तराष्ट्र में यह माँग करता रहा है कि भूवेष्टित देशों को निरापद आवागमन का अबाध अधिकार प्रदान किया जाना चाहिए और भूवेष्टित राष्ट्रों के इस अधिकार को भंग करने के कार्य को 'आक्रमण' की संज्ञा दी जानी चाहिए। पाकिस्तान इस माँग का विरोध करता रहा है। जाहिर है कि अफगानिस्तान न तो कराची तक के क्षेत्र को दुबारा अपने अधिकार में ले सकता है और न ही उसे वहाँ तक 'मुक्त पहुँच' का अधिकार पाकिस्तान कभी देनेवाला है। ऐसी स्थिति में सरदार दाऊद के दूसरे शासन-काल (1973-78) में वैकल्पिक मार्गों पर गंभीरतापूर्वक विचार किया गया था। सरदार दाऊद ने अपने प्रथम शासन-काल में अमेरिकी विदेश मंत्री जॉन फॉस्टर डलेस को 1958 में प्रेरित किया था कि अमेरिका अफगानिस्तान में रेल बिछाए ताकि ईरानी मार्ग का इस्तेमाल करके बन्दरे-अब्बास तक पहुँचा जाए। 1975 में दाऊद की भारत-यात्रा के दौरान भारत सरकार ने भी इस वैकल्पिक योजना में गहरी रुचि दिखाई थी। अब जबकि अफगानिस्तान के पुनर्निर्माण के लिए विश्व समुदाय विराट् पहल कर रहा है, अफगानिस्तान में रेल बिछाने और अन्य पड़ौसी राष्ट्रों से उसके वैकल्पिक रास्ते बनाने में विशेष प्रयत्न वांछनीय है। इसके परिणामस्वरूप भारत-अफगान-पाक त्रिकोण पर कभी-कभी पड़नेवाले असह्य दबाव में भी कमी आएगी। भौगोलिक निकटता का जो तत्त्व बाधास्वरूप दिखाई देता है, उसकी तीक्ष्णता भी घटेगी।

जहाँ तक इस्लाम का सवाल है, वह दोनों देशों को काफ़ी नज़दीक लाता है। यदि इस्लाम की भूमिका महत्त्वपूर्ण नहीं होती तो लगभग 20 साल तक मुजाहिदीन पेशावर को अड्डा बनाकर शायद लड़ नहीं पाते। लेकिन यही इस्लाम कैसे भस्मासुरी रूप धारण करता है, यह तालिबानी प्रपंच ने सिद्ध कर दिया है। पिछले पाँच वर्षों में पाकिस्तान ने इस्लाम के नाम पर अफगानिस्तान में लगभग अपना कब्जा ही जमा लिया था। 1948 में भी पाकिस्तान ने पख्तून कबाइलियों से इस्लाम के नाम पर कश्मीर में घुसपैठ करवाई थी। दोनों मौकों पर पाकिस्तान ने इस्लाम की बदनामी करवाई। काबुल स्थित पाकिस्तानी दूतावास अफगानों को भारत के विरुद्ध भड़काने के लिए जो सामग्री बाँटता है, उसका पहला मुद्दा यही होता है कि इस्लाम खतरे में है। वह अफगानों को बताता है कि भारत पहले पाकिस्तान को फतेह करेगा और फिर अफगानिस्तान को। यह पाकिस्तानी तर्क बेपढ़े-लिखे कबाइलियों पर

कभी-कभी कुछ असर जरूर डालता है लेकिन अफगानिस्तान के नीति-निर्माता इसे हमेशा रद्द करते रहे हैं। कई बार प्रयत्न हुआ कि तुर्की, ईरान, पाकिस्तान और अफगानिस्तान का एक अलग क्षेत्रीय इस्लामी गुट बना दिया जाए लेकिन अफगान नेताओं ने इस्लामी गुट के प्रस्ताव को हमेशा ही निरस्त किया है। इतना ही नहीं, अफगान सरकारें, चाहे वे कितनी ही पाकिस्तानपरस्त हों, अपने पड़ौसी इस्लामी देश से आर्थिक, तकनीकी और सांस्कृतिक सहयोग लेने से कतराती रहती हैं। एक बार एक अफगान प्रधानमंत्री से मैंने पूछा कि अफगान सरकारें भारतीय अध्यापकों, सलाहकारों, डॉक्टरों और तकनीशियनों को ज्यादा पसंद क्यों करती हैं ? यदि उन्हें पाकिस्तान से बुलाया जाए तो क्या वे कम खर्चीले नहीं होंगे और मुसलमान होने के कारण क्या बेहतर साबित नहीं होंगे ? उन्होंने कहा कि एक तो भारतीय विशेषज्ञ आदि बहुत दक्ष होते हैं। दूसरा, वे अपने काम से काम रखते हैं। किसी गलत धंधे में नहीं पड़ते जबकि पाकिस्तानी शिक्षक और विशेषज्ञ मुसलमान होने का बेजा फायदा उठा सकते हैं। पाकिस्तानी शिक्षकों और डॉक्टरों के प्रति अफगान कन्याओं और स्त्रियों का अभय-भाव नहीं होता। इसके अलावा वे अगर कबाइली इलाके के होते हैं तो सियासत और तस्करी में भी मुब्तिला हो जाते हैं। इसीलिए पड़ौसी और इस्लामी की बजाय दूर का और गैर-इस्लामी आदमी ही बेहतर है।

पाक-अफगान संबंधों में इस्लाम की भूमिका सामान्यतया रहती ही है लेकिन जब काँटे की बात उठती है तो अफगान नीति-निर्माता अपने राष्ट्रहित को वरीयता देते हैं। इसका प्रमाण यह तथ्य है कि 1992 में जैसे ही मुजाहिदीन की इस्लामी सरकार बनी, उसके राष्ट्रपति सिबगतुल्लाह मुजद्ददी ने डूरेन्ड-रेखा के विरुद्ध बयान दे दिया जबकि पिछले 20 साल से वे पाकिस्तान की सक्रिय सहायता से ही 'जिहाद' का संचालन कर रहे थे। पाकिस्तान के लिए इससे बड़ा दुखद आश्चर्य क्या हो सकता था ? इसी प्रकार तालिबान ने पाकिस्तान की संतान होने के बावजूद डूरेन्ड-रेखा को कभी मान्यता नहीं दी। वास्तविकता तो यह है कि पाकिस्तान इस्लामी देश है, इसके बावजूद अफगान उसे अपने बराबर नहीं मानते। वे पाकिस्तान को पंजाबियों का देश मानते हैं। एक हद तक यह सही भी है। पाकिस्तान की फौज, प्रशासन और अर्थ-व्यवस्था पर पंजाबी प्रभुत्व से कौन इन्कार कर सकता है ? ऐसे में पठान मन सोचता है कि क्या वह पंजाबी की गुलामी करेगा ? उसने अगर मुग़लों को सबक सिखाया तो वह पंजाबियों से क्यों डरेगा ? यहाँ इस्लाम गौण हो जाता है और जातीय अस्मिता प्रधान हो जाती है। यह तत्त्व इतना महत्त्वपूर्ण है कि इससे तालिबान भी अछूते नहीं रहे। एक बार काबुल में पाँव जम जाने के बाद तालिबान ने कई मौकों पर अपनी स्वायत्तता का खुला

परिचय दिया और यहाँ तक कहा कि वे किसी भी देश के मोहरे नहीं हैं। 1999 में जब मैं संयुक्तराष्ट्र संघ अधिवेशन में भाग लेने न्यूयार्क गया तो 'तालिबान राजदूत' मुझसे कई बार मिलने आए और उन्होंने बार-बार कहा कि वे भारत से अपने संबंध मधुर बनाना चाहते हैं और "आप इस गलतफहमी में न रहें कि हम पाकिस्तान की कठपुतली हैं।'' प्रारंभ में वे पाकिस्तान की कठपुतली की तरह दिखाई दिए लेकिन अपने अंतिम दिनों में उन्होंने पाकिस्तान की अनुनय-विनय को रद्द करते हुए उसे भी सबक सिखाने की धमकी दी। यहाँ भी इस्लाम किसी काम न आया। जो हाथ मुँह तक ग्रास पहुँचाता था, उसे ही काटने की धमकी मिली और जो हाथ कल तक मुँह में ग्रास दे रहा था, वही आज गला दबाने का काम कर रहा है।

भारत इन इल्लतों से इसीलिए बचा हुआ है कि वह अफगानिस्तान का एकदम सटा हुआ पड़ौसी नहीं है और इस्लामी देश भी नहीं है। यह ठीक है कि आम तौर से भारतीयों को काबुल पहुँचने के लिए हवाई यात्रा करनी पड़ती है लेकिन इस बाधा के बावजूद पिछले 40 साल में भारत-अफगान सहयोग के कार्यक्रम बराबर चलते रहे। यदि तालिबान का रवैया ठीक-ठाक होता तो काबुल का दूतावास बंद करने और भारतीय सहायता कार्यक्रम ठप करने की जरूरत नहीं पड़ती। दूतावास तो मुजाहिदीन सरकार के दिनों में भी बंद करना पड़ा था। लेकिन उसका मुख्य कारण हिकमतयार और दोस्तम के गुटों की बमबारी थी। भारत ने रब्बानी की मुजाहिदीन सरकार को मान्यता दे रखी थी और वह जब काबुल से हट गई तो भी उसकी मान्यता को बरकरार रखा हुआ था। इसका मुख्य कारण यह था कि मुजाहिदीन सरकार का आगमन संयुक्तराष्ट्र के प्रयत्नों से हुआ था और अपने अंतिम वर्षों में वह पाकिस्तान-विरोधी भी हो गई थी। इस प्रवासी सरकार से भारत का सतत संपर्क बना रहा और ताज़िकिस्तान के रास्ते हम उसकी सहायता भी करते रहे। 9 सितंबर 2001 को जब अहमदशाह मसूद पर हमला हुआ तो भारतीय डॉक्टरों ने ही उन्हें अंतिम समय तक सँभाला था।

इन वर्षों में, चाहे जो भी सरकार काबुल में रही हो, भारत के सैकड़ों अध्यापक अफगानिस्तान के विद्यालयों और विश्वविद्यालयों में पढ़ाते रहे हैं, लगभग सभी मंत्रालयों के सलाहकार भारतीय लोग रहे हैं, सड़कें, भवन और पुल बनाने का काम भी भारतीय इंजीनियर करते रहे। काबुल में बना बच्चों का 'इंदिरा गाँधी अस्पताल' भारत-अफगान सहयोग का जीवंत प्रतीक है। अफगानिस्तान के सैकड़ों डॉक्टर, इंजीनियर, वैज्ञानिक, तकनीशियन तथा फौजी अधिकारी भी भारत में प्रशिक्षण लेते रहे हैं। अफगानिस्तान के इतिहास की रक्षा का जो काम 20वीं सदी

के शुरू में फ्रांसीसी और जर्मन विशेषज्ञों ने अपने हाथ में ले रखा था, उसे बाद के वर्षों में भारत ने ही सँभाला। बामियान के बुद्ध तथा इस प्रकार के अनेक पुरातत्वीय स्मारकों का संरक्षण करने में भारत ने विशेष तत्परता दिखाई। काबुल संग्रहालय के निर्माण और रख-रखाव में भी भारत का उल्लेखनीय योगदान रहा है। पुरातत्व की कई धरोहरें पिछली अस्थिरता की शिकार हो गई हैं लेकिन अफगानिस्तान अब भी इतिहास का खज़ाना है। अफगानिस्तान के व्यापार और व्यवसाय में भी भारतीयों ने विशेष योगदान किया है। अफगान एयरलाइन्स का व्यावहारिक संचालन अनेक वर्षों तक भारतीयों ने ही किया। अफगानिस्तान के व्यापार के मुख्य केंद्र सराय शाहजादा पर लगभग भारतीय मूल के व्यापारियों का ही कब्ज़ा रहा। अमानुल्लाह ने अपना उप-वित्तमंत्री एक भारतीय अफगान को ही बनाया था और बबरक कारमल के शासन-काल में रईस मेहरचंद काबुल के चेम्बर ऑफ कॉमर्स के प्रधान थे और डॉ. सोनाराम समस्त चिकित्सा-तंत्र के ! श्री मेहरचंद को बाद में उप-वाणिज्यमंत्री भी बनाया गया। भारत के प्रति अफगान शासकों का (तालिबान के अलावा) इसलिए भी सदा सद्भाव बना रहा कि जब भी मुसीबतज़दा होकर वे भारत आए तो औसत भारतीयों ने उन्हें यथेष्ट स्नेह और सहयोग प्रदान किया।

भारत की आम जनता अंग्रेजों के उतनी ही विरुद्ध थी, जितने अफगानिस्तान के लोग ! इसीलिए राजा महेंद्रप्रताप, बरकतुल्लाह और ओबेदुल्लाह सिंधी जैसे लोगों ने 1915 में काबुल में भारत की प्रवासी सरकार की स्थापना की थी और सुभाषचंद्र बोस ने यूरोप जाते हुए अफगानिस्तान में गोपनीय प्रवास किया था। सुभाष बाबू 'हिन्दू गूजर' नामक मोहल्ले के जिस मकान में रहते थे, उसे 1969 में मैंने खोज निकाला तो विदेश मंत्रालय के मुखिया और विलक्षण विद्वान डॉ. रवान फरहादी ने अतिशय उत्साह दिखाया और यह प्रयत्न भी किया कि प्रधानमंत्री इंदिरा गाँधी अपनी काबुल-यात्रा के दौरान उस स्थल को भी देखें। अफगानिस्तान इस्लामी देश है, लेकिन उसके शासकों ने वहाँ रहनेवाले हिन्दुओं और सिखों के साथ वैसा बर्ताव कभी नहीं किया, जैसा तालिबान करते रहे। बादशाह ज़ाहिरशाह के चाचा शाह वली ने काबुल के आसामाई मंदिर को भव्य रूप देने में सक्रिय सहायता प्रदान की। देश के अन्य स्थानों में मंदिर और गुरुद्वारे बनाने में उन्होंने कोई आपत्ति नहीं की। अफगानिस्तान के हिंदू अपने अफगान पड़ौसियों के साथ सदा भाइयों की तरह रहते रहे। इस पाकिस्तानी प्रचार का असर अफगान जनता पर जरूर हुआ कि भारत हिंदुओं का देश है लेकिन उन्हें मैं जब बताता कि भारत में मुसलमानों की संख्या अफगानिस्तान से 7-8 गुना है और पाकिस्तान से भी ज्यादा है तो उन्हें विश्वास नहीं होता था। डॉ. ज़ाकिर हुसैन राष्ट्रपति हैं (1969 में), ऐसा मैंने जब एक

कबाइली जिरगा में कहा तो एक पठान ने उठकर पूछा कि क्या ज़ाकिर हुसैन मुसलमान नहीं हैं ? वे हिन्दुस्तान के 'बादशाह' कैसे बन गए ? लेकिन ऐसा अज्ञान सर्वत्र नहीं है। जो सचेत नागरिक हैं, उन्हें पता है कि भारत पंथ-निरपेक्ष देश है और मज़हब को अपनी विदेश नीति की तोप का भूसा नहीं बनाता।

पाकिस्तान पड़ौसी और इस्लामी है तथा भारत दूर है और इस्लामी नहीं है, इसके बावजूद अफगान लोगों के दिलो-दिमाग पर भारत का नशा सवार है। भारत के गाने-बजाने, नत्य-नाटक और सिनेमा का घर-घर में प्रवेश है। काबुल के सिनेमाघरों में ज्यों ही कोई नई भारतीय फिल्म लगती, सिर्फ अफगानिस्तान में ही नहीं, पाकिस्तान में भी भगदड़ मच जाती। डूरेंड-रेखा के उस पार से, बल्कि पेशावर और रावलपिंडी से भी पाकिस्तानी लोग काबुल आकर भारतीय फिल्में देखा करते। अफगानिस्तान के मुख्य शहरों ही नहीं, ताश कुरगन, कुंदूज़, बल्ख, शिबरगान, गज़नी और लश्करगाह जैसे कस्बों में भी मैंने अफगानों को भारतीय गानों पर लट्टू होते हुए देखा है। फराह और हेरात जैसे शहरों और आमू दरिया के किनारे बसे सुदूर उत्तर के गाँवों में भारतीय कलाकारों के रंग-बिरंगे पोस्टर दुकानों और घरों में चिपके देखकर लगता था मानो हम भारत के ही किसी क्षेत्र में घूम रहे हैं। भारतीय शास्त्रीय संगीत के उस्ताद सरंहग की महफिलों में अब से तीस साल पहले बैठने के अवसर मुझे कई बार मिल चुके हैं। पाकिस्तान के सीमांत पर रहनेवाले ही कुछ अफगान कबाइली लोग ही हिन्दी या उर्दू समझते हैं। शेष अफगानिस्तान हिन्दी-उर्दू नहीं समझता लेकिन वह भारतीय गानों की धुन पर थिरकता रहता है। बिना अर्थ जाने ही अफगान लोग भारतीय गाने गुनगुनाते रहते हैं। भारत के प्रति औसत अफगान के मन में कितना प्रेम और कौतूहल है, इसकी अनुभूति अफगानिस्तान की यात्रा करनेवाले प्रत्येक भारतीय को होती है। अफगान लोग भारतीयों का इतना सम्मान करते हैं कि वहाँ जानेवाले या वहाँ रहनेवाले भारतीयों के मन में भारत और अपने प्रति नए आत्म-विश्वास का संचार होने लगता है।

यों भी भारतीयों को ऐसा लगता है कि अफगानिस्तान में उनका अतीत मुरब्बे की तरह सहेजकर रखा गया है। भारत के प्राचीन खान-पान, वेश-भूषा, बोली-चाली, रीति-रिवाज़ और नाम-धाम अफगान गाँवों में अब भी जीवंत रूप में देखकर कोई भी भारतीय चकित हो सकता है। भारत के प्रत्येक मध्यमवर्गीय घर में अफगानिस्तान का नाम मीठे मेवों के साथ जुड़ा हुआ है। भारत में कौन-सी गहिणी है, जो अफगान हींग और काले ज़ीरे को अपनी रसोई की शोभा नहीं मानती ? पाकिस्तान बनने के पहले तक 'काबुलीवाला' की पहुँच कलकत्ते तक हुआ

करती थी। भारत की फिल्मों और साहित्य में किसी ज़माने में पठान पात्रों को सहज ही देखा जाता था। 'काबुलीवाला' की अटपटी हिंदी पर कौन मुग्ध नहीं होता था। जैसे भारतीय मानस पर कभी अफगानिस्तान छाया रहता था, वैसे आज भी अफगान मानस पर भारत छाया हुआ है।

जाहिर है कि यह स्थिति पाकिस्तान को सदा कष्टदायक लगी है। उसके अखबार हमेशा यह माँग करते रहे हैं कि अफगान टी.वी. और रेडियो पर भारतीय कार्यक्रम प्रस्तुत नहीं किए जाएँ। भारतीय फिल्मों के ज़रिए पैदा होनेवाले मूल्यमानों को पाकिस्तान इस्लाम-विरोधी चित्रित करता रहा लेकिन पिछले 50 साल में भारत का सांस्कृतिक प्रभाव इतना फैल गया है कि उसे तालिबान भी नहीं रोक पाए। तालिबान का पतन होते ही अफगानिस्तान में भारतीय फिल्मों और गानों की बहार फिर से आ गई है।

सामान्यतया काबुल में भारत और पाकिस्तान के हितों में टकराहट हो, यह जरूरी नहीं है। यह बात पाक-ईरान हितों पर लागू नहीं होती। भारत में यह अन्देशा तभी बढ़ता है, जब पाकिस्तान अफगानिस्तान को अपना 'सामरिक पिछवाड़ा' बनाने की कोशिश करता है, जैसा कि उसने पिछले पाँच साल में किया। उसने अफगानिस्तान के दो भारत-विरोधी इस्तेमाल किए। एक तो उसे अन्तरराष्ट्रीय आतंक का अड्डा बना दिया, जिसके कारण न केवल कश्मीर में आतंकवाद तीव्र गति से फैला बल्कि नेपाल से अपहृत भारतीय विमान कंधार में उतरा और दूसरा अफगान-सीमा की ओर से निश्चिंत होकर उसने करगिल पर हमला बोल दिया। अर्थात अफगानिस्तान का भारत के विरुद्ध सीधा इस्तेमाल हुआ। कल्पना करें कि काबुल में यदि स्वतंत्र और सार्वभौम सरकार होती तो क्या भारत को कंधार में आत्म-समर्पण करना पड़ता ? काबुल की तालिबान सरकार पाकिस्तान के इशारे पर काम कर रही थी, यह अपहरण-संकट के दौरान स्पष्ट हो गया था लेकिन क्या यह भारतीय विदेश नीति की विफलता नहीं थी कि तालिबान सरकार पर भारत का कोई भी प्रभाव नहीं था। यह ठीक है कि भारत ने रब्बानी सरकार को मान्यता दे रखी थी लेकिन तालिबान सरकार से भारत का पूरी तरह कट जाना क्या पाकिस्तान की पूर्ण विजय नहीं थी ? मुजाहिदीन सरकार के प्रारंभिक दौर में उसके प्रति और फिर तालिबान सरकार के प्रति भारत की घोर उपेक्षा किस तथ्य का प्रतीक है ? क्या इसका नहीं कि भारत की अफगान-नीति घनघोर प्रमाद से ग्रस्त थी।

क्या यह जरूरी है कि काबुल को इस्लामाबाद के चश्मे से ही देखा जाए ? यदि काबुल की कोई सरकार पाकिस्तान के प्रति अत्यधिक मैत्रीपूर्ण है तो इसका

मतलब यह नहीं कि वह भारत के प्रति शत्रुतापूर्ण ही होगी। यदि मुजाहिदीन और तालिबान सरकारों से भारत के जीवंत संपर्क होते तो पाकिस्तान काबुल को आतंकवाद का अड्डा बनाने में सफल नहीं हो पाता। इसके अलावा अफगान-संकट के समाधान में भी भारत की सीधी भूमिका बनती। वह मुजाहिदीन, तालिबान तथा ज़ाहिरशाही तत्त्वों को एक मंच पर लाने में भी इसलिए सफल होता कि पाकिस्तान की तरह अफगानिस्तान की अन्दरूनी राजनीति में भारत के कोई निहित स्वार्थ नहीं हैं। जो काम आज संयुक्तराष्ट्र कर रहा है, वह भारत करता और दक्षिण एशिया की क्षेत्रीय महाशक्ति होने का अपना दायित्व भी निभाता। लेकिन हमारे नेताओं में भविष्य-दृष्टि का अभाव है और बुनियादी समस्याओं में भी हमारे नौकरशाहों की अल्पकालिक रुचियाँ हमारी विदेश-नीति को उसके विराट् आयामों में प्रकट नहीं होने देती हैं। पिछले 20 वर्षों में मैंने अपनी पहल पर पहले मुजाहिदीन और बाद में कुछ तालिबान नेताओं से सीधे सम्पर्क कायम किए, जिनका फायदा भी भारत सरकार पूरी तरह नहीं उठा पाई। हमारा अपहृत विमान जिन दिनों कंधार में था, मैं संयुक्तराष्ट्र संघ से लौटते हुए लंदन में रुका था। मुजाहिदीन और तालिबान नेताओं ने पहले दो दिन मुझसे लंदन में संपर्क किया और उसके बाद भारत में। कंधार अपहरण-कांड के मौके पर तालिबान के साथ ऐसी सौदेबाज़ी हो सकती थी, जो पाकिस्तान के लिए बहुत महँगी पड़ती लेकिन इस तरह की नीति वही देश बना सकता है जिसके नेताओं में दूरदृष्टि हो और जो भारत को कोई साधारण राष्ट्र मानकर नहीं, क्षेत्रीय महाशक्ति मानकर चलते हों। असली प्रश्न यही है कि क्या तालिबान को पाकिस्तान के चंगुल से निकालने में भारत ने अपना दायित्व निभाया ?

पाकिस्तान न सिर्फ अफगानिस्तान को भारत के विरुद्ध इस्तेमाल करना चाहता था बल्कि वह उसे अपने उपनिवेश की हैसियत से मध्य एशिया और अपने बीच अनन्य सीढ़ी बनाना चाहता था। भारत की टक्कर में क्षेत्रीय शक्ति बनने के ख्वाब पाकिस्तान ने दस साल पहले से ही देखने शुरू कर दिए थे। सोवियत संघ के बिखरते ही पाकिस्तानी राष्ट्रपति फारूख लघारी और प्रधानमंत्री बेनज़ीर भुट्टो ने मध्य एशियाई राष्ट्रों की जितनी लोक-सम्पर्क यात्राएँ कीं, उतनी पाकिस्तानी नेताओं ने कभी नहीं कीं। मध्य एशियाई सोने की चिड़िया के शिकार के लिए पाकिस्तान को अफगानिस्तान के कंधे की जरूरत थी। वह उसे तालिबान ने दे दिया लेकिन पाकिस्तान ने यह कभी नहीं सोचा कि मध्य एशियाई राष्ट्रों से आनेवाली तेल और गैस की पाइप लाइनें उस अफगानिस्तान में कैसे बिछाई जाएँगी, जिसके हर महत्त्वपूर्ण इलाके पर स्थानीय क्षत्रपों का कब्जा है। अराजक अफगानिस्तान में पैसा लगाने के लिए कोई भी पश्चिमी कम्पनी तैयार नहीं हुई

और अफीम की आमदनी से तालिबान मालामाल हो गए। यानी मध्य एशिया की सुलतानी के पाकिस्तानी ख्वाब तो हवा हो ही गए, तालिबान भी हाथ से फिसल गए और अब तो तालिबान काबुल से भी फिसल गए।

ऐसी स्थिति में मुशर्रफ सरकार की बौखलाहट और घबराहट स्वाभाविक है लेकिन इसका मतलब यह कतई नहीं है कि काबुल की भावी सरकार नितान्त पाकिस्तान-विरोधी होगी। वास्तव में काबुल में फिलहाल कोई ऐसी सरकार टिक ही नहीं सकती, जो पाकिस्तान या ईरान के प्रति शत्रुतापूर्ण हो। भारत और रूस विरोधी सरकार तो वहाँ चल सकती है लेकिन किसी भी पड़ौसी देश को विरोधी बनाकर वहाँ कोई सरकार स्थिर और निरापद नहीं हो सकती, यह हाल ही के इतिहास ने सिद्ध कर दिया है। पाकिस्तान से तीन बार लगभग युद्ध की स्थिति में पहुँचनेवाले सरदार दाऊद जब दस साल बाद दुबारा सत्ता में आए तो उन्होंने कौन-सी नीति चलाई ? अपने आखिरी दिनों में दाऊद सरकार ने न केवल पाकिस्तान से मधुर संबंध बनाए अपितु भारत, एराक, ईरान और मिस्त्र जैसी मध्यम शक्तियों के साथ नए समीकरण तैयार किए ताकि काबुल अन्तरराष्ट्रीय तनाव का नहीं, पारस्परिक विकास का; महाशक्ति-प्रतिस्पर्धा का नहीं, मध्यम शक्ति सहयोग का तथा सम्पूर्ण दक्षिण एशिया के रूपान्तरण का केन्द्र बने। यह संभावना आज जिस तरह परवान चढ़ सकती है, पहले कभी नहीं चढ़ी। अमेरिका और रूस दोनों ही अफगानिस्तान के पुनर्निर्माण में अपना सक्रिय योगदान देना चाहते हैं। आज सारा विश्व और संपूर्ण संयुक्तराष्ट्र अफगानिस्तान के लिए अपनी थैलियों का मुँह खोलना चाहता है। यदि अफगानिस्तान शांत और स्थिर रहे और पाकिस्तान से उसके संबंध सहज रहें तथा पाकिस्तान होकर जानेवाला भारत-अफगान थल-मार्ग खुला रहे तो मध्य एशिया और दक्षिण एशिया दोनों ही क्षेत्र समद्धि और खुशहाली के अपूर्व दौर में प्रविष्ट हो सकते हैं। मध्य एशिया की अपार सम्पदा के दोहन की संभावनाएँ भारत और पाक को अपने झगड़े शीघ्र सुलझाने की प्रेरणा भी दे सकती हैं। भारत-पाक-अफगान त्रिकोण कायम रहे और उसकी एक भुजा, दूसरी भुजा को तंग न करे तो वह दक्षिण एशिया का त्रस्त नहीं, विश्वस्त त्रिकोण बन सकता है। अफगानिस्तान के बहाने सम्पूर्ण दक्षिण एशिया के दिन फिरने की वेला आ रही है, बशर्ते कि पाकिस्तान काबुल को अपनी महत्त्वाकांक्षाओं का अखाड़ा बनाने की कोशिश न करे। पाकिस्तान को काबुल में भारत से कोई खतरा नहीं है। यदि भारत और पाकिस्तान काबुल में एक-दूसरे को काटने से बाज़ आएँ तो सचमुच आतंक का अड्डा बना अफगानिस्तान समद्धि और सुरक्षा का सेतु बन सकता है।

बामियान के बुद्ध पर प्रहार

हताश तालिबान के पास अब तुरुप का कोई पत्ता नहीं रह गया था। वे बामियान के बुद्ध पर प्रहार नहीं करते तो क्या करते ? इस समय वही सबसे ऊँचा निशाना रह गया था। पिछले चार साल में अफगानिस्तान के सारे बेहतरीन पंख उन्होंने अपनी पगड़ी में खोंस लिए हैं। पहले कन्धार, फिर काबुल, उसके बाद मज़ारे-शरीफ, हज़ाराज़ात–लगभग पूरे अफगानिस्तान पर वे कब्जा कर चुके हैं। अब तो सिर्फ अहमदशाह मसूद की पंजशेर घाटी ही बची हुई है। अगर वे मसूद को हरा देते तो सारी दुनिया में एक बार फिर उनके परचम फहराने लगते। वे अपनी गिनती सिकन्दर, अतीला और चंगेज़ जैसे विश्व-विजेताओं में करते और संयुक्तराष्ट्र आदि को धता बताते लेकिन मसूद का वे बाल भी बाँका नहीं कर पा रहे हैं ! ऐसे में मसूद नहीं तो बुद्ध ही सही। बुद्ध के पास न तो तोप-तुफंग है और न ही मसूद की तरह रण-बाँकुरे ! हाँ, बुद्ध का नाम मसूद से भी बड़ा है, अफगानिस्तान से भी बड़ा है और दुनिया में ऐसा कौन है, जो बुद्ध को नहीं जानता। इसीलिए अगर खुद को बड़ा कहलवाना है तो सबसे बड़े पर प्रहार करो। बुद्ध पर तालिबान ने प्रहार किया, सारी दुनिया में उनका नाम हो गया। बदनाम होंगे तो क्या नाम न होगा ?

तालिबान की इतनी निन्दा और इतनी मिन्नतें, उस समय भी नहीं हुई थीं, जब उन्होंने पूर्व राष्ट्रपति नजीबुल्लाह को फाँसी के फन्दे पर लटका दिया था। दुनिया के सिर्फ बौद्ध और हिन्दू देशों ने ही नहीं, ईसाई और मुसलमान राष्ट्रों ने भी तालिबान की कार्रवाई को इस्लाम-विरोधी और बर्बरतापूर्ण बताया है। अगर तालिबान ने बुतशिकनी (मूर्ति-भंजन) का यह अभियान यह सोचकर चलाया है कि इस्लामी जगत में उनकी इज्जत बढ़ेगी तो मानना पड़ेगा कि वे चारों खाने चित हो गए हैं। जिन तीन राष्ट्रों–सउदी अरब, पाकिस्तान और संयुक्त अरब अमारात–ने तालिबान सरकार को मान्यता दे रखी है, उन्होंने भी उसका विरोध किया है। शायद इसी बहाने तालिबान सोच रहे हों कि संयुक्तराष्ट्र संघ उन पर लगाए प्रतिबंधों को उठा ले। संयुक्तराष्ट्र के प्रतिबन्धों से विकृत हो रही छवि को मुस्लिम जगत में चमकाने का

तालिबान-फार्मूला बिल्कुल फेल हो गया है। इतना ही नहीं, जेरुसलम के मुफ्ती, सदरुद्दीन आगा खान, इण्डोनेशिया, बर्मा, भारत तथा अरब देशों के अनेक इस्लामी विद्वानों ने भी तालिबान की भर्त्सना की है। सुरक्षा परिषद् ने भी कड़ी निन्दा की है। आज तालिबान की हालत यह हो गई है कि अगर कुछ राष्ट्र मिलकर उन पर संयुक्त आक्रमण कर दें तो उन्हें बचानेवालों को खोजना भी मुश्किल हो जाएगा। उसामा बिन लादेन को लेकर तीन साल पहले जब अमेरिका ने अफगानिस्तान में प्रक्षेपास्त्र फेंका था तो भारत जैसे देश के कुछ विशेषज्ञों ने उसका विरोध किया था। अगर आज मुल्ला उमर और मुल्ला रब्बानी की सम्पूर्ण सर्वोच्च परिषद् को ही प्रक्षेपास्त्रों से उड़ा दिया जाए तो उसका विरोध कौन करेगा ?

तालिबान ने एक ओर तो सारी दुनिया को अपने खिलाफ खड़ा कर लिया है और दूसरी ओर उसने अफगानिस्तान की जनता को भी अपना दुश्मन बना लिया है। दुनिया के किसी भी देश में अगर कोई अफगान बसा हुआ है तो आज उसका माथा शर्म से नीचे झुका हुआ है, क्योंकि तालिबान जो कुछ कर रहे हैं, वह अफगान-परम्परा के सर्वथा विरुद्ध है। अफगानों को अपने इतिहास पर बड़ा गर्व है। काबुल-संग्रहालय में अफगान सरकारों ने न केवल हजारों मूर्तियाँ और मुद्राएँ सुरक्षित रखी हुई थीं बल्कि अफगानिस्तान के दूर-दराज़ इलाकों में पाए जानेवाले वेदकालीन और बौद्धकालीन अवशेषों को भी सहेजकर रखा हुआ था। बामियान के बुद्ध ही नहीं, जलालाबाद के पास 'हद्दा' का संघाराम भी विश्व के आश्चर्यों में से एक रहा है। मैंने स्वयं उसे अब से 32 साल पहले देखा था। अब वह बिल्कुल नष्ट हो चुका है। चीन में सियान के मिट्टी के सिपाही, जैसे विश्व के आठवें आश्चर्य माने जाते हैं, वैसे ही 'हद्दा' के मण्मय भिक्षुगण भी माने जाते हैं। इस विश्व-सम्पदा को नष्ट करनेवाले तालिबान अन्तरराष्ट्रीय कानून का स्पष्ट उल्लंघन कर रहे हैं। उन्हें जितनी कठोर सज़ा दी जाए, कम है।

तालिबान ने यह मुहिम अगर इसलिए चलाई है कि वह अफगानिस्तान के मुसलमानों का दिल जीत लेंगे तो यह भी उनकी बड़ी गलतफहमी है। आज अफगान जनता को रोटी, कपड़ा, मकान चाहिए। दवा, शिक्षा और मनोरंजन चाहिए। लाखों लोग भूखे-प्यासे मर रहे हैं। अकाल, अव्यवस्था और अत्याचार के कारण लोग तालिबान विरोधी हो गए हैं लेकिन वे असहाय हैं, निहत्थे हैं, असंगठित हैं। क्या उनका ध्यान बँटाने का यही सर्वश्रेष्ठ तरीका तालिबान को सूझा है ? तालिबान दावा करते हैं कि 95 प्रतिशत अफगानिस्तान पर उनका कब्ज़ा है, फिर भी उन्हें अन्तरराष्ट्रीय मान्यता क्यों नहीं है ? उनका कब्ज़ा 95 प्रतिशत ज़मीन पर जरूर है लेकिन क्या ज़मीन ही राष्ट्र होता है ? क्या लोग राष्ट्र नहीं हैं ?

क्या अफगान लोग तालिबान के साथ हैं ? क्या आज काबुल की सरकार लोगों की मर्ज़ी से चल रही है ? सच्चाई तो यह है कि अफगानिस्तान के 50 प्रतिशत लोग भी तालिबान के साथ नहीं हैं। तालिबान संगठन और सरकार पर पठानों का पूरा कब्जा है, जो कि पूरे देश की आधी आबादी भी नहीं है। सारे पठान भी उनके साथ नहीं हैं। गैर-पठानों में ताज़िक, उज़्बेक, किरगिज, तुर्कमेन, हजारा, हिन्दू, सिख आदि अनेक जातियाँ हैं, जो कुल मिलाकर बहुमत में हैं और सारे अफगानिस्तान में फैली हुई हैं। इनमें से कोई भी तालिबान के साथ नहीं है। चार साल के कुराज के बाद अब लगता है कि तालिबान के पाँव उखड़ने लगे हैं। अगर मसूद के ताज़िक, दोस्तम के उज़्बेक और खलीली के हज़ारा लोग इन गर्मियों में एकजुट होकर हमला बोल दें तो कोई आश्चर्य नहीं कि पाकिस्तान की बैसाखी पर टिके तालिबान के पाँव इस बार उखड़ जाएँ। किसी आसन्न तूफान की आशंका के कारण तो कहीं तालिबान ने मूर्ति-भंजन का यह शिगूफा नहीं छोड़ा है ?

यों भी बामियान का इलाका तालिबान का सबसे भयंकर सिरदर्द रहा है। इस इलाके के ज्यादातर निवासी शिया हैं और हज़ारा हैं। यानी वे तालिबान की तरह न तो पठान हैं और न ही सुन्नी ! पठानों और हज़ारा लोगों में सदियों से बैर चला आ रहा है। हज़ारा लोगों को मंगोलों का वंशज माना जाता है और उनसे गुलामों और मज़दूरों का काम लिया जाता रहा है लेकिन साम्यवादी ज़माने में सुल्तानअली किश्तमंद जैसे लोग प्रधानमंत्री के पद तक पहुँचे और अनेक हज़ारा लोगों ने अन्य क्षेत्रों में भी सर्वोच्च पद प्राप्त किए। उन्होंने सत्ता पर पश्तून (पठान) एकाधिकार को चुनौती दी। बदकिस्मती यह हुई कि शिया होने के कारण उन्हें सिर्फ ईरान का समर्थन मिला जबकि पठानों को सुन्नी होने के कारण सउदी अरब और पाकिस्तान का समर्थन मिला। बुद्ध की प्रतिमाएँ जिन पहाड़ों में खुदी हुई हैं, वे इलाके हज़ारा और शिया लोगों के हैं। उनसे तालिबान को क्या मोह हो सकता है ? बल्कि उन्हें नष्ट करने से शिया लोगों को बहुत नुकसान होगा। पर्यटकों से होनेवाली आय का स्रोत बंद हो जाएगा, बुद्ध-प्रतिमाओं के कारण जो अन्तरराष्ट्रीय महत्त्व मिलता था, वह समाप्त हो जाएगा और वे सब बौद्ध-कन्दराएँ भी चूर-चूर हो जाएँगी, जिनका आश्रय लेकर हज़ारा छापामारों ने तालिबान सेना की नाक में दम किया हुआ है।

बुद्ध की प्रतिमाओं पर ही नहीं, तालिबान अन्य सभी मूर्तियों, चित्रों और अवशेषों पर प्रहार करेंगे। इस प्रहार को वे यह कहकर धार्मिक कृत्य बता रहे हैं कि इस्लाम मूर्ति-पूजा के विरुद्ध है और वे इस्लाम के सबसे सच्चे अनुयायी हैं। सबसे पहली बात तो यह कि स्वयं महात्मा बुद्ध मूर्ति-पूजा के समर्थक नहीं थे।

बुद्ध के समय में मूर्ति-पूजा भारत में प्रचलित ही नहीं थी। इसके अलावा बुद्ध ईश्वरवादी भी नहीं थे। जब ईश्वर ही नहीं है तो उसकी मूर्ति कैसे होगी ? बुद्ध की प्रतिमा को ईश्वर की मूर्ति कैसे माना जा सकता है ? मूर्ति का मतलब है मूर्त्त रूप यानी साक्षात रूप ! इस रूप में तो सभी पौराणिक हिन्दू भी मूर्ति-पूजा नहीं करते। सर्व-व्यापक भगवान की मूर्ति कोई कैसे घड़ सकता है ? सगुण-साकार महापुरुषों की जो मूर्तियाँ बनती हैं, राम, कृष्ण, शिव-गणेश आदि की, वे भी वास्तव में प्रतिमाएँ होती हैं, स्वयं भगवान नहीं होतीं। यह ठीक है कि मुहम्मद साहब के ज़माने में अरब लोगों में इतनी जहालत फैली हुई थी कि लोग मूर्तियाँ बनाकर उन्हें ही सर्वशक्तिमान भगवान मानने लगते थे। मुहम्मद साहब ने इस तरह की बुतपरस्ती का ही विरोध किया था। अगर तालिबान इस तरह का विरोध करना चाहें तो जरूर करें लेकिन बुद्ध की प्रतिमाओं को तोड़ने से इस्लाम की कौन-सी सेवा होगी ? जड़-पूजा का विरोध करना एक बात है और प्रतिमाओं को तोड़ना दूसरी बात है। जड़-पूजा का विरोध तो आर्यसमाजी भी करते हैं और मुसलमानों से ज्यादा करते हैं लेकिन प्रतिमाओं को ध्वस्त करना ध्येय बन जाए तो पाकिस्तान में तो कोहराम मच जाएगा। मुहम्मद अली जिन्ना के लाखों चित्रों की होली जलानी पड़ेगी, हजारों दरगाहों, कब्रों और मज़ारों को उखाड़ फेंकना होगा, क्योंकि वहाँ जाकर लोग धूप-बत्ती जलाते हैं और सिर नवाते हैं; अखबारों, किताबों और टेलिविज़न पर पाबंदी लगानी पड़ेगी, क्योंकि वे तस्वीरें पेश करते हैं; पेशावर और लाहौर के पुरातत्व संग्रहालयों को आग के हवाले करना होगा, क्योंकि वहाँ हजारों साल पुरानी मूर्तियाँ, चित्रोंवाले सिक्के और अन्य कलाकृतियाँ सुरक्षित हैं और क्या मिस्र के पिरामिडों, बेबीलोन के बागीचों, फारस की कलाकृतियों, यूनानी और रूसी भव्य प्रतिमाओं तथा मरियम और ईसा की मूर्तियोंवाले विशाल गिरजाघरों को इसीलिए नष्ट करना होगा कि उनमें से कई इस्लामी देशों में पाए जाते हैं ?

आखिर तालिबान चाहते क्या हैं ? क्या वे अफगानिस्तान के चालू मंदिरों, गुरुद्वारों और अन्य पूजा-स्थलों को भी नष्ट करने पर उतारू हैं ? यदि हाँ तो वे बुनियादी मानव अधिकारों का उल्लंघन तो करेंगे ही, इस्लाम को भी चोट पहुँचाएँगे। दुनिया के सैकड़ों देशों में बसे अल्पसंख्यक मुसलमानों की जिन्दगी में तालिबान ज़हर क्यों घोलना चाहते हैं ? क्या वे यह चाहते हैं कि इस्लामी स्थलों के साथ वही बर्ताव किया जाए जो बर्ताव वे गैर-इस्लामी स्थलों के साथ कर रहे हैं ? उम्मीद की जानी चाहिए कि 21वीं सदी की दुनिया इतनी सभ्य हो गई है कि वह दुनिया के मुसलमानों के साथ वह बर्ताव कभी नहीं करेगी, जो कई सदियों पहले स्पेन के ईसाइयों ने किया था। अफगानिस्तान के मुसलमान शासकों ने तो

इस मामले में अनेक अनुपम उदाहरण उपस्थित किए हैं। उन्होंने भारतीय हिन्दुओं को न केवल अपना सर्वथा विश्वसनीय अंगरक्षक नियुक्त किया बल्कि उन्हें अपने मंत्रिमंडलों और सलाहकार मंडलों में भी रखा। उन्होंने अफगानिस्तान की वित्त-व्यवस्था हिन्दू-व्यापारियों को ही नहीं सौंपी, उन्हें फौज और प्रशासन में भी अच्छे पद प्रदान किए। ज़ाहिरशाह और सरदार दाऊद के ज़माने में काबुल के आसामाई मंदिर का जीर्णोद्धार ही नहीं हुआ, हेरात, कंधार, गज़नी तथा छोटे-मोटे कस्बों में भी हिन्दुओं को यथेष्ट प्रोत्साहन मिला। अफगान एयरलाइन्स का नाम 'आर्याना' और 'आर्याना' नामक होटलों की एक श्रंखला सारे बड़े शहरों में खोली गई। बबरक कारमल और नजीब शासन ने इस मामले में विशेष दरियादिली दिखाई। यहाँ तक कि मुजाहिदीन की इस्लामी सरकार ने भी गैर-मुसलमानों को खुश रखने और गैर-इस्लामी भूतकाल को सुरक्षित रखने का दावा किया था।

आखिर तालिबान अपने भूतकाल को नष्ट क्यों करना चाहते हैं ? अफगानिस्तान में इस्लाम का इतिहास हजार साल से ज्यादा पुराना नहीं है। क्या एक हजार साल को जिन्दा रखने के लिए कई हजार सालों को मौत के घाट उतारना जरूर है ? अशोक, कनिष्क, हुविष्क, जयपाल, अनंगपाल और त्रिलोचनपाल जैसे बहादुर राजा लोग तथा पाणिनी जैसे महान वैयाकरण और गुरु गोरखनाथ जैसे संत अफगानों के पूर्वज हैं, इस तथ्य से तालिबान कैसे इन्कार कर पाएँगे ? वे इन्कार भी करें तो भी क्या होगा ? वे अपने चेहरे-मोहरे, भाषा-भूषा, भोजन-भजन को कैसे बदलेंगे ? इस्लाम के आने के बहुत पहले ही अफगान लोग संस्कृति के एक विलक्षण साँचे में ढल चुके थे। क्या तालिबान में इतनी हिम्मत है कि वे इस साँचे को तोड़ सकें ? मंगोल शासक चंगेज खान ने 13वीं सदी के शुरू में इस तरह की बहुत कोशिशें कीं लेकिन वह नाकाम रहा। उसने बल्ख जैसे महान शहरों को खाक में मिला दिया, मस्जिदों और सरायों का मूलोच्छेद कर दिया। एक-एक आदमी और औरत को मौत के घाट उतार दिया, सारे विलक्षण स्मारकों को नष्ट किया लेकिन नतीजा क्या हुआ? चंगेज कभी का ऊपर चला गया और अफगानिस्तान अब भी टिका हुआ है। अफगानिस्तान आगे भी टिका रहेगा और इस्लाम के नाम पर उसको तबाह करने की कोशिशें नाकाम हो जाएँगी।

12.3.2001

निशाना आतंकवाद है या उसामा?

कहते हैं कि ईश्वर के बाद दुनिया में अगर सबसे बड़ी कोई शक्ति है तो उसका नाम है–अमेरिका ! दुनिया की इस सर्वोच्च शक्ति का किस दर्दनाक ढंग से दर्प-दलन हुआ है, यह सब देख रहे हैं। विद्वानों की भाषा में अमेरिका को सैन्य-औद्योगिक सभ्यता कहा जाता है यानी सेना और उद्योग ये दो मर्म हैं, अमेरिका के ! इन दोनों मर्मों को आतंकवादियों ने भेद दिया। सैन्य-मर्म था, पेन्टगॉन और उद्योग-मर्म था, वर्ल्ड ट्रेड टॉवर ! व्हाइट हाउस बच गया, यह गनीमत रही ! यह हादसा सैकड़ों पर्ल हार्बरों से भी अधिक भयानक है ! 'पर्ल हार्बर' तो अमेरिका से हजारों मील दूर था और उस पर बाक़ायदा जापानी फौज ने आक्रमण किया था लेकिन पिछले खूनी मंगलवार को जिन लोगों ने दुनिया की सबसे बड़ी सैन्य-शक्ति की इज्ज़त धूल में मिला दी, उनके हाथ में बन्दूक भी नहीं थी, तलवार भी नहीं थी, बम-गोले भी नहीं थे। उन्होंने शेर को उसकी माँद में घुसकर घायल कर दिया। अब राष्ट्रपति बुश कह रहे हैं कि यह 21वीं सदी का पहला युद्ध है और वे आतंकवादियों और उनके सरपरस्तों को सबक सिखाएँगे।

क्या खाक सबक सिखाएँगे ? एक हफ्ता तो उन्होंने यही सोचने में लगा दिया कि कहीं ऐसा न हो जाए, कहीं वैसा न हो जाए। और अब जबकि कुछ करने का मन बनाया है तो उन्होंने अपनी बन्दूक के लिए कन्धा कौन-सा ढूँढ़ा है ? पाकिस्तान ! आतंकवाद का सबसे खूँखार सरपरस्त तो पाकिस्तान ही है। अमेरिका फिर उसी सरपरस्त के कंधे पर जा बैठा है। सयाना कौआ कहाँ जाकर बैठता है ? अमेरिका से बढ़कर बुद्धू राष्ट्र दुनिया में कोई हो सकता है ? वह मगरमच्छ की पीठ पर बैठकर मछलियाँ मारना चाहता है। क्या अमेरिकियों को यह पता नहीं कि तालिबान पाकिस्तान के हाथ के खिलौने हैं ? बेनज़ीर भुट्टो के गहमंत्री नसीरुल्ला बाबर ने खुलेआम स्वीकार किया था कि तालिबान की फौज 1994 में उन्होंने ही खड़ी की थी। उसे प्रशिक्षण, हथियार, पैसा और मैदानी मार्गदर्शन पाकिस्तान से ही मिलता रहा है। पाकिस्तान ने ही सबसे पहले उसे राजनयिक मान्यता दी थी। अब डर के मारे अगर पाकिस्तान यह कह रहा है कि उसामा को

पकड़ने में वह अमेरिका की मदद करेगा तो अमेरिका इस पाकिस्तानी चाल में क्यों फँस रहा है ? यदि उसामा को पाकिस्तान पकड़वा भी दे तो क्या इससे आतंकवाद समाप्त हो जाएगा ? पकड़े जाने की बजाय उसामा मरना अधिक पसंद करेगा। वह जिन्दा मिल गया तो भी क्या होगा ? वह थोड़े भेद जरूर बता सकता है लेकिन सारी दुनिया में फैले हुए आतंकवाद के विष-बीजों को अमेरिका नष्ट कैसे करेगा ? लगता है, अमेरिका का निशाना आतंकवाद नहीं, उसामा है। अभी तक उसामा के विरुद्ध कोई ठोस प्रमाण नहीं है। फिर भी अगर उसामा को पकड़ लें या मार दें तो बुश की गद्दी बच जाएगी, वरना वे राष्ट्रपति की कुर्सी में तो बैठे रहेंगे लेकिन उनकी इज्ज़त जिमी कार्टर से भी कम रह जाएगी, जिन्होंने तेहरान के अमेरिकी दूतावास को ईरानियों के कब्ज़े से छुड़ाने के लिए ईरान के पुश्ते-बदम में फौजें उतार दी थीं। लेकिन वे फौजें कुछ नहीं कर सकीं। अपना-सा मुँह लेकर वापस चली गईं। अफगानिस्तान में भी अमेरिका क्या कर लेगा ? उसामा के बहाने बेचारे नंगे-भूखे अफगानों को फिर एक आग के दरिया से गुजरना पड़ेगा।

यदि सिर्फ प्रक्षेपास्त्रों और बमबारी के दम पर उसामा को खत्म किया जा सकता होता तो अमेरिका उसे 1998 में ही खत्म कर देता। 1998 में अमेरिका ने प्रक्षेपास्त्र चलाए जरूर लेकिन वे अपने साथ अमेरिका की इज्ज़त को भी लेकर कहीं गलत जगह जा पड़े। अगर अमेरिका अब भी सिर्फ वही शैली अपनाएगा तो बुरी तरह मात खाएगा। क्या अमेरिकियों को यह पता नहीं कि अफगानिस्तान के ऊँचे-ऊँचे पहाड़ एक-दूसरे के उतने ही नज़दीक होते हैं जितनी कि न्यूयॉर्क की अट्टालिकाएँ ! उनके बीच जहाज और प्रक्षेपास्त्र कैसे चलेंगे ? गहरी खाइयों और पहाड़ों की कन्दराओं में छिपे अफगानों ने डेढ़ सौ साल पहले अंग्रेजों और पन्द्रह साल पहले रूसियों के दाँत इतने खट्टे कर दिए थे कि अब अमेरिका इस भूल को दोहराना क्यों चाहेगा ? अफगानिस्तान में फौजियों को उतारे बिना अमेरिका को सफलता कैसे मिलेगी ? क्या वह यह उम्मीद कर रहा है कि पाकिस्तान के फौजी अमेरिका के लिए तालिबान का खून बहाएँगे ? ताज़िक नेता अहमदशाह मसूद की हत्या ने भी अमेरिका के हाथ कमज़ोर कर दिए हैं। यदि अब भी ताज़िक, उजबेक और हजारा जवानों को आगे कर दिया जाए और उन्हें डटकर सैन्य-सहायता दी जाए तो तालिबान को धराशायी किया जा सकता है। इस समय अमेरिकी बन्दूक के लिए केवल पाकिस्तान का कन्धा काफी नहीं है, भरोसेमन्द भी नहीं है। जरूरी यह है कि संयुक्तराष्ट्र संघ के तत्वावधान में अन्तरराष्ट्रीय फौजें उतारी जाएँ लेकिन सुरक्षा-परिषद् में सर्वानुमति कैसे होगी ? अभी तो नाटो के सदस्य भी एकमत नहीं हैं। ट्रेड टॉवर और पेन्टगॉन उसामा के मत्थे कैसे मढ़े जाएँगे ?

अपनी इज़्ज़त लुट जाने के बाद भी जो अमेरिका एक हफ्ते तक इंतजार कर सकता है, वह थोड़ी देर और क्यों नहीं रुक सकता ? हड़बड़ी में कच्चा काम करने की बजाय वह आतंकवाद के विरुद्ध पुख्ता कदम क्यों नहीं उठाता ?

आतंकवाद का सबसे बड़ा भुक्तभोगी भारत है। अमेरिका अगर भारत की सक्रिय सहायता ले तो दुनिया के अनेक देश अमेरिकी कार्रवाई को जवाबी आतंकवाद की संज्ञा नहीं दे पाएँगे। अगर अमेरिका अकेले जूझेगा तो दुनिया उसे अमेरिकी दादागीरी का नया पैंतरा मानेगी और अमेरिका वियतनाम जैसे नए दलदल में दुबारा फँस जाएगा। अकेली अमेरिकी कार्रवाई 'सभ्यताओं के संघर्ष' का रूप भी धारण कर सकती है यानी इस्लाम और ईसाइयत की भिड़ंत ! यह इस्लाम और ईसाइयत की भिड़ंत बिल्कुल भी नहीं है। अगर होती तो मुस्लिम आतंकवादी पहले रोम और लन्दन पर प्रहार करते, जो कि ईसाइयत के गढ़ हैं तथा ईसाई अमेरिका सउदी अरब और ईरान पर प्रहार करता, जो कि इस्लाम के गढ़ हैं। इसके बावजूद गलतफहमी तो फैल ही रही है। ऐसे में अमेरिका को चाहिए कि वह अनेक मुस्लिम, बौद्ध और भारत जैसे गैर-ईसाई राष्ट्रों को भी अपने साथ ले। केवल पाकिस्तान का साथ अमेरिका की इस्लाम-विरोधी छवि को ढँक नहीं पाएगा। सारी दुनिया अब अच्छी तरह जान गई है कि पाकिस्तान इस्लाम की सिर्फ माला जपता है। अपनी गोटी गरम करने के लिए वह कभी भी इस्लाम को धता बता सकता है। वह कोई सम्प्रभु राष्ट्र नहीं है, पिट्ठू है, दलाल है, पिछलग्गू है। उसे जिस तरह से कोई मोड़ना-घुमाना चाहे, मोड़-घुमा सकता है। क्या पाकिस्तान ने रमजी यूसुफ और ऐमल कांसी को अमेरिका के हवाले नहीं कर दिया था ? तब उसका इस्लाम और उसकी सम्प्रभुता कहाँ हवा हो गई थी ? क्या हमें याद नहीं कि अरब देशों में जाकर जनरल ज़िया ने पाकिस्तानी सेनापति के रूप में फलस्तीनी मुसलमानों का संहार किया था ? उन्होंने इस्लाम का ज़रा भी लिहाज़ नहीं किया। इसी प्रकार सरदार दाऊद के ज़माने में अफगानिस्तान पर पाकिस्तान ने दो बार युद्ध छेड़ दिया था। अब भी अमेरिकी मालिकों को खुश करने के लिए उसे उसामा बिन लादेन की पीठ में छुरा भोंकना पड़ेगा तो क्या वह चूकेगा? इसके अलावा वह भारत-पाक घनिष्टता को बढ़ने से रोकने के लिए बड़ी से बड़ी कीमत चुका सकता है। पाकिस्तानी सत्ताधीश अपनी कुर्सी और जान, दोनों ही खतरे में डाल सकते हैं। अन्दरूनी विरोध के बावजूद वे अमेरिका की कदमबोसी में लगे हुए हैं। वास्तव में पाकिस्तान की लार टपक रही है। बड़ी बेशर्मी से उसने यह सिद्ध कर दिया है कि वह किसी वेश्या से कम नहीं है। अमेरिका उसे चाहे जैसे इस्तेमाल करे बशर्ते कि उसका कर्ज़ माफ़ कर दे, कश्मीर में हस्तक्षेप करे और अफगान-कार्रवाई से भारत और इस्राइल

को दूर रखे। अगर अमेरिका इन शर्तों को मानता है तो यह सिद्ध हो जाएगा कि राष्ट्रपति बुश की आतंकवाद को नष्ट करने की प्रतिज्ञा कोरा शब्द-जाल है और उसामा को पकड़ने का नाटक वे सिर्फ अपनी कुर्सी बचाने के लिए कर रहे हैं।

यह परिदृश्य भारत के लिए बहुत ही नुकसानदेह है। अमेरिका-पाक साँठ-गाँठ का मतलब है, ज़िया के ज़माने की साजिश का दुबारा जिन्दा हो जाना। कैसी विडम्बना है कि 20 साल पहले अफगानिस्तान के कम्युनिस्टों को पीटने के बहाने अमेरिका ने पाकिस्तान को अपना मोहरा बनाया था और अब वह अपने ही मोहरे को पीटने के लिए दुबारा पाकिस्तान को अपना मोहरा बना रहा है। उसामा सी.आई.ए. का ऐजेन्ट रहा है और अमेरिकियों के आशीर्वाद से ही उसने रूसियों और साम्यवादी अफगानों के विरुद्ध मोर्चा खोला था। उसामा पकड़ा जाएगा या नहीं, यह अनिश्चित है लेकिन पाक-अमेरिकी साँठ-गाँठ के कारण कश्मीर में आतंकवाद को बढ़ावा मिलेगा, इसमें ज़रा भी सन्देह नहीं है। यदि अमेरिका को सचमुच आतंकवाद खत्म करना होता तो वह पाकिस्तान की बजाय भारत से बात करता और पाकिस्तान के बाएँ (अफगानिस्तान में) और दाएँ (पाक अधिकृत कश्मीर में) जितने भी आतंकवादी अड्डे सक्रिय हैं, उनका एक ही झटके में सफाया कर देता लेकिन अब अमेरिका आतंकवाद की एक भुजा पर प्रहार करेगा और दूसरी भुजा पर मालिश करेगा। इतना ही नहीं, कोई आश्चर्य नहीं कि उसामा-नाटक का पटाक्षेप होते ही अमेरिका अफगानिस्तान से उपराम हो जाएगा और तालिबानी आतंक के कुकुरमुत्ते फिर अपना सिर ऊपर उठा लेंगे। तालिबान का अफगानिस्तान की 90 प्रतिशत जमीन पर अधिकार जरूर है लेकिन 90 प्रतिशत जनता उनके साथ नहीं है। आज जरूरत इस बात की है कि अफगानिस्तान से तालिबान-शासन का समूलोच्छेद किया जाए। वहाँ शांति और लोकतन्त्र की स्थापना हो। सिर्फ उसामा के हटने से आतंक का पटाक्षेप नहीं होगा। यदि आज अमेरिका पाकिस्तान की बिल्कुल भी गर्ज़ न करे और सीधे अफगानिस्तान पर प्रहार करे बल्कि कब्ज़ा कर ले तो भी पाकिस्तान कुछ नहीं कर सकता। दुनिया भी उंगली नहीं उठाएगी, क्योंकि न्यूयॉर्क और वाशिंगटन की घटनाओं ने सारे संसार का मन ऐसा बना दिया है कि वह दाँत के बदले दाँत और आँख के बदले आँख निकालने का बुरा नहीं मानेगी। असली प्रश्न यह है कि बुश-प्रशासन में हिम्मत कितनी है ?

17.9.2001

भारत को बौखलाने की ज़रूरत नहीं

यदि अमेरिका का निशाना सिर्फ उसामा बिन लादेन है तो यह अच्छा ही हुआ कि अमेरिका ने अपने अफगान-अभियान में भारत को शामिल नहीं किया। भारत ने अमेरिका के लिए जैसा उत्साह दिखाया, वैसा उत्साह तो नाटो के अनेक सदस्यों ने भी नहीं दिखाया। पहले भारत के विदेश मंत्री ने अमेरिका को सभी प्रकार की सुविधाएँ देने की घोषणा की और बाद में प्रधानमंत्री ने सारे देश का आह्वान किया कि इस आतंकवाद विरोधी युद्ध में कूदने के लिए वह तैयार हो जाए। अमेरिका को यह सब बिना माँगे ही दे दिया गया। हमारे विदेश मंत्री से बात करने में अमेरिकी विदेश मंत्री ने चार दिन लगा दिए और अमेरिकी राष्ट्रपति ने हमारे प्रधानमंत्री से बात करने में छह दिन लगा दिए। इसी से पता चलता है कि फिलहाल अमेरिका की नज़र में भारत का महत्त्व कितना है ? अगर अमेरिका का निशाना आतंकवाद होता तो वह आगे होकर भारत से बात करता लेकिन उसका लक्ष्य तो सिर्फ उसामा है। उसामा को पकड़ने में पाकिस्तान निश्चय ही मददगार हो सकता है। इसीलिए अमेरिकी राष्ट्रपति और विदेश मंत्री ने पाकिस्तानी नेताओं से बार-बार बात की।

प्रश्न यह है कि भारत ने जो किया, क्या वह गलत था ? क्या भारत बुद्धू बन गया ? क्या भारत के हाथ के तोते उड़ गए ? क्या कोई अवसर हाथ आता-आता फिसल गया ? यह सब प्रश्न सही होते और अपना उत्तर भी स्वयं ही होते, बशर्ते कि अमेरिका का युद्ध आतंकवाद के विरुद्ध होता। यदि अमेरिका का युद्ध आतंकवाद के विरुद्ध होता तो इसमें क्या शक है कि भारत उसका स्वाभाविक नेता होता। अमेरिका ने तो अभी एक ही सप्ताह दहशत के साये में बिताया है, भारत को दस साल से भी ज्यादा हो गए हैं, अनवरत आतंक का सामना करते हुए। उसकी एक महाप्रतापी प्रधानमंत्री और एक पूर्व (एवं भावी) प्रधानमंत्री भी आतंकवाद के शिकार हुए हैं। गिरे हुए ट्रेड टॉवर फिर से खड़े किए जा सकते हैं लेकिन इंदिरा गाँधी और राजीव गाँधी कहाँ से लाए जा सकते हैं ? टॉवर और पेन्टगॉन में दिवंगत लोगों के प्रति हमारी गहरी सहानुभूति है लेकिन पंजाब और कश्मीर में मरे लोगों

की जिन्दगी कोई कम कीमती नहीं थी। वहाँ मरनेवालों की अनुमानित संख्या पाँच हजार है जबकि पंजाब और कश्मीर में एक लाख से अधिक लोग आतंकवाद के कराल गाल में समा चुके हैं। 11 सितम्बर 2001 यदि दुनिया याद रखेगी तो वह 11 मार्च 1993 कैसे भूल जाएगी ? उस दिन मुंबई में लगभग वैसा ही कहर बरपा हुआ था, जैसा कि पिछले हफ्ते न्यूयॉर्क और वाशिंगटन में हुआ है। अगर उसामा बिन लादेन विश्व का सबसे खूँखार अपराधी है तो दाऊद इब्राहीम को आप किस श्रेणी में रखेंगे ? दूसरे शब्दों में आतंकवाद का जैसा भुक्तभोगी भारत है, दुनिया का कोई और देश नहीं है।

इसीलिए अमेरिकी राष्ट्रपति जॉर्ज बुश ने आतंकवाद के विरुद्ध जब युद्ध की विधिवत घोषणा की तो भारत का उत्साहित होना बिल्कुल स्वाभाविक था। इसीलिए प्रधानमंत्री और विदेश मंत्री पर यह आरोप लगाना उचित नहीं है कि वे अमेरिका के आगे पसर गए, लेकिन यह तो सत्य ही है कि हमारा विदेश मंत्रालय यह जानने में असमर्थ रहा कि अमेरिका की असली मंशा क्या है ? जिस देश के लिए हम हथेली लगाने को बेताब हैं, क्या उसका असली इरादा हमें पता नहीं होना चाहिए ? अब जबकि अमेरिका का असली इरादा जाहिर होता जा रहा है, हमारे नेताओं की बौखलाहट बढ़ती जा रही है। सरकारी प्रवक्ता के तौर पर कुछ नेता ऐसी शब्दावली का प्रयोग कर रहे हैं, जिसका प्रयोग विशेषज्ञों और पत्रकारों के मुँह से तो शोभा देता है और अपेक्षित भी है लेकिन उनके मुँह से निकलने पर वे ही शब्द उलटा अर्थ ढोते हुए दिखाई पड़ते हैं। विरोधी नेता अगर सरकार की इस हेठी का लाभ उठाएँ तो इसमें अचरज क्या है ? विरोधी नेता हवा में घूँसे चला रहे हैं। वे खरगोश के सींग मरोड़ रहे हैं। पानी बिलोकर मक्खन निकाल रहे हैं। वे सरकार को चेता रहे हैं कि वह भारत की ज़मीन का बेजा इस्तेमाल न होने दें। अमेरिकियों को कोई सैन्य-सुविधा न दी जाए। भारत से ज़मीन और सैन्य सुविधा कौन माँग रहा है ? इस तरह की बहादुराना सलाह देनेवाले नेतागण शायद भूल गए कि चन्द्रशेखर-सरकार ने एराक पर बमबारी करनेवाले अमेरिकी युद्धक-विमानों को भारतीय हवाई अड्डों पर तेल भरने की सुविधा दी थी और जवाहरलाल नेहरू और लालबहादुर शास्त्री के ज़माने में अमेरिकियों ने भारत सरकार की अनुमति से हिमालय-क्षेत्र में ऐसे यन्त्र लगाए थे, जो चीनी परमाणु गतिविधियों पर निगरानी रखते थे।

यह सही है कि पाकिस्तान की तरह भारत ने कभी किसी यू-2 विमान को अपनी ज़मीन पर उड़ान नहीं भरने दी लेकिन तब भारत गुट-निरपेक्ष राष्ट्र था और पाकिस्तान अमेरिकी गुट का विनम्र सदस्य था। अब न तो कोई गुट हैं और

न ही कोई शीत-युद्ध ! और अब रूस या चीन के विरुद्ध जासूसी का भी मौका नहीं है। इस समय तो एक ही लक्ष्य है कि विश्व से आतंकवाद का उन्मूलन कैसे किया जाए ? अगर इस लक्ष्य की पूर्ति के लिए भारत आगे बढ़कर सहयोग नहीं करेगा तो कौन करेगा ? क्या भारत ने दर्जनों बार यू.एन. के झण्डे तले अपनी फौजें विदेशों में तैनात नहीं की हैं ? वैसे भी अफगानिस्तान में भारतीय फौजें उतारने का प्रस्ताव अभी तक तो किसी के भी दिमाग में नहीं आया है। फौजें उतारे बिना ही भारत के एक पन्थ से दो काज भी सिद्ध हो सकते थे। आतंकवाद का सफाया और पाकिस्तान को नकेल पहनाना, दोनों काम एक साथ होते। यदि अमेरिका भारत की ज़मीन और अन्य साधन इस्तेमाल करता तो पाकिस्तान के बाएँ (अफगानिस्तान) और दाएँ (कश्मीर), दोनों बाजू के आतंकवाद का सफाया होता। इसमें बुरा क्या होता, गलत क्या होता, अनुचित क्या होता ? बल्कि भारत और अमेरिका के सम्बन्ध आनेवाली कई पीढ़ियों तक घनिष्टतम हो जाते। भारत कोई बहरीन या कुवैत नहीं है कि जहाँ अमेरिका जमकर बैठ जाता या पनामा या डोमिनिकन रिपब्लिक नहीं है कि उसे सदा के लिए काबू कर लेता या पाकिस्तान नहीं है, जिसे वह अनन्तकालीन बैसाखियों पर लटका देता। भारत, भारत है। कोई भी राष्ट्र उसे अपना पिट्ठू, पिछलग्गू या छुटभय्या की तरह इस्तेमाल नहीं कर सकता।

यदि उसामा के विरुद्ध भी अमेरिका और भारत एक हो जाते तो मजबूर होकर पाकिस्तान को उनके साथ आना पड़ता। ऐसे में रणनीति के दो चरण होते। पहले चरण में उसामा और अफगानिस्तान की सफाई होती और दूसरे चरण में कश्मीर की सफाई होती। अगर पहले चरण में पाकिस्तान सच्चे मन से साथ देता तो यह असम्भव नहीं था कि कश्मीर की समस्या हल होती हुई दिखाई पड़ती। अगर नहीं भी होती तो कम से कम सार्थक संवाद की शुरूआत तो हो ही जाती। लेकिन अब क्या होगा ? अब अमेरिका अपनी दो आँखों में दो दष्टियाँ रखेगा। एक आँख से वह अफगानिस्तान देखेगा और दूसरी आँख से कश्मीर ! दोनों आँखें अलग-अलग दश्य देखेंगी और उन दश्यों को एक-दूसरे से घुलने-मिलने नहीं दिया जाएगा। एक आँख आतंकवाद को डूबता हुआ देखेगी और दूसरी उसे उभरता हुआ। यानी अफगान-अभियान कश्मीरी आतंकवाद के लिए लाइसेंस का काम भी कर सकता है। इस तरह अमेरिकी नेता अपने संकीर्ण राजनैतिक स्वार्थ को अपना राष्ट्रहित समझ बैठेंगे और अपना सारा ध्यान उसामा पर केन्द्रित कर लेंगे तो उनकी कार्रवाई आतंकवाद के विष-वक्ष को उखाड़ने का नहीं, सींचने का काम करेगी। ऐसे में यदि भारत अभी अलग-थलग पड़ गया है तो यह अच्छा ही है। वह अमेरिकी

तोप का भूसा क्यों बने ? यह रोल पाकिस्तान को मुबारक ! इस दोमुँहे रोल का असर पाकिस्तानी समाज पर क्या पड़ेगा और इस्लामी दुनिया में उसकी तस्वीर कैसे तार-तार होगी, यह देखने लायक दृश्य बनेगा। पाकिस्तान को यह डर भी होगा कि उसामा-अध्याय बन्द होते ही कहीं उसका जलवा भी फीका नहीं पड़ जाए। अमेरिका को उसकी जनता और दुनिया इतना दबाएगी कि आखिरकार उसे आतंकवाद के विरुद्ध सचमुच कमर कसनी ही पड़ेगी। उस स्थिति में रास्ता पाकिस्तान होकर नहीं, पाकिस्तान को रौंदते हुए आगे जाएगा। वह रास्ता भारत और संयुक्तराष्ट्र संघ होता हुआ जाएगा। भारत को अभी धैर्य खोने और बौखलाने की जरूरत नहीं है। वह तेल देखे और अभी तेल की धार देखे।

19.9.2001

उसामा का जिन्न और जिन्ना के सपने

जैसी मुसीबत जनरल मुशर्रफ को हो रही है, वैसी क्या कभी किसी अन्य पाकिस्तानी नेता को भी हुई ? अमेरिकी पहली बार पाकिस्तान नहीं आ रहे हैं। अब से 21 साल पहले भी वे आए थे और अब भी आ रहे हैं लेकिन तब और अब में जमीन-आसमान का फर्क है। तब जनरल ज़िया के लिए कहा जाता था कि उनके जैसा भाग्यशाली कौन होगा ? अल्लाह ने अरबों के लिए तेल भेजा तो ज़िया के लिए रूसी भेज दिए। रूसियों को अफगानिस्तान से खदेड़ने के नाम पर ज़िया को क्या-क्या नहीं मिला ? डॉलर, हथियार, राजनैतिक समर्थन, इस्लामी देशों का आभार ! पश्चिमी देश पाकिस्तान में लोकतन्त्र लाने की बात भी भूल गए और उसकी परमाणु-तैयारियों की भी उन्होंने अनदेखी कर दी। पूरा पाकिस्तान ज़िया के पीछे चट्टान की तरह खड़ा हो गया लेकिन बेचारे मुशर्रफ का क्या हाल है ?

वे एक तरफ साहिल और दूसरी तरफ तूफान से टकरा रहे हैं। उन्हें सफाइयाँ पेश करनी पड़ रही हैं। वे हकला रहे हैं। जो बातें बताने लायक नहीं होतीं, वे बतानी पड़ रही हैं। वे पाकिस्तानी जनता को बता रहे हैं कि अगर वे अमेरिका का साथ नहीं देते तो पाकिस्तान बर्बाद हो जाता। पाकिस्तान की कुर्सी में भारत आ बैठता। अमेरिका और भारत मिलकर अफगानिस्तान पर कब्जा कर लेते और पाकिस्तान को भी तबाह कर देते। पाकिस्तानी परमाणु-संयन्त्र तो खत्म हो ही जाते, कश्मीर का सवाल भी सदा के लिए दफ़न हो जाता। अब जबकि वे अमेरिका के साथ हैं, उन्होंने एक पत्थर से कई चिड़ियाँ मार लीं। न सिर्फ पाकिस्तान पर से प्रतिबन्ध उठ रहे हैं बल्कि उसके पुराने कर्ज़े माफ होंगे और नए मिलेंगे। डॉलरों की नदियाँ बहेंगी। कश्मीर पर अमेरिका को अब ज्यादा दबाया जा सकेगा। कट्टरपंथी ताकतें मुशर्रफ का जितना विरोध करेंगी, उतने ही अनुपात में अमेरिका मुशर्रफ का आभारी होगा और आभार के अनुपात में ही अमेरिकी तिजोरियों के मुँह खुलेंगे। इसके अलावा मुशर्रफ का गणित यह भी रहा होगा कि अमेरिका का साथ देने के कारण उनका पव्वा आगे भी बना रहेगा यानी भविष्य का अफगानिस्तान कैसा हो, यह तय करते समय पाकिस्तान की राय भी पूछी जाएगी।

यदि अभी पाकिस्तान अमेरिका का विरोध करता तो भावी अफगानिस्तान की रचना में से वह गायब हो जाता। दूसरे शब्दों में मुशर्रफ पाकिस्तान की जनता को यह समझा रहे हैं कि उन्होंने जो फैसला किया है, वह पाकिस्तान के शुद्ध राष्ट्रहित को ध्यान में रखकर किया गया है। वे इस्लामी तत्त्वों को यह बताने पर भी मजबूर हो गए कि कैसे खुद पैगम्बर मुहम्मद साहब ने लचीला और व्यावहारिक रास्ता अपनाया था। लेकिन मुशर्रफ की गुहार कौन सुन रहा है ?

सिर्फ राजनैतिक दल सुन रहे हैं और कुछ आधुनिक लोग सुन रहे हैं। नवाज शरीफ़ और बेनज़ीर भुट्टो की पार्टियों ने मुशर्रफ का समर्थन कर दिया है। लेकिन ये दोनों नेता देश-निकाला भुगत रहे हैं। पाकिस्तान की आम जनता में इनकी पार्टियों की कितनी इज्ज़त है, कैसे पता चले। एक हफ्ता बीत गया, ये पार्टियाँ अभी तक आतंकवाद या उसामा के विरुद्ध छोटा-सा जुलूस भी नहीं निकाल पाई जबकि इस्लामी संगठनों ने इस बीच लाखों लोगों को सड़क पर उतार दिया है। हजारों नौजवान आत्मघाती दस्तों में जान देने की शपथ ले रहे हैं और अमेरिकियों से लड़ने का आह्वान कर रहे हैं। यह ठीक है कि इस्लामी पार्टियों को आज तक कभी 10 प्रतिशत वोट भी नहीं मिले हैं लेकिन पाकिस्तान में अभी जो हो रहा है, वह चुनाव नहीं है। इस समय पाकिस्तान के भविष्य की इबारत लिखी जा रही है। मुशर्रफ ने यह ठीक कहा है कि 1971 के बाद का यह सबसे कठिन समय है।

यह समय तय करेगा कि बचा-खुचा पाकिस्तान अब सही-सलामत भी रहेगा या नहीं और अगर रहेगा तो उसका स्वरूप क्या होगा ? भविष्य का पाकिस्तान जिन्ना के सपनों का आधुनिक, गैर-साम्प्रदायिक और आगेदेखू देश होगा या कोई तालिबानीकृत कठमुल्लों का पीछेदेखू देश होगा ? जिन्ना के सपनों को उसामा का जिन्न कहीं जीम तो नहीं जाएगा ? सबसे पहला सवाल तो यही है कि अफगानिस्तान और पाकिस्तान के सीमावर्ती क्षेत्रों में बसनेवाले पश्तोभाषी पठान लोग कहीं एक तो नहीं हो जाएँगे ? अंग्रेजों ने 1893 में डूरेंड सीमा-रेखा खींचकर उन्हें अलग करने की लाख कोशिश की लेकिन डूरेंड सीमा को न तो अफगान सरकारों ने कभी औपचारिक मान्यता दी और न ही पठानों ने उसे कभी माना। 19वीं सदी के अमीर अब्दुर रहमान ने मजबूरी में इस रेखा पर हाँ भरी थी लेकिन सरदार दाऊद ने तो इस रेखा को चुनौती देने के लिए ही 1955 और 1961-63 में पाकिस्तान के साथ जंग छेड़ दी थी। इस समय कन्धार और काबुल में राज कर रहे तालिबान चाहे पाकिस्तानियों की कठपुतली माने जाएँ लेकिन वे भी डूरेंड-रेखा को नहीं मानते। उनके पहले पाकिस्तानपरस्त समझे जानेवाले मुजाहिदीन ने भी सत्तारूढ़ होते ही डूरेंड-रेखा पर प्रश्न-चिह्न लगा दिया था। यदि तालिबान और

पाकिस्तान में सचमुच टक्कर हो गई तो कोई आश्चर्य नहीं कि अफगानिस्तान और पाकिस्तान के सारे पठान मिलकर एक नया राष्ट्र ही खड़ा कर दें, जिसका नाम होगा, पश्तूनिस्तान। तालिबान संगठन मूल रूप से पठानों का संगठन है। यदि अफगानिस्तान के ताज़िक, उज़बेक, हज़ारा, तुर्कमान वगैरह अमेरिकी मदद से उत्तरी और पश्चिमी हिस्सों पर कब्जा कर लेंगे तो पूर्वी अफगानिस्तान और उत्तर-पश्चिमी पाकिस्तान के सारे पठान अपने लिए कोई नया देश खड़ा कर लें, यह सर्वथा स्वाभाविक है। ऐसे में बलूचिस्तान का भड़कना और उस आग का सिन्ध में फैल जाना भी कठिन नहीं होगा। दूसरे शब्दों में पाकिस्तान अपना भस्मासुर खुद बन सकता है। जिस तालिबान को उसने अपने हाथ के खिलौने की तरह खड़ा किया, वह तालिबान ही उसके विनाश का कारण बन सकता है।

इस खतरे से मुशर्रफ सावधान दिखाई पड़ते हैं। उन्होंने अभी तक तालिबान के विरुद्ध कुछ भी नहीं बोला है। वे ठिठक रहे हैं। वे सिर्फ उसामा को पकड़ने में सहायक की भूमिका निभाते हुए दिखाई पड़ रहे हैं। उसामा को पकड़ने का नाटक नवाज़ शरीफ ने भी किया था। 1997 में क्लिंटन के अनुरोध और सउदी अरब की पहल पर पाकिस्तान ने उसामा के विरुद्ध कुछ दिखावटी कार्रवाई की थी। इसी प्रकार जब अमेरिका ने 20 अगस्त 1998 को उसामा पर क्रूज़ मिसाइल बरसाए तो नवाज़ शरीफ सरकार और पाकिस्तानी गुप्तचर सेवा ने उसे पहले ही आगाह कर दिया था। इसीलिए वह तो बच गया लेकिन अमेरिका की इज्ज़त नहीं बची। क्या पता कि वही चाल अब मुशर्रफ को भी चलनी पड़े ? अमेरिका दूसरी बार बुद्धू बन सकता है लेकिन उस बार अमेरिका उसामा से सउदी परिवार की लड़ाई लड़ रहा था और इस बार वह उससे खुद की लड़ाई लड़ रहा है। यदि अमेरिकियों को शक हो गया कि मुशर्रफ सरकार कुछ चालबाज़ी कर रही है तो पाकिस्तान को तगड़ा खामियाज़ा उठाना पड़ेगा।

मुशर्रफ एक तरफ तालिबान से टकरा सकते हैं और दूसरी तरफ वे सारे इस्लामी जगत का निशाना बन सकते हैं। उसामा बिन लादेन को पाकिस्तानी जनता तो महानायक मानती ही है, सारे इस्लामी जगत में उसे उसी सम्मान के साथ देखा जाता है, जैसे कभी तीसरी दुनिया में शे गेवारा को देखा जाता था। शिया जगत में जो हैसियत आयतुल्लाह खुमैनी की बन गई थी, लगभग वही छवि सारे इस्लामी जगत में उसामा की बन गई है। इसका श्रेय मूलत: अमेरिका को ही है। उसामा उसी की देन है।

उसामा की हिमाकत देखिए कि उसने पाकिस्तानी जनता से तालिबान की मदद का सीधा अनुरोध किया है। वह चाहता है कि पाकिस्तानी जनता अमेरिका के

विरुद्ध जिहाद बोल दे। पाकिस्तान का राष्ट्रपति मुशर्रफ है या उसामा ? क्या उसामा के मुकाबले मुशर्रफ टिक पाएँगे ? उसामा जिन्दा हो या मुर्दा, वह मुशर्रफ के गले का हार बन गया है। डर यह है कि कहीं उसामा के पहले मुशर्रफ का फैसला न हो जाए ! अमेरिकियों ने उसामा को 'हीरो' बना दिया है। उन्होंने प्रवत्ति को नहीं, व्यक्ति को निशाना बनाया है। यदि वे आतंकवाद को अपना निशाना बनाते और उस निशाने पर प्रहार करते समय अगर उसामा को भी निपटा देते तो उस पर दुनिया का ध्यान बहुत कम जाता और इस्लामी जगत भी वैसी दुविधा में नहीं पड़ता, जैसी में अब पड़ गया है। यदि खाड़ी के छह देश, तुर्की और बांग्लादेश जैसे मुस्लिम-बहुल राष्ट्रों ने अमेरिकी कार्रवाई का समर्थन किया है तो इसमें फूलकर कुप्पा होने की कोई बात नहीं है। इन राष्ट्रों ने अपने राष्ट्रहितों की रक्षा के लिए वैसा निर्णय किया है लेकिन कैसी विडम्बना है कि भारत और इण्डोनेशिया जैसे राष्ट्रों के इस्लामी नेता मुशर्रफ के नहीं, उसामा बिन लादेन के साथ खड़े दिखाई पड़ रहे हैं। उसामा इस्लाम का पर्याय बन जाए, आतंकवाद जिहाद का पर्याय बन जाए और अमेरिकी कार्रवाई 'सभ्यताओं के संघर्ष' का पर्याय बन जाए, इससे अधिक विचित्र क्या हो सकता है ?

उसामा की गिरफ्तारी या हत्या इस्लामी जगत में क्या तूफान उठाएगी, कुछ कहा नहीं जा सकता। यदि मुशर्रफ चिलमन से लगे बैठे रहे और खुलकर मैदान में नहीं आए तो अफगानिस्तान में अमेरिका का जो भी हश्र हो, पाकिस्तान और इस्लाम को बहुत ज्यादा ठेस पहुँचेगी। पाकिस्तान के विभाजन और तालिबानीकरण की आशंका तो उत्पन्न हो ही गई है, सारी दुनिया में इस्लाम भी बदनाम हो जाएगा। जहाँ मुसलमान बहुसंख्या में हैं, वे उसामा-समर्थक और उसामा-विरोधी खेमों में बँट जाएँगे और जहाँ वे अल्पसंख्या में हैं, वहाँ उन पर आतंकवाद समर्थक होने का बिल्ला जबर्दस्ती ही चिपक जाएगा। इस समय मुशर्रफ के कन्धों पर सिर्फ पाकिस्तान ही नहीं, सम्पूर्ण इस्लामी जगत के हितों की रक्षा का भार आन पड़ा है। मुशर्रफ को उसामा ही नहीं, तालिबान और आतंकवाद को भी दो-टूक शब्दों में रद्द करना होगा और अपने शब्दों के पीछे पाकिस्तानी राज्य की पूरी ताकत लगा देनी होगी। अगर वे ऐसा कर सकें तो वे एक नए पाकिस्तान की इबारत लिखेंगे। पाकिस्तान को तो वे आतंकवाद और अस्थिरता से मुक्त कराएँगे ही, अफगानिस्तान को भी वे शांति और विकास का क्षेत्र बनने में मदद करेंगे। मुशर्रफ को तय करना है कि वे जिन्ना के सपनों का पाकिस्तान बनाना चाहते हैं या उसामा के सपनों का !

25.09.2001

उसामा : मुसलमानों की दुविधा ?

उसामा (अरबी भाषा में उसामा याने शेर) बिन लादेन के चक्कर में फँसना बहुत आसान है। लहराती हुई दाढ़ी (लहिया), लम्बा चोगा (बिष्ट) और सिर पर रस्सी से बँधा हुआ कपड़ा (ग़तरा)–इतना ही काफी है, उसामा की पहचान के लिए ! यह पहचान उसे किसी भी मुसलमान से, इस्लाम से, इस्लामी देशों से, कुरान-शरीफ से, शरीयत से जोड़ने के लिए काफी है। इसीलिए उसामा को लेकर सारे इस्लामी जगत में जबर्दस्त हलचल मची हुई है। उसामा का चेहरा अब दुनिया में जितना पहचाना जाने लगा है, उतना जॉर्ज बुश का भी नहीं। अमेरिका की मेहरबानी से उसामा इक्कीसवीं सदी का पहला और सबसे बड़ा खलनायक बन गया है। उसका नाम सारी दुनिया में फिदेल कास्त्रो और शे गेवारा से भी ज्यादा फैल गया है। आयतुल्लाह खुमैनी के नाम पर अब से दो दशक पहले जैसे शिया-जगत सम्मोहित था, अब लगभग उसी तरह का रहस्यमय सम्मोहन उसामा के नाम पर दुनिया के 57 इस्लामी देशों में फैल रहा है। बिना यह जाने कि उसामा कौन है, क्या करता है, उसने आतंक का रास्ता क्यों चुना है, उसका अतीत कैसा है और उसकी वजह से इस्लाम, मुसलमानों और अफगानिस्तान को क्या-क्या मुसीबतें झेलनी पड़ेंगी, बहुत-से इस्लामी नेता उसामा के पक्ष में फतवे जारी कर रहे हैं, मुस्लिम बस्तियों में उसके पोस्टर चिपकवा रहे हैं, उसके भाषणों के कैसेट बँटवा रहे हैं और भारत व पाकिस्तान की सरकार से अपील कर रहे हैं कि वे अमेरिका का साथ न दें। दुनिया के लिए उसामा महाखलनायक बनता जा रहा है लेकिन भोले मुसलमानों को यह समझ नहीं पड़ रहा कि उसे वे नायक मानें या खलनायक ?

सबसे पहली बात तो यह है कि उसामा न तो कोई मुफ्ती है, न मुल्ला है, न मौलवी है, न इमाम है, न आयतुल्लाह है, न हुज्जतुल्ला है। इस्लाम का कोई भी धार्मिक पद उसामा के पास कभी नहीं रहा। उसामा के पास ऐसी कोई कुव्वत नहीं है कि जिसके आधार पर वह फतवा जारी कर सके। उसामा सिर्फ फतवा ही जारी नहीं करता है, वह अपने फतवों में जिहाद का आह्वान भी करता है। उसामा के आह्वान का कोई भी धार्मिक महत्त्व नहीं है। मुसलमान उसे मानें, यह बिल्कुल

भी जरूरी नहीं है। मिस्री मूल के इस्लामी विद्वान बर्नार्ड हैकल का कहना है कि उसामा की हिंसक गतिविधियाँ इस्लाम-विरोधी हैं और उसका फतवा इस्लामी कानून का उल्लंघन करता है। अपने कथन के समर्थन में उन्होंने छह कारण बताए हैं। पहला, जिहाद की घोषणा केवल कोई इस्लामी राज्य ही कर सकता है। कोई व्यक्ति या संगठन नहीं। उसामा और उसका संगठन 'अल क़ायदा' राज्य नहीं है। दूसरा, जिहाद के दौरान बेकसूर औरतों और बच्चों की हत्या नहीं की जा सकती। लेकिन तन्जानिया और केन्या के अमेरिकी दूतावासों पर अगस्त 1998 में किए गए हमलों में जो 220 लोग मारे गए थे, उनमें औरतें और बच्चे भी थे। ये हमले उसामा ने ही करवाए थे। तीसरा, जिहाद में मुसलमानों को मारने पर पाबन्दी है लेकिन 11 सितम्बर के नर-संहार में अनेक मुसलमान भी मारे गए हैं। चौथा, किसी ऐसे देश के विरुद्ध जिहाद नहीं बोला जा सकता, जिसमें मुसलमानों को अपना धर्म पालने की छूट हो तथा लोगों को मुसलमान बनाने की भी आज़ादी हो। यह छूट और यह आज़ादी जितनी अमेरिका में है, और कहाँ है ? वहाँ इस समय 70 लाख इस्लाम के अनुयायी हैं। पाँचवाँ, दुनियाभर के मुस्लिम न्यायशास्त्रियों ने 11 सितम्बर की स्पष्ट भर्त्सना की है और 'इज़्मा' के आधार पर उसे गैर-इस्लामिक घोषित किया है। छठा, उसामा की करतूतों से इस्लाम बदनाम हो रहा है और मुसलमानों को भी खतरा पैदा हो गया है। जिहाद के नाम पर मुस्लिम समुदाय को हानि पहुँचाना इस्लाम-विरोधी कार्य है। कुरान-शरीफ में जिसे 'जिहादे-अकबर' यानी बड़ा जिहाद कहा है, वह तो अपनी इंद्रियों पर विजय पाना है और जिसे 'जिहादे-असगर' कहा है, वह है विधर्मियों से युद्ध करना। यह छोटा जिहाद है। अफगानिस्तान में तो यह भी नहीं है। तालिबान कौन-से विधर्मियों से लड़ रहे हैं ? वहाँ तो कोई ईसाई, यहूदी, हिन्दू या बौद्ध सेना नहीं है। तालिबान की लड़ाई उत्तरी गठबंधन से है लेकिन उत्तरी गठबंधन में एक भी विधर्मी नहीं है। सब के सब मुसलमान हैं। उसामा ने अपने अमेरिका-विरोध की तोप में अफगानों को भूसा क्यों बना रखा है ?

इन तर्कों के अलावा सबसे बड़ा प्रश्न यह है कि अमेरिका जिहाद का निशाना कब से बन गया ? यही उसामा बिन लादेन खुद कभी अमेरिका में बसना चाहता था, जैसे कि अन्य 70 लाख मुसलमान रहते हैं। 1980 के आस-पास इसी अमेरिका के घनघोर समर्थक के तौर पर उसामा ने अफगानिस्तान की यात्रा की थी। रूसियों के विरुद्ध चल रहे मुजाहिदीन अभियान में सी.आई.ए. के सक्रिय साथी के तौर पर उसामा की गतिविधियों को कौन नहीं जानता है ? खोस्त में 1986 में बन रहे सुरंगों के परिसर में सारा पैसा सी.आई.ए. ने लगाया था और उसको बनाने का ठेका

उसामा ने ही लिया था। अमेरिका और सउदी अरब के रूस-विरोधी अभियान के लिए सारे इस्लामी देशों से रंगरूटों को भर्ती करने, उन्हें हथियार और प्रशिक्षण देने तथा जगह-जगह आतंकवादी संगठनों को पैसा भिजवाने का दायित्व उसामा ने अपने कन्धों पर उठा रखा था। यह तथ्य स्वयं उसामा ने 27 अगस्त 1998 को ए.एफ.पी. के एक इंटरव्यू में स्वीकार किया है। तब उसामा मानता था कि इस्लाम का सबसे बड़ा रक्षक अमेरिका ही है और उसकी मदद के बिना अफगानिस्तान से रूसी काफिरों का सफाया नहीं किया जा सकता।

अचानक ऐसा क्या हुआ कि अमेरिका रातोंरात फरिश्ते से शैतान बन गया ? अमेरिका ने ऐसी कौन-सी काफ़िराना हरकत कर दी कि उसके खिलाफ उसामा ने जिहाद बोल दिया ? क्या अमेरिका ने दुनिया के मुसलमानों के विरुद्ध कोई धार्मिक अभियान चला दिया ? क्या उसने अपने यहाँ रह रहे 70 लाख मुसलमानों की मस्जिदें उजाड़ दीं या उन्हें नौकरियों से निकाल दिया या उन पर कोई 'ईसाई जज़िया' कर लगा दिया ? क्या अमेरिका ने दुनिया के मुसलमानों को ईसाई बनाने का कोई जबर्दस्त अभियान चला दिया? क्या इस्लाम और ईसाइयत में किसी विश्व-व्यापी टक्कर की शुरुआत के लिए अमेरिका जिम्मेदार है ?

इन सब सवालों के जवाब निषेधात्मक हैं। अमेरिका ने इस्लाम और मुसलमानों के विरुद्ध कोई भी ऐसा कदम नहीं उठाया है, जिसका आधार धार्मिक हो। जिस कदम की वजह से उसामा बाग़ी बना, उसका इस्लाम से, मज़हब से, धर्म से कुछ लेना-देना नहीं है। वह कदम था, 1991 में एराक पर अमेरिकी हवाई हमला। उसामा ने अमेरिकी हमले का डटकर विरोध किया। स्वयं उसामा शुरू में सद्दाम हुसैन का समर्थक नहीं था। वास्तव में उसने कुवैत पर सद्दाम के कब्ज़े की निन्दा की थी और वह कुवैत के राजवंश की तरफ़दारी कर रहा था लेकिन जैसे ही सद्दाम को कुवैत से भगाने के लिए सउदी राजवंश ने अमेरिका की मदद माँगी, उसामा भड़क गया। उसामा ने न सिर्फ अमेरिका की निन्दा की बल्कि सउदी राजवंश के विरुद्ध खुले-आम बयान जारी कर दिए। सउदी राजवंश ने उसामा को देश-निकाला दे दिया, उसकी नागरिकता समाप्त कर दी, उसकी सम्पत्ति जब्त कर ली और सउदी गहमंत्री प्रिन्स नईफ़ ने उसे देशद्रोही और इस्लामद्रोही घोषित कर दिया। यहीं से उसामा की बगावत का बीज फूटता है और पहले सूडान और फिर अफगानिस्तान जाकर वह विश्व-व्यापी वटवक्ष बन जाता है। इस बगावत में इस्लाम कहाँ है ? कुरान-शरीफ कहाँ है ? मक्का-मदीना कहाँ है ? मुसलमान कहाँ हैं ? वे कहीं भी दिखाई नहीं पड़ते। जो दिखाई पड़ता है, वह है, उग्र अरब राष्ट्रवाद ! उत्कट राष्ट्रीय स्वाभिमान !

उसामा का यह कथन ठीक हो सकता है कि एराक पर अमेरिकियों का हमला बिल्कुल अनैतिक था और 20 हजार अमेरिकी सैनिकों का सउदी अरब में जमे रहना शुद्ध गुलामी है लेकिन इस मान्यता का इस्लाम से क्या सम्बन्ध है ? अमेरिका सद्दाम से लड़ने आया था या इस्लाम से ? सद्दाम को तो अनेक अरबी लोग मुसलमान ही नहीं मानते। उन्हें वे काफिरों का प्रवक्ता और इस्लाम-विरोधी मानते हैं ? एराक-ईरान युद्ध के दौरान सद्दाम हुसैन को जैसी भयंकर गालियाँ तेहरान और कुम के आयतुल्लाह लोग दिया करते थे, अगर उन पर गौर किया जाता तो दुनिया के सद्दाम-समर्थकों को भी काफिर घोषित कर दिया जाता। सद्दाम-समर्थन के कारण उसामा, उसामा बना है। अब उसामा को क्या माना जाए ? उसामा द्वारा किया गया अमेरिका-विरोध जायज़ हो सकता है लेकिन इस्लामी जगत यह कैसे भूल सकता है कि अमेरिका अग्नि-वर्षा नहीं करता तो एराक कुवैत को खाली भी नहीं करता। क्या कुवैत के अरब मुसलमान नहीं हैं ? क्या कुवैत इस्लामी देश नहीं है ? यदि सउदी राजवंश कुवैती राजवंश के लिए दामन पसारता है, अल्लाह से दुआ माँगता है और अमेरिकियों को भी बुला लेता है तो इसमें कौन-सी इस्लाम-विरोधी हरकत है ?

इस्लाम-विरोधी हरकत तो यह है कि सारी दुनिया उसामा के कारण इस्लाम को आतंकवाद का पर्याय समझने लगी है। क्या इस्लाम मादक-द्रव्यों के सेवन की इजाज़त देता है ? तालिबान को होनेवाली 8 अरब डॉलर प्रतिवर्ष की आय कहाँ से आती है ? मादक-द्रव्यों से ! इस आय को कौन सम्हालता है, कौन खर्च करता है ? क्या वह इस्लाम की सेवा में खर्च होती है ? क्या हत्या, अपराध, आतंक, डकैती–ये सब इस्लाम हैं ? क्या ये सब उसामा के पैसे के दम पर नहीं चल रहे हैं? ऐसे उसामा की तुलना इमाम खुमैनी से करना, उस परम धार्मिक जननायक का अपमान करना है। इसी प्रकार शे गेवारा जैसे क्रांति के मसीहा को व्यक्तिगत विद्वेष के प्रवक्ता उसामा के समकक्ष रखना भी दुनिया के महान क्रांतिकारियों का अपमान करना है। उसामा ने अपने अहंकार को इस्लाम का जामा पहनाकर अरबी दौलत के रथ पर सवार कर दिया है। इस रथ ने अमेरिकी अहंकार को पहली बार जमकर आहत किया है। अब इन दो अहंकारों की टक्कर में क्या सबसे ज्यादा नुकसान इस्लाम और मुसलमानों का नहीं होगा?

28.9.2001

ज़ाहिरशाह की अफगानिस्तान वापसी

उसामा बिन लादेन की गति जो भी हो, अब सारी दुनिया को चिन्ता यह हो रही है कि अफगानिस्तान का क्या होगा ? क्या सचमुच पुराने बादशाह 28 साल बाद वापस लौटेंगे या तालिबान वहाँ डटे ही रहेंगे ? अमेरिकी सबूतों को रद्द करने के बावजूद यह असंभव नहीं कि तालिबान उसामा को बुश के हवाले कर दें। ऐसी नौबत तीन-चार साल पहले भी आ पहुँची थी। क्लिंटन और नवाज़ शरीफ के बीच गुप्त समझौता हो चुका था। अगर उसामा पकड़ा जाए या मारा जाए या अमेरिका के हवाले कर दिया जाए तो क्या यह सम्भव नहीं कि अमेरिका तालिबान को अभय-वचन दे दे और वे टिके रहें ? 1996 में जब तालिबान ने काबुल पर कब्जा किया तो अमेरिका उन्हें लगभग मान्यता देना ही चाहता था। अब भी राष्ट्रपति बुश ने कह दिया है कि अमेरिका इस पचड़े में नहीं पड़ेगा कि अफगानिस्तान का भविष्य क्या हो ? यानी अमेरिका को अपने मतलब से मतलब है। वह उसामा को जिन्दा या मुर्दा पकड़ ले और बस चलता बने। यदि अमेरिका को यही करना है तो इससे बढ़कर बचकाना नीति क्या हो सकती है ? यही नीति उसने 1992 में चलाई और उसका मज़ा चख लिया।

1992 में नजीब सरकार का पतन हुआ। पहले सिबगतुल्लाह मुजद्ददी और बाद में बुरहानुद्दीन रब्बानी के नेतत्व में मुजाहिदीन सरकार बनी। इस सरकार की भरपूर मदद करने और लहूलुहान अफगानिस्तान को अपने पाँव पर खड़ा करने की बजाय अमेरिका ने अपनी आँखें फेर लीं। जिस सोवियत संघ को सबक सिखाने के लिए उसने मुजाहिदीन की मदद की थी, वह अफगानिस्तान में तो हार ही गया, खुद भी बिखर गया। बस इतना ही लक्ष्य था, अमेरिका का ! वह पूरा हुआ। बेचारी मुजाहिदीन सरकार मारी गई। रब्बानी, हिकमतयार, दोस्तम्, मसूद, खलीली यानी पठान, ताज़िक, उज़बेक, हजारा वगैरह आपस में लड़ मरे और अफगानिस्तान एक उजड़ी हुई अन्तरराष्ट्रीय धर्मशाला बन गया। चार साल में ही मुजाहिदीन का तम्बू उखड़ गया और उसकी जगह तालिबान यानी आतंकवाद का खेमा गड़ गया। इसी खेमे से निकले जिन्नों ने न्यूयॉर्क और वाशिंगटन में अमेरिका

का दर्प-दलन किया। यदि अमेरिका दुबारा यही भूल करेगा यानी अपने संकीर्ण स्वार्थ की पूर्ति करके चलता बनेगा तो इस बार उसे 11 सितम्बर से भी अधिक भयानक क़ीमत चुकानी पड़ेगी। दुनिया भर में फैले आतंकवाद से अमेरिका कैसे लड़ेगा, इस प्रश्न पर अलग से विचार करेंगे लेकिन जहाँ तक अफगानिस्तान का प्रश्न है, अमेरिका को उसामा के आगे भी सोचना होगा।

उसामा, आज़म, ज़वाहिरी, इस्लामबुली जैसे कुख्यात गैर-अफगान आतंकवादियों ने अफगानिस्तान को ही अपना अड्डा क्यों बनाया ? इन्होंने पहले सोमालिया और सूडान में हाथ मारा। वहाँ गाड़ी ज्यादा नहीं चल पाई लेकिन अफगानिस्तान में वह दौड़ने लगी, क्योंकि तब तक अफगानिस्तान में राज्य नाम की संस्था पर्दे के पीछे चली गई थी और सत्ता के रंगमंच पर अनेक युद्ध-पिपासु क्षत्रप अपनी तलवारें भाँजने लगे थे। ये भी उन्हीं में शामिल हो गए और इन्होंने दुनिया के लगभग 60 देशों में अपना जाल बिछा दिया। इस जाल को काटने के लिए यह जरूरी है कि अफगानिस्तान से पहले तालिबान को खत्म किया जाए और उसके बदले काबुल में ऐसी सरकार कायम की जाए, जो सम्पूर्ण अफगानिस्तान का, सभी क्षेत्रों का, सभी जातियों का, सभी वर्गों का, सभी सम्प्रदायों का प्रतिनिधित्व करे और वह सबको स्वीकार हो। इसके अलावा वह किसी भी पड़ौसी देश की दुश्मन न हो। अमेरिका, रूस और भारत जैसे बड़े राष्ट्रों को काबुल में एक तटस्थ, स्थिर और मजबूत सरकार इसलिए भी चाहिए कि उसके बिना मध्य एशिया के तेल, गैस और खनिजों का दोहन नहीं किया जा सकता।

जनरल मुशर्रफ ने यह ठीक ही कहा है कि अब तालिबान के दिन गिने-चुने रह गए हैं और वे ज़ाहिरशाह से सम्पर्क भी कर रहे हैं लेकिन उनके दिल में यह दहशत भी बैठी हुई है कि यदि उत्तरी गठबन्धन की सरकार काबुल में कायम हो गई तो वह पाकिस्तान की पीठ पर खंजर की तरह तनी रहेगी। उत्तरी गठबंधन यानी अफगानिस्तान के उत्तरी हिस्सों में रहनेवालों की सरकार ! ताज़िक, उज़बेक, हज़ारा, क़िजिलबाश आदि अल्पसंख्यकों की सरकार ! फारसी बोलनेवालों की सरकार ! ईरान के अधिक नज़दीक और पाकिस्तान से अधिक दूर ! तालिबों की सरकार यानी पठानों की, सुन्नियों की, पश्तोभाषियों की सरकार ! अपनी सरहद से लगे हुए लोगों और अपने मदरसों में पढ़े हुए शागिर्दों की सरकार। तालिबों की सरकार जितनी पाकिस्तान को प्रिय है, गैर-पठानों की सरकार ईरान को लगभग उतनी ही प्रिय है।

पाकिस्तान को यह शक भी है कि गैर-पठान उत्तरी गठबन्धन को रूस और भारत की सक्रिय मदद भी है। इसमें शक नहीं कि रूसी सरकार उसे खुलेआम मदद

कर रही है और उसने भारत से भी मदद का अनुरोध किया है। अब 11 सितम्बर के बाद अमेरिका ने भी उसकी पीठ पर हाथ धर दिया है। उज़बेकिस्तान और ताज़िकिस्तान तो पहले से उसका समर्थन कर ही रहे थे। ऐसे में पाकिस्तान की घबराहट स्वाभाविक है। यदि काबुल में पाकिस्तान-विरोधी सरकार कायम हो गई तो पिछले 22 साल से चला हुआ पाकिस्तानी खेल चौपट हो जाएगा। इसीलिए पाकिस्तानी शासकों और जनता को यह विश्वास दिलाया जाना बेहद जरूरी है कि काबुल में जो सरकार बनेगी, वह अफगानिस्तान के पड़ौसियों के प्रति मैत्रीपूर्ण होगी। यदि अफगानिस्तान के पड़ौसी राष्ट्र भावी सरकार के प्रति सद्भाव नहीं रखेंगे तो उसका चलना क्या, बनना भी आसान नहीं होगा। चीन के अलावा सभी पड़ौसी राष्ट्रों पाकिस्तान, ईरान, उज़बेकिस्तान, तुर्कमेनिस्तान और ताज़िकिस्तान की जातियों या लोगों या भाषाभाषियों से मिलकर ही अफगानिस्तान बना हुआ है। अपने-अपने वंश के लोगों पर इन राष्ट्रों का काफ़ी प्रभाव रहता है। जब काबुल कमजोर होता है तो यह प्रभाव कई गुना बढ़ जाता है। पड़ौसी राष्ट्र अपने-अपने हितों के सम्पादन के लिए इन जातियों का जमकर इस्तेमाल करते हैं। ऐसी स्थिति में यदि अफगानिस्तान में शांति और व्यवस्था कायम करनी हो और राज्य का कोई स्थायी ढाँचा खड़ा करना हो तो पड़ौसी राष्ट्रों की उपेक्षा नहीं की जा सकती, पाकिस्तान की भी नहीं।

इसीलिए उत्तरी-गठबन्धन की सरकार अगर अगले कुछ हफ्तों में सारे अफगानिस्तान को फतेह कर ले तो भी वह नहीं चल पाएगी। तालिबान ने भी 90 प्रतिशत से अधिक अफगानिस्तान फतेह कर लिया था लेकिन उसे गैर-पठानों ने नहीं माना। ज़मीन फतेह करने से ज्यादा जरूरी है, दिल फतेह करना। सारे पठानों के दिल जीतने में भी तालिबान सफल रहे हों, इसके भी कोई प्रमाण नहीं हैं। तालिबान में भी गिलजइयों और दुर्रानियों तथा काबुली और कंधारी पठानों में खींचतान बराबर बनी रहती है। अगर पठानों और गैर-पठानों यानी सम्पूर्ण अफगान जनता का दिल फतेह किए बिना काबुल पर कोई सरकार लादी गई तो उसके चिन्दे बिखरने में ज्यादा देर नहीं लगेगी। अब से 162 साल पहले अंग्रेजों ने अमीर दोस्त मुहम्मद को हटाकर शाह शुजा को बिठा दिया था, 22 साल पहले रूसियों ने हफ़ीजुल्लाह अमीन को हटाकर पहले बबरक कारमल और फिर नजीब को बिठा दिया था, 9 साल पहले पश्चिमी राष्ट्रों ने 'पेशावरी' मुजाहिदीन को बिठा दिया था और 5 साल पहले पाकिस्तान ने तालिबान को बिठा दिया था। जैसे ही विदेशी बैसाखियाँ हटीं, ये सरकारें धराशायी होती गईं। अगर इसी तरह काबुल की गद्दी पर अब भी किसी को बिठा दिया गया तो वह गद्दी गरम तवा बन जाएगी।

शायद इसीलिए राष्ट्रपति बुश छाछ को भी फूँक-फूँककर पी रहे हैं। यदि उन्होंने ज़ाहिरशाह को अपने कन्धों पर बिठा लिया तो वे भी 'अमेरिकी बबरक कारमल' बन सकते हैं। ज़ाहिरशाह को लेकर हम भी अब से लगभग 15 साल पहले एक भयंकर भूल कर चुके हैं। इस लेखक के प्रयत्नों से ज़ाहिरशाह की वापसी, मुजाहिदीन की एकता और कारमल-नजीब सरकार के पद-त्याग की एक गुप्त योजना बनी थी, जिससे पाकिस्तानी सरकार भी सहमत थी लेकिन वह इसीलिए विफल हो गई कि उसी समय एक अति उत्साही भारतीय मंत्री अचानक रोम जाकर ज़ाहिरशाह से मिल लिए और यह खबर 'लीक' हो गई। जनरल ज़िया ने तब कहा था कि भारतीय मंत्री से मिलना ज़ाहिरशाह के लिए 'मत्यु का आलिंगन' सिद्ध हुआ है। पाकिस्तान कैसे बर्दाश्त कर सकता था कि ज़ाहिरशाह भारतीय कन्धों पर बैठकर काबुल पहुँचें।

उम्मीद है, इस बार यह गलती भारत क्या, कोई भी देश नहीं दोहराएगा। यह नियति का विलक्षण वरदान है कि ज़ाहिरशाह अभी भी दुनिया को उपलब्ध हैं। ज़ाहिरशाह लगभग 40 साल तक अफगानिस्तान के बादशाह रहे हैं। दुर्रानी पठान होते हुए भी उन्होंने न सिर्फ अन्य पठान कबीलों को अपने साथ जोड़ा बल्कि अफगानिस्तान के सभी अल्पसंख्यकों के साथ जबर्दस्त तालमेल बिठाया। ज़ाहिरशाह लगभग स्थितप्रज्ञ व्यक्ति हैं। उनके विरोधी भी उनकी तारीफ करते हैं। सरदार दाऊद जिन दिनों (दिसम्बर 1972 में) बादशाह के तख्ता-पलट में जुटे हुए थे, उनसे मेरी कई लम्बी मुलाकातें हुईं। उन दिनों वे राज-परिवार के कुछ खास लोगों पर अपना क्रोध जमकर बरसाते थे लेकिन बादशाह की कमजोरियाँ गिनाते वक्त बड़ी दबी जुबान से बात करते थे। अगर जुलाई 1973 में उनके चचेरे भाई और बहनोई तथा पूर्व प्रधानमंत्री सरदार दाऊद ने तख्ता-पलट न किया होता तो ज़ाहिरशाह को शासन करते-करते अब तक 68 साल हो जाते। वे संसार के सबसे अधिक लम्बे शासन करनेवाले बादशाह माने जाते। उनके ज़माने में अफगानिस्तान का आधुनिकीकरण हुआ, शीतयुद्ध के बावजूद अमेरिका और सोवियत संघ में परस्पर सहयोग की विलक्षण प्रतिस्पर्धा हुई, लोकतंत्र की कोंपलें फूटीं, और अमीर अब्दुर रहमान का अफगानिस्तान सही-सलामत बना रहा। अब भी अगर ज़ाहिरशाह चाहें तो बादशाह के तौर पर नहीं, राष्ट्रपिता (बाबा-ए-कौम) के तौर पर अफगानिस्तान आ सकते हैं। अब भी वे हुकूमत की लालसा लेकर नहीं, घायल अफगानिस्तान के घावों के लिए मरहम लेकर काबुल पहुँच सकते हैं। हिकमतयार जैसे चन्द लोगों के अलावा उनका विरोध कौन करेगा ? ज़ाहिरशाह किसी पड़ौसी राष्ट्र या महाशक्ति का मोहरा बनकर नहीं आ रहे हैं बल्कि अपने जादुई स्पर्श

से अफगानिस्तान नामक उध्वस्त धर्मशाला को दुबारा राज्य का रूप देने के लिए अवतरित हो रहे हैं। वे अगर तदर्थ सरकार (दौलते-इन्तकाली) का मार्गदर्शन करें, कामचलाऊ संविधान का निर्माण करवा दें और साल-दो साल में आम चुनाव करवा दें तो शायद इस बार अफगानिस्तान युद्ध और आतंक की अँधेरी सुरंग से बाहर निकल आए। ज़ाहिरशाह की वापसी के पहले भी कई अवसर आए हैं लेकिन इस बार जैसा अवसर पहले कभी नहीं आया। अगर अमेरिका तथा अन्य राष्ट्र अफगानिस्तान के पुनर्निर्माण के लिए 10 अरब डॉलर देने की घोषणा अभी से कर दें तो ज़ाहिरशाह सोने की सीढ़ियाँ चढ़कर काबुल पहुँचेंगे।

5.10.2001

अमेरिका का बदलता रवैया और मुशर्रफ की मुसीबतें

जनरल मुशर्रफ ने अपनी सोमवार की प्रेस कान्फ्रेन्स में जो कहा, उस पर विश्वास करना ही कठिन हो रहा है। क्या पाकिस्तान का कोई बड़ा नेता कश्मीर में हुई हिंसा को कभी आतंकवाद कह सकता है? उन्होंने श्रीनगर विधानसभा पर हुए हमले को आतंकवाद ही नहीं कहा, उसकी निन्दा भी की। इसी तरह उन्होंने तालिबान से भी पाकिस्तान को अलग किया। दोनों तरफ के आतंकवाद से उन्होंने हाथ धो लिए। दीवार पर लिखी इबारत पढ़ने में जनरल मुशर्रफ को कमाल की महारत हासिल है। पाँच साल से काबुल में जमे और अपने पाले-पोसे मुर्गे की गर्दन जनरल साहब ने कितनी आसानी से मरोड़ दी। वे समझ गए कि आज अफगानिस्तान की बारी है तो कल कश्मीर की भी हो सकती है। मुशर्रफ का यह यथार्थवाद देखकर पत्थर को भी पसीना छूट सकता है। उन्होंने यह भी कह दिया कि अफगान शरणार्थी अपने देश की सीमा में ही रहें तो बेहतर होगा। अगर उनके शिविर पाकिस्तान की सीमा में होंगे तो यह ठीक नहीं होगा, क्योंकि फिर वे पूरे पाकिस्तान में घूमने और फैलने के लिए स्वतंत्र हो जाते हैं और उनकी मौजूदगी नई-नई समस्याओं का कारण बनती है। वे काबुल में बननेवाली नई सरकार के बारे में भी अभी से खुलकर बोलने लगे हैं। कहीं वे सचमुच पाकिस्तान के गले में पड़े पत्थर के दोनों पहियों–अफगानिस्तान और कश्मीर–को उतार फेंकने के मूड में तो नहीं हैं ? अगर सचमुच उनकी यह तैयारी है तो मानना पड़ेगा कि पाकिस्तान की जिन्दगी का अब एक नया अध्याय शुरू हो रहा है। कश्मीर ने पिछले 50 साल से और अफगानिस्तान ने पिछले 20 साल से पाकिस्तान को तबाही के कगार पर पहुँचा दिया था। इन मुद्दों ने पाकिस्तान को मानसिक तौर पर बीमार कर दिया, आर्थिक दष्टि से दीवालिया बना दिया और मादक द्रव्यों को उसके ड्राइंग रूम तक पहुँचा दिया। वह 'आतंकवादी राष्ट्र' घोषित होते-होते बच गया।

इसीलिए जनरल मुशर्रफ ने अफगानिस्तान से तालिबान की बिदाई के स्पष्ट

संकेत तो दे दिए लेकिन साथ-साथ यह भी कह दिया कि उत्तरी-गठबन्धन (शुमाली इत्तेहाद) बेजा फायदा उठाने की कोशिश कर रहा है। उत्तरी गठबन्धन में ताज़िक, उज़बेक, हज़ारा, किरगीज़, तुर्कमेन और किजिलबाश आदि लोग हैं। ये फारसी बोलते हैं जबकि पठान लोग पश्तो बोलते हैं और तालिबान उन्हीं का संगठन है। फारसीवान लोग पाकिस्तान से काफी दूर उत्तरी इलाकों में रहते हैं जबकि पश्तोभाषी पठान पाकिस्तान से लगे हुए क्षेत्रों में रहते हैं। अमेरिकी कार्रवाई के कारण पाकिस्तान को तालिबान से हाथ धोना पड़ रहा है लेकिन वह अफगानिस्तान से हाथ नहीं धोना चाहता। इसीलिए ब्रिटिश प्रधानमंत्री टोनी ब्लेयर से उसने साफ़-साफ़ कहा है कि काबुल के तालिबानोत्तर प्रशासन में उसका भी हाथ होना चाहिए। पाकिस्तान के इस मंसूबे की मुजाहिदीन प्रवक्ता अब्दुल्ला और राजा ज़ाहिरशाह के प्रवक्ता ने कड़ी आलोचना की है। क्या जनरल मुशर्रफ ने पिछले अनुभवों से कुछ नहीं सीखा है ? 1992 में जब राष्ट्रपति नजीबुल्लाह हटे और मुजाहिदीन की सरकार आई तो उसके प्रथम राष्ट्रपति सिबगतुल्लाह मुजद्ददी ने पहले ही दिन घोषित किया कि वे डूरेन्ड सीमा-रेखा को नहीं मानते और वे भारत से शत्रुतापूर्ण सम्बन्ध नहीं रखेंगे। यह उस सरकार के नेताओं ने कहा, जिन्हें लगभग 20 साल से पाकिस्तान ने शरण दे रखी थी और जिन्हें हथियार, पैसा तथा सैन्य-प्रशिक्षण देकर पाकिस्तान ने ही काबुल पहुँचाया था। इसी सरकार के कुछ बचे-खुचे नेताओं ने मिलकर उत्तरी-गठबन्धन बनाया था। उत्तरी-गठबन्धन की बात जाने दें। तालिबान तो पाकिस्तान की ही सन्तान हैं। उन्होंने कैसा रवैया अपनाया ? उन्होंने अभी-अभी पाकिस्तान से गए दो प्रतिनिधिमंडलों को खाली हाथ लौटा दिया। मुशर्रफ की गुहारों पर कोई ध्यान नहीं दिया। उन्होंने डूरेन्ड-रेखा को भी मान्यता नहीं दी। वे ही पाकिस्तानी सरकार के विरुद्ध सरहदी सूबे और बलूचिस्तान में प्रदर्शन करवा रहे हैं। कुछ समय पहले उन्हीं के लोगों ने पाकिस्तानी कूटनीतिकों की पिटाई की थी और उन्हें निकाल बाहर किया था। यदि तालिबान के पाँव सचमुच काबुल में जम जाते तो कोई आश्चर्य नहीं कि वे पाकिस्तान के सरहदी सूबे को छीन लेने का भी जुगाड़ बैठाते। वे अकेले काबुल से संतुष्ट नहीं रहते, पेशावर और नौशेरा पर भी कब्ज़ा जमाते। उन्हें आठ अरब डॉलर की कमाई सिर्फ मादक द्रव्यों से होने लगी थी। वे दुनिया भर से हथियार भी खरीदने लगे थे। कहने का अभिप्राय यह है कि काबुल की कोई भी सरकार लम्बे समय तक इस्लामाबाद की कठपुतली बनकर नहीं रह सकती, यह बात जनरल मुशर्रफ को अच्छी तरह समझ लेनी चाहिए और उन्हें उत्तरी गठबन्धन और ज़ाहिरशाह से पंगा लेने की बजाय या तो तटस्थ रहना चाहिए या उनकी मदद करनी चाहिए।

यह इसलिए भी जरूरी है कि काबुल में पाकिस्तान-विरोधी सरकार का होना

न अफगानिस्तान के लिए फायदेमंद है, न पाकिस्तान के लिए और न ही भारत के लिए। यदि पाक-अफगान झंझट चलता रहता है तो सबसे पहले सीमाओं पर गाज़ गिरती है। पाक-अफगान सीमा बंद हो जाती है, जैसा कि सरदार दाऊद के प्रथम प्रधानमंत्री काल में दो बार हुआ था। यदि पाक-अफगान सीमा बंद हो जाती है तो भारत का माल भी अफगानिस्तान नहीं पहुँच पाता और अफगानिस्तान के जरिए उसके मध्य-एशिया तक पहुँचने का सवाल ही नहीं उठता। काबुल में अचानक स्थापित हुई पाक-विरोधी सरकारों से भारत के संबंध मैत्रीपूर्ण रहे हैं, यह संयोग की बात है लेकिन भारत ने कभी भी यह कोशिश नहीं की कि काबुल में पाक-विरोधी सरकार कायम हो जाए। ऐसी कोशिश वह अब भी नहीं कर रहा है लेकिन पाकिस्तान में यह निराधार भय फैला हुआ है कि भारत और रूस मिलकर काबुल में पाक-विरोधी सरकार बिठाने में जुटे हुए हैं। 1965 और 1971 के युद्धों के समय पाकिस्तान के कुछ जिम्मेदार तत्त्वों ने यह झूठा आरोप भी लगाया था कि वह ज़ाहिरशाह को उकसा रहा है कि वे पाकिस्तान के खिलाफ़ दूसरा मोर्चा खोल दें। इस तरह के निराधार भयों और आशंकाओं के आधार पर जनरल मुशर्रफ यदि अब भी अफगानिस्तान के आंतरिक मामलों में हस्तक्षेप करेंगे तो वे काबुल के बगीचे में अस्थिरता के बीज बो देंगे।

इसमें सन्देह नहीं कि अगर काबुल में कोई मजबूत और तटस्थ सरकार कायम हो गई तो पाकिस्तान के कुछ जबर्दस्त मंसूबों पर पानी फिर जाएगा। जनरल ज़िया, बेनज़ीर, नवाज़ शरीफ और मुशर्रफ–इन चारों सरकारों ने अजीब-से मंसूबे बाँध रखे थे। पहला मंसूबा तो यही था कि अफगानिस्तान को अपना सामरिक पिछवाड़ा बना लिया जाए तो भारत पर हवाई हमले करने के लिए कुछ सुरक्षित अड्डे मिल जाएँगे। दूसरा, मध्य एशिया के पाँचों मुस्लिम गणतंत्रों तथा अन्य क्षेत्रों तक पहुँचने के लिए अफगानिस्तान के ज़रिए सबसे छोटे और सुरक्षित रास्ते मिल जाएँगे। तीसरा, यदि काबुल में कठपुतली सरकार बन जाए तो अफगान-सीमा पर तैनात दो फौजी डिवीजन भारतीय सीमा की तरफ तैनात कर दी जाएँगी। चौथा, अफगानिस्तान के नाम पर मिलनेवाले पश्चिमी हथियारों और डॉलरों में भी हिस्सेदारी की जाएगी। पाँचवाँ, अफगान संकट को इस्लामी जामा पहनाकर इस्लामी देशों की नेतागीरी की जाएगी। छठा, अफगानिस्तान की अराजक स्थिति का लाभ उठाकर वहाँ आतंकवादी शिविर खड़े किए जाएँगे और उनका इस्तेमाल कश्मीर, चेचेन्या तथा अन्य क्षेत्रों में भी किया जाएगा। इन सब मंसूबों का जाल अब पाकिस्तान को समेटना होगा और यदि उसे खुद टूटने से बचना है तो यह देखना होगा कि वह काबुल के साथ अपने संबंधों को सहज रखे, वरना उसका सरहदी

सूबा खटाई में पड़ सकता है। वहाँ खदबदाहट अभी से शुरू हो गई है।

जनरल मुशर्रफ का परेशान होना स्वाभाविक है। हालाँकि मज़हबी संगठनों की चुनावी हैसियत कुछ नहीं है। उन्हें कभी 10 प्रतिशत सीटें या वोट तक नहीं मिलते लेकिन उनके इशारे पर पाकिस्तान में कोहराम तो मच ही जाता है। पाकिस्तान की फौजी और राजनीतिक सरकारों ने इन मज़हबी जमातों का पिछले कई वर्षों से जो बेजा इस्तेमाल किया है, उसकी धमक अब जमकर सुनाई पड़ रही है लेकिन उसका मुकाबला मुशर्रफ हिम्मत के साथ कर रहे हैं। इसी प्रकार उन्होंने अपने चार बड़े सैन्य अधिकारियों को भी इधर से उधर सरका दिया है। यह इस बात का स्पष्ट संकेत है कि उनकी नई अफगान-नीति पर फौज के सभी जिम्मेदार स्तम्भ एकमत नहीं हैं। मज़हबियों का उछलना और फौज में असहमति जनरल मुशर्रफ को महँगी पड़ सकती है। यदि काबुल की नई सरकार से उनके संबंध सहज रहेंगे तो असंतोष के ये स्वर दब सकते हैं लेकिन यदि युद्ध लम्बा खिंच गया और अमेरिका के चिलमभरण से पाकिस्तान को कोई ठोस लाभ नहीं दिखा तो मुशर्रफ के पद और जान दोनों को खतरा हो सकता है।

मुशर्रफ की दाल इसलिए भी पतली होती जा रही है कि नर्तकी की मुद्राओं की तरह अमेरिका का रवैया भी रोज़ बदल रहा है। नित नूतन होता जा रहा है। पहले उसने कहा था कि अभियान बिजली की तरह होगा, अब वह बरसात की तरह लम्बा खिंच रहा है। पहले लक्ष्य सिर्फ उसामा बिन लादेन था, अब तालिबान हो गए हैं। और राष्ट्रपति बुश यह भी कह रहे हैं कि लक्ष्य तालिबान से भी आगे का है? यानी क्या कश्मीर का है ? मुशर्रफ को फलस्तीन, चेचेन्या और सद्दाम की उतनी चिंता नहीं है, जितनी कश्मीर की है। इसीलिए उन्होंने कश्मीरी आतंकवाद की भर्त्सना तो कर दी है लेकिन 'स्वाधीनता संग्राम' की रट वे अभी भी लगाए हुए हैं। उन्हें मालूम है कि इस नकली स्वाधीनता संग्राम ने पाकिस्तान को कितना नुकसान पहुँचाया है और वे यह भी जानते हैं कि आतंकवाद की एक टाँग जब अफगानिस्तान में टूट जाएगी तो दूसरी अकेली टाँग पर कश्मीरी आतंकवाद का दौड़ना तो दूर, चलना भी मुश्किल हो जाएगा। ऐसी स्थिति में 11 सितंबर के कारण मुशर्रफ को जो यह अपूर्व एवं स्वर्णिम अवसर मिला है, उसे वे चाहें तो पाकिस्तान की क़िस्मत बदलने के लिए इस्तेमाल कर सकते हैं। दक्षिण एशिया की शांति और समद्धि के लिए पाकिस्तान का एक स्वस्थ और सहज राष्ट्र बनना बहुत जरूरी है।

10.10.2001

कठमुल्लों और कॉमरेडों की जुगलबन्दी

भारतीय राजनीति को अफगानिस्तान खूब खेल खिला रहा है। भारत के कम्युनिस्टों और कम्यूनलिस्टों, साम्यवादियों और सम्प्रदायवादियों को उसने एक ही नाव पर सवार कर दिया है। कठमुल्लों और कॉमरेडों की भाषा चाहे अलग-अलग हो, उनका भाव एक ही है। वह है–तालिबान के विरुद्ध चल रही अमेरिकी कार्रवाई का विरोध करना। कठमुल्ले यह कहकर विरोध कर रहे हैं कि अमेरिकी हमले का निशाना इस्लाम और मुसलमान हैं और कॉमरेड यह कहकर कर रहे हैं कि अमेरिका मध्य एशिया के तेल और गैस को काबू करने के लिए अफगानिस्तान को कब्जे में ले रहा है। यह भी क्या खूब है कि कठमुल्ले मुशर्रफ को कोस रहे हैं और कॉमरेड वाजपेयी को। दोनों के बीच जबर्दस्त जुगलबन्दी चल रही है।

हमारे कॉमरेड और कठमुल्ले अब भी 70-80 साल पुरानी दुनिया में जी रहे हैं। कॉमरेडों को क्या यह पता नह कि उनके पितदेशों की नीति क्या है। रूस और चीन दोनों ही अमेरिकी कार्रवाई का समर्थन कर रहे हैं। चीन ने सिर्फ नागरिकों की जान-माल पर चिन्ता दिखाई है और कार्रवाई के लिए संयुक्तराष्ट्र संघ के तत्वावधान को बेहतर बताया है। रूस के राष्ट्रपति पूतिन तो भारत से भी अधिक उत्तेजित हैं। चेचेन्या का आतंकवाद उनके गले का साँप बना हुआ है। इसी साँप को सीढ़ी बनाकर वे राष्ट्रपति पद की मंजिल तक पहुँचे हैं। वे अमेरिकियों को हर तरह की मदद देने को तैयार हैं। वे गैर-पठान उत्तरी गठबन्धन की सक्रिय सहायता कर रहे हैं और उन्हीं के इशारे पर उज़्बेकिस्तान और ताज़िकिस्तान के हवाई अड्डे अमेरिकियों के लिए खोले गए हैं। रूस यह मानता है कि तालिबान संक्रामक रोग हैं। उनके कीटाणु मध्य एशिया के पाँचों मुस्लिमबहुल गणतन्त्रों में नहीं पहुँचने चाहिए।

इस्लामी कट्टरवाद को अपने दक्षिणी प्रभाव-क्षेत्र से दूर रखने के लिए रूस कोई भी कीमत चुकाने को तैयार है, यहाँ तक कि नाटो के साथ भी जाने को तैयार है। स्वयं चीन अपने सिंक्यांग नामक प्रान्त में फैले इस्लामी कट्टरवाद से बहुत झुँझलाया हुआ है। सिंक्यांग की सीमाएँ पाकिस्तान, कश्मीर और लद्दाख से लगती हुई हैं। पाकिस्तानी आतंकवादी चीन में अपने कीटाणु फैलाने से भी बाज़ नहीं आते। चीन इन आतंकवादियों और इस्लामी कठमुल्लों पर उसी बेरहमी से टूट पड़ता है, जिस

कठोरता से लेनिन और स्तालिन ने बुखारा और खीवा के बस्माची इस्लामियों को खदेड़ा था। आश्चर्य है कि भारतीय कॉमरेडों का दिल तालिबान के लिए पिघला जा रहा है। क्या तालिबान बसमाचियों से कुछ कम हैं? इस्लाम के नाम पर लगभग 80 साल पहले तुर्की से आए कुछ कठमुल्लों ने काबुल, बुखारा, खीवा वगैरह की नाक में दम कर दिया था लेकिन तालिबान की तरह लाखों अफगानों को उन्होंने मध्ययुगीन साँकलों में नहीं जकड़ा था। अगर भारत की कम्युनिस्ट पार्टियों में मार्क्सवाद का ज़रा भी प्रभाव बचा हुआ है तो कोई कारण नह कि वे अफगानिस्तान की घोर प्रतिक्रियावादी शक्तियों का समर्थन करें। मार्क्स ने धर्म को 'जनता की अफीम' कहा था। तालिबान दोहरी अफीम के सौदागर हैं। वे धर्म की अफीम तो बेच ही रहे हैं, सारी दुनिया में वास्तविक अफीम की तस्करी भी कर रहे हैं। कितना दुर्भाग्य है कि भारत के कम्युनिस्ट आज अनजाने ही इन दोहरे अफीमचियों की बगल में खड़े दिखाई पड़ रहे हैं। ये ही वे तत्त्व हैं, जिन्होंने लेनिन के मित्र और 'समाजवादी बादशाह' अमानुल्लाह के खिलाफ़ 1925 में खोस्त में बगावत की थी। 'लॉरेन्स ऑफ अरेबिया' की मदद से जिन इस्लामी पठान कबीलों ने 1929 में अमानुल्लाह का तख़्ता पलटा था, वे ही आज भी तालिबान के वेश में दनदना रहे हैं। उनका समर्थन हमारे मार्क्सवादी क्या सिर्फ इसीलिए कर रहे हैं कि अमेरिका उनके विरुद्ध कटिबद्ध हो गया है? जो भारतीय मार्क्सवादी रूस के कारण द्वितीय महायुद्ध के दिनों में ब्रिटेन और अमेरिका के गीत गाने लगे थे और भारतीय स्वाधीनता संग्राम से अलग-थलग हो गए थे, वे आज अपनी ढपली अलग क्यों बजा रहे हैं? द्वितीय महायुद्ध की तरह अब रूस, अमेरिका और ब्रिटेन फिर से एक ही खेमे में आ गए हैं। इस बार रूस का अनुकरण करने और पश्चिमी खेमे का समर्थन करने में उन्हें हिचकियाँ क्यों आ रही हैं? अब तो यह पहले से भी अधिक आसान होना चाहिए, क्योंकि यह समर्थन भारत के भी अनुकूल होगा। यदि अफगानिस्तान से भारत के दुश्मनों का सफाया होता है तो क्या इसमें भी साम्यवादियों को कुछ एतराज़ है? 55-60 साल पहले भारत के कम्युनिस्टों ने जो ऐतिहासिक भूल कर दी थी, उसे सुधारने का यह अपूर्व अवसर है। क्या इस अवसर को भी वे अपने हाथ से फिसलने देंगे? क्या वे इतिहास की सीढ़ियों से दुबारा फिसलने पर आमादा हैं?

कम्युनिस्ट पार्टियों का यह आरोप निराधार नह है कि मध्य एशिया के तेल, गैस और खनिजों को अमेरिका काबू करना चाहेगा। कौन नह करना चाहेगा? क्या रूस ने इन क्षेत्रों पर 100 साल से भी ज्यादा अपना कब्जा नहीं रखा? इन सब प्रदेशों को पहले ज़ारशाही और फिर साम्यवादी तानाशाही के बूटों तले पिसते रहना पड़ा है। ये क्षेत्र अमेरिकी शोषण के शिकार न बनें, यह शुभ विचार है

लेकिन इसकी उलट आशंका के आधार पर क्या हम इस क्षेत्र की तालिबान जैसी अशुभ शक्तियों के समर्थन में हाथ उठा सकते हैं? क्या भारत के कम्युनिस्ट अभी पाँच साल पहले की घटना भूल गए, जब 27 सितम्बर 1996 को अफगानिस्तान के कम्युनिस्ट और पूर्व राष्ट्रपति डॉ. नजीबुल्लाह को इन्हीं तालिबान ने चौराहे पर फाँसी दी थी और उनके शव को सड़कों पर घसीटा था? भारत के कम्युनिस्ट भी कमाल के लोग हैं। क्या वे अफगान कम्युनिस्टों से कोई भाईचारा महसूस नह करते हैं? उनके हत्यारों से हाथ मिलाने में उन्हें ज़रा भी संकोच नह हो रहा है। जहाँ तक मध्य एशिया की सम्पदा का सवाल है, उसका शोषण बच्चों का खेल नह है। पहली बात तो यह कि वे सभी राष्ट्र सम्प्रभु हैं। अपने फैसले खुद करने के लिए वे स्वतन्त्र हैं। दूसरी बात, वे रूसी गठबन्धन के सदस्य हैं। इन क्षेत्रों में रूस के हितों के विरुद्ध कुछ कर पाना आसान नहीं है। तीसरी बात, इन सारे क्षेत्रों को तालिबान के माध्यम से पाकिस्तान के पास गिरवी रख देने से तो कहीं बेहतर है कि इसे अन्तरराष्ट्रीय समुदाय के लिए खुलने दिया जाए। यदि यह क्षेत्र दुनिया के सभी देशों के लिए खुल गया और अफगानिस्तान में शांति स्थापित हो गई तो क्षेत्रीय राष्ट्रों में सबसे अधिक लाभ भारत को ही होगा। इसके लिए यह भी जरूरी है कि पाकिस्तान में सही ढंग की सरकार हो और भारत-पाक तनाव घटे। यदि वर्तमान अन्तरराष्ट्रीय राजनीति की शतरंज पर गोटियाँ जिस तरह आगे बढ़ रही हैं, उसी तरह बढ़ती रहीं तो बाजी भारत के हाथ जरूर लगेगी। क्या भारत के कम्युनिस्ट इस संभावना के प्रति बिल्कुल बेखबर हैं?

जहाँ तक भारत के कठमुल्लों का सवाल है, उनकी स्थिति बहुत ही हास्यास्पद हो गई है। वे पाकिस्तान के शासकों को कोस रहे हैं और वहाँ के कठमुल्लों के साथ एकजुटता दिखा रहे हैं। वे उसामा बिन लादेन को इस्लामी जगत का हीरो बना रहे हैं और अमेरिका के विरुद्ध जिहाद का एलान कर रहे हैं। क्या उन्हें पता नहीं कि यही उसामा अफगानिस्तान में सी.आई.ए. की शमशीर बना हुआ था? अमेरिका से पैसे, हथियार और प्रशिक्षण लेते समय उसामा को इस्लाम क्यों नहीं याद आया? क्या इस्लाम में नशा हराम नहीं है? क्या जिहाद अफीम, गाँजे और हेरोइन के पैसों से चलाया जा सकता है? जिहाद तो काफिरों के साथ होता है। 1996 में काबुल से मुजाहिदीन को क्यों हटाया गया और तालिबान को क्यों बिठाया गया? क्या मुजाहिदीन काफ़िर थे? क्या रब्बानी, पीर गैलानी, मुजद्ददी, सय्याफ, हिकमतयार और यूनुस खालिस मुसलमान नहीं थे? क्या अहमदशाह मसूद मुसलमान नहीं थे ? इन मुसलमान नेताओं के मुरीदों और शागिर्दों की संख्या लाखों में है। अभी तालिबान को हटाकर जो उत्तरी गठबन्धन (इत्तेहाद-ए-शुमाली)

सत्तारूढ़ होना चाहता है, उसके नेता कौन हैं? क्या वे काफ़िर हैं? क्या वे मुसलमान नह हैं? मुसलमानों के एक गुट को हटाकर दूसरा गुट अगर सिंहासन पर बैठता है तो इसमें जिहाद कहाँ से आ गया? हाँ, अगर अफगानिस्तान पर अमेरिका अपना कब्जा जमाता है तो यह घोर आपत्तिजनक बात है। इस आपत्ति के निवारण के लिए अफगानिस्तान के बहादुर लोगों को भारत के कठमुल्लों के टेके की जरूरत नहीं है। उन्होंने ब्रिटिश और रूसी साम्राज्यों को लोहे के चने चबवाए हैं, वे अमेरिकियों के भी दाँत तोड़े बिना उन्हें लौटने नह देंगे। लेकिन याद रहे, अमेरिकियों का हमला अफगानिस्तान पर नहीं, उसामा और तालिबान पर है। अमेरिका का हमला इस्लाम पर नहीं, आतंकवाद पर है। इस हमले के कारण आम अफगान नागरिक भयावह दौर से गुजर रहा है। उसके लिए हमारा कलेजा मुँह को आता है लेकिन इसकी सारी जिम्मेदारी तालिबान पर है। अगर यह हमला इस्लाम पर होता तो क्या पाकिस्तान अमेरिका के साथ होता? क्या सऊदी अरब और खाड़ी के मुस्लिम राष्ट्र अमेरिकी कार्रवाई का समर्थन करते? क्या उज़्बेकिस्तान और ताजिकिस्तान अपने हवाई अड्डों का इस्तेमाल करने देते?

क्या भारत के मुसलमान इस्लामी संगठन (ओ आई सी) के ताज़ातरीन प्रस्ताव पर ध्यान देंगे? उसमें साफ़-साफ़ कहा गया है कि 11 सितम्बर के अपराधियों को सज़ा जरूर मिलनी चाहिए। उसमें कश्मीर के बारे में एक शब्द भी नहीं कहा गया है। अफगानिस्तान में अमेरिकी कार्रवाई का रत्तीभर भी विरोध नहीं किया गया है। सिर्फ इतना ही अनुरोध किया गया है कि अफगानिस्तान के अलावा दूसरे राष्ट्रों को अमेरिकी हवाई हमलों का निशाना नहीं बनाया जाए। उन्हें डर था, जैसा कि बुश ने कह दिया है कि आतंकवाद का पीछा करते-करते वे अफगानिस्तान के आगे भी जाएँगे। इस आशय की अनुज्ञा भी अमेरिका ने संयुक्तराष्ट्र संघ से प्राप्त कर ली है। इस्लामी संगठन का यह डर जायज़ हो सकता है लेकिन इसका इस्लाम से क्या लेना-देना है? अमेरिका इस्लामी राष्ट्रों के नहीं, आतंकवादियों के पीछे पड़ा हुआ है।

भारत के कॉमरेडों और कठमुल्लों की नज़र मुसलमानों के वोटों पर है। लेकिन 21वीं सदी का भारतीय मुसलमान अब इतना भोला नहीं रह गया है कि उसे आप 'खिलाफ़त' जैसे बाहरी मामलों में फँसा लें। भारत का मुसलमान ऐसा कोई भी काम नहीं करना चाहेगा, जिसके कारण उसके मुल्क के मफ़ाद (हित) खतरे में पड़ें।

15.10.2001

कोलिन पॉवेल का लॉलीपॉप और हमारी नपुंसक खुशी

क्या अब भी भारत सरकार ने कुछ नहीं सीखा ? अमेरिकी विदेश मंत्री कोलिन पॉवेल उसे क्या दे गए ? एक चूसनी (लॉलीपॉप), जिसका नाम है, दिलासा ! यह दिलासा कि जैसा 11 सितम्बर, वैसा ही 1 अक्टूबर ! यानी जैसे ट्रेड टॉवर और पेन्टगॉन पर हमला हुआ, वैसे ही श्रीनगर में विधानसभा पर हुआ। दोनों हमले एक-जैसे हुए, दोनों आतंकवादों के चेहरे एक-जैसे हैं, दोनों ही भयावह हैं—यह मान लेने पर भी क्या हुआ ? यदि पॉवेल यह नहीं मानते या यह नहीं कहते तो भी क्या होता ? क्या ये तथ्य नहीं हैं ? तथ्य को दोहरा देने में कौन-सी नवाई है या बड़ाई है ? जिसे पॉवेल एक-जैसा कह रहे हैं, वह वास्तव में एक-जैसा भी नहीं है। वह हजारों-जैसा है। भारत में पिछले 20 साल में वैसी हजारों घटनाएँ हो चुकी हैं। लेकिन अमेरिका के कान पर कभी जूँ तक नहीं रेंगी। अब अफगानिस्तान में अमेरिका का हाथी रेंग रहा है। इसीलिए रेंग रहा है कि आतंकवाद की जूँ ने अमेरिका की खोपड़ी को खुरच डाला है। इस जूँ को मसल डालने के अलावा अमेरिका का मक़सद क्या है ? जैसे ही यह जूँ मरी कि अमेरिका वापस अपनी खोल में समा जाएगा ! उसकी बला से, कश्मीर में कुछ भी होता रहे।

लेकिन हमारी सरकार अब भी एक नपुंसक खुशी का शिकार है। उसे खुशी थी बल्कि यों कहें तो बेहतर होगा कि वह खुशी के मारे पगला गई थी कि अब उसका काम बन गया। 11 सितम्बर क्या आया, वह अपने साथ कश्मीर की दवा भी ले आया। जिस कश्मीरी आतंकवाद पर वह बगलें झाँकती रहती है, उसे खत्म करने का बीड़ा अब अमेरिका उठाने ही वाला है। क्या इसीलिए 1 अक्टूबर की घटना पर प्रधानमंत्री ने राष्ट्रपति बुश को चिट्ठी नहीं लिखी ? बुश को चिट्ठी भेजने की क्या तुक थी ? क्या आतंकवादी बुश ने भेजे थे ? बुश ने क्या कर लिया ? चिट्ठी पढ़ ली और एक तरफ रख दी। दो-चार लाइन का बयान जारी कर दिया। अगर चिट्ठी भेजनी ही थी तो दुनिया के सभी मुस्लिम देशों को भेजी जाती, जिन्हें बरगलाने की कोशिश पाकिस्तान हमेशा करता रहता है या तीसरी दुनिया के सभी

देशों को भेजी जाती, जो मौका पड़ने पर संयुक्तराष्ट्र महासभा में हमारा समर्थन करते या सभी महाशक्तियों को भेजी जाती जो हमारी सम्भावित सैन्य कार्रवाई का सुरक्षा परिषद् में समर्थन करते। हमारा पत्र दुनिया के नाम एक नोटिस होता कि अब अफगानिस्तान के साथ-साथ कश्मीर की भी बारी है। यह सब नहीं करके, पत्र केवल अमेरिका को भेजा गया। क्यों ? इसीलिए कि वह हमारा तारणहार बन गया है। पितु, मात, सहायक, स्वामी, सखा; तुम ही एक नाथ हमारे हो ! इसी भक्ति-धारा के प्रवाह में कोलिन पॉवेल भारत पधारे !

भक्ति-भाव इतना प्रबल है कि भारत सरकार ने ज्ञान और कर्म को ताक पर रख दिया है। पहले ज्ञान को लें। ज्ञान की स्थिति यह है कि भारत सरकार रस्सी को साँप कह रही है और साँप को रस्सी।

अमेरिकी खुश हो जाएँ, करुणानिधान पिघल जाएँ इसलिए भारत सरकार ने कह दिया कि असली मुद्दा कश्मीर नहीं है, आतंकवाद है। आतंकवाद अमेरिका के सिर पर चढ़कर बोल रहा है। इसीलिए हमारी सरकार ने सोचा वह भी उसी मन्त्र को क्यों नहीं दोहराए ? हमारी सरकार से कोई पूछे कि कश्मीर के कारण आतंकवाद पैदा हुआ है या आतंकवाद के कारण कश्मीर पैदा हुआ है ? कश्मीर को दरकिनार करने पर हमारी सरकार क्यों आमादा है ? यह चोर-मुद्रा हमने क्यों धारण कर रखी है ? कश्मीर से हमें क्या डर है ? कश्मीर पाकिस्तान का नहीं, भारत का मुद्दा होना चाहिए। जो गलती नेहरू सरकार ने की, वही वाजपेयी सरकार कर रही है। यह केवल संयोग नहीं कि सोनिया गाँधी भी वाजपेयी के स्वर में स्वर मिलाकर कह रही है कि कश्मीर नहीं, आतंकवाद ही मुद्दा है। आतंकवाद तो तात्कालिक मुद्दा है लेकिन इस मुद्दे की जड़ कहाँ है? कश्मीर में है। हम कश्मीर को अ-मुद्दा क्या केवल इसीलिए बना रहे हैं कि कोलिन पॉवेल और मुशर्रफ ने इस्लामाबाद में कह दिया कि भारत-पाक के बीच वह 'केन्द्रीय मुद्दा' है ? 'केन्द्रीय मुद्दे' की सरल व्याख्या पॉवेल ने भारत आकर कर दी। उन्होंने हमारे नेताओं को समझा दिया कि उनका मतलब 'महत्त्वपूर्ण मुद्दे' से था। उसे आप गलत न समझें। हम आपके आतंकवाद के विरुद्ध वैसे ही कटिबद्ध होंगे, जैसे कि अपने आतंकवाद के विरुद्ध हैं। गंगा गए तो गंगादास और जमना गए तो जमनादास ! इसी का नाम है, दिलासा, मीठी चूसनी, लॉलीपॉप ! इसी लॉलीपॉप पर हमारी लार टपकी जाती है।

भारत सरकार को चूसनी तो मिल गई लेकिन वह घर की रही न घाट की ! न तो उसे कश्मीर पर कोई ठोस समर्थन मिला और न ही उसके आतंकवाद पर ! वह इसी में मगन है कि प्रधानमंत्री को राष्ट्रपति बुश 9 नवम्बर को दर्शन देने के लिए तैयार हो गए हैं। हमारी सरकार को नपुंसक खुशी का यह दूसरा दौरा

पड़ा है। अब भी हम शायद आस लगाए बैठे हैं कि अमेरिका कश्मीर में हमारी गाड़ी पार लगा देगा।

कश्मीर पर अपनी गाड़ी हमें खुद दौड़ानी होगी, यह सबक है, अफगानिस्तान की घटनाओं का ! अफगानिस्तान की घटनाओं में हम टाँग जरूर अड़ाना चाहते हैं लेकिन उसके लिए भी हम अमेरिका का टेका लेना चाहते हैं। अपने भरोसे कुछ नहीं करना चाहते। स्वयं कर्मशून्य हैं। अमेरिकी पेड़ से हम अमर-बेल की तरह लिपट जाना चाहते हैं–कश्मीर में भी और अफगानिस्तान में भी ! अफगानिस्तान की भावी सरकार कैसी होगी, इस बारे में भारत सरकार के पास कोई ज्ञान और कर्म नहीं है। वह अमेरिका-भक्ति के खूँटों पर अपना तम्बू गाड़ना चाहती है। पेशावर में मुजाहिदीन के लगभग सभी नेता पिछले 15-20 दिन से इकट्ठे होकर बात कर रहे हैं। पूर्व बादशाह ज़ाहिरशाह से अनेक देशों के प्रतिनिधि मिल चुके हैं लेकिन भारत, जो कि दक्षिण एशिया का महाबली है, हाथ पर हाथ धरे बैठा है या अगर हाथ हिला रहा है तो सिर्फ अमेरिका का कीर्तन करने के लिए ! वह अमेरिका से प्रार्थना कर रहा है कि काबुल की भावी सरकार में तालिबान तत्त्वों को न रखा जाए जबकि इस्लामाबाद में कोलिन पॉवेल स्पष्ट कह चुके हैं कि भावी ढाँचे में उदार तालिबान रह सकते हैं। कौन हैं, ये उदार तालिबान ? भारत सरकार को क्या पता ? उदार तालिबान वे हैं जो इस समय लुक-छिपकर अमेरिका की मदद कर रहे हैं और जो वास्तव में जबरन तालिबान हैं। ये तत्त्व पश्तूनों के प्रतिनिधि हो सकते हैं। क्या भारत सरकार को पता नहीं कि पश्तूनों के प्रतिनिधित्व के बिना काबुल में कोई सरकार टिक नहीं पाएगी ? भारत सरकार अगर सिर्फ उत्तरी गठबन्धन पर आस लगाए बैठी है तो उसे केवल आंशिक सफलता ही मिल पाएगी। यदि भारत क्षेत्रीय महाशक्ति की भूमिका अदा करना चाहता है तो अफगानिस्तान की सभी जातियों पर उसे अपना उचित प्रभाव बनाकर रखना होगा और उनके साथ उसे सीधे सम्पर्क रखने होंगे। इसी प्रकार अफगानिस्तान के सभी पड़ौसी देशों के साथ उसका सार्थक संवाद चलता रहे, यह भी जरूरी है। पड़ौसी देशों से बैर मोल लेकर कोई भी सरकार काबुल में नहीं टिक सकती।

क्या यह विचित्र नहीं कि प्रधानमंत्री के प्रधान सचिव और विदेश मंत्री, दोनों ही 11 सितम्बर के बाद पश्चिमी देशों में धरना दिए रहे, लेकिन उन्होंने ईरान, उज़बेकिस्तान, तुर्कमेनिस्तान, ताज़िकिस्तान की सुध भी नहीं ली। ये अफगानिस्तान के पड़ौसी देश हैं। पाकिस्तान के साथ सार्थक संवाद में कई कठिनाइयाँ अवश्य हैं लेकिन किसी भी क्षेत्रीय महाशक्ति के लिए क्या यह करारा व्यंग्य नहीं कि उसी के इलाके में, उसी की नाक के नीचे विश्व-स्तर की कार्रवाई हो रही है और वह

अगली पंक्ति में नहीं, दुमछल्लों के बीच दिखाई पड़ रहा है ? इसका कारण हम स्वयं हैं। जब दो साल पहले आतंकवादियों ने हमारी नाक काटी और हमारा जहाज कन्धार में टिकाया तो कन्धार हवाई अड्डे पर कब्जा करने और तालिबान को सबक सिखाने की बजाय हम आतंकवादियों को बारातियों की तरह साथ ले गए और उन्हें ट्रेड टॉवर गिराने के लिए उसामा बिन लादेन के सुपुर्द कर आए। हमारे तेवर तभी आजमाए गए। हमारे सैनिक पुंसत्व की परीक्षा तभी हो गई। ऐसी सरकार अपना दायित्व दूसरों से निभाने के लिए मिन्नतें करे तो उसमें कोई आश्चर्य क्यों हो ?

इसका मतलब यह नहीं कि अफगानिस्तान में चल रही अमेरिकी कार्रवाई का भारत विरोध करे। उस कार्रवाई के कारण आतंकवाद की कमर टूटेगी, इसलिए उसका समर्थन तो करना ही चाहिए लेकिन यह नहीं भूलना चाहिए कि भारत दक्षिण एशिया की महाशक्ति है। उसे यह मानकर ही चलना चाहिए कि उसामा बिन लादेन के मिलते ही या मरते ही और तालिबान के गिरते ही अफगानिस्तान से अमेरिका को अरुचि हो जाएगी। उस स्थिति में भारत क्या करेगा ? अमेरिका तो समुद्र-पार लौट जाएगा लेकिन भारत कहाँ जाएगा ? उसे और अफगानिस्तान को तो एक ही इलाके में रहना होगा। क्या भारत के लिए यह मुनासिब है कि उसका बर्ताव पाकिस्तान की तरह हो ? पाकिस्तान की तो यह नियति ही है कि वह किसी न किसी का दुमछल्ला बना रहे। उसने अमेरिका के पहले सोवियत रूस पर डोरे डालने की कोशिश की थी। प्रधानमंत्री लियाकत अली खान ने स्तालिन सरकार को पटाने की हरचन्द कोशिश की लेकिन बाद में पाकिस्तान अमेरिका का बगलबच्चा बन गया। भारत को यह डाह नहीं होना चाहिए कि पाकिस्तान अमेरिका के इतने नज़दीक क्यों चला गया। पाकिस्तान, पाकिस्तान है और भारत, भारत ! भारत को यह अफसोस क्यों हो कि अमेरिकी विदेश मंत्री की इस यात्रा के दौरान पाकिस्तान पर तवज्जोह ज्यादा क्यों थी, उसके सरोकारों के प्रति अमेरिका अधिक सचेत क्यों था और कोलिन पॉवेल ने भारत के सुर में सुर क्यों नहीं मिलाया ! यह क्या कम है कि अमेरिकी विदेश मंत्री लिहाज़दारी के बहाने ही सही, भारत तो आए ! भारत अगर चाहता है कि अमेरिका सचमुच उसका साथ दे तो पहले उसे अपना साथ खुद देना होगा। जिस दिन भारत आतंकवाद के विरुद्ध एक पुंसत्ववान राष्ट्र की तरह पेश आएगा, उस दिन अमेरिका उसके आगे-आगे नहीं, पीछे-पीछे दौड़ेगा।

18.10.2001

तालिबान डटे रहे तो आगे क्या होगा ?

पिछले ढाई हफ्तों से चल रहे हवाई हमलों के बावजूद पता नहीं चल रहा कि अफगानिस्तान में हो क्या रहा है ? यह ठीक है कि तालिबान ने बीबीसी और सीएनएन को अन्दर नहीं घुसने दिया, जैसे कि वे 1991 में अन्दर घुसकर एराक का तमाशा दुनिया को दिखा रहे थे। लेकिन अमेरिका के सूचना उपग्रह भी हमें क्या बता पा रहे हैं ? ज़मीन पर चल रही चींटी को देख पाने का दावा करनेवाले ये उपग्रह अभी तक यही नहीं देख पाए कि उसामा बिन लादेन और मुल्ला उमर कहाँ छिपे हुए हैं ? मान लिया कि वे किसी गहरी गुफ़ा में उतर गए होंगे लेकिन तालिबान ने अपने दर्जनों जहाज और हेलिकॉप्टर, सैकड़ों टैंक और स्टिंगर मिसाइल, हजारों मशीनगनें और बन्दूकें भी क्या किसी पहाड़ी गड्ढे में छिपा दी हैं ? अफगानिस्तान में इतनी बड़ी कोई जगह ही नहीं है, जहाँ इतना सैनिक साजो-सामान छुपाया जा सके। इसका मतलब क्या हुआ?

यही कि अमेरिकी हवाई हमले अभी तक सिर्फ हवाई ही सिद्ध हो रहे हैं। वे तालिबान का मनोबल तक नहीं तोड़ पाए हैं। यह ठीक है कि अमेरिकियों को काफी पाबन्दियों के बीच काम करना पड़ रहा है। वे रिहायशी बस्तियों, अस्पतालों, मस्जिदों और गाँवों को अपना निशाना नहीं बना रहे हैं लेकिन जिन सैनिक अड्डों को उन्होंने अपना निशाना बनाया है, क्या वे वाकई नष्ट हुए हैं ? काबुल के रेडक्रॉस, मज़ारे-शरीफ के अस्पताल और बस्तियों पर जरूर कुछ बम गिरे हैं, जिन्हें अरबी टीवी चैनल 'अल-ज़जीरा' ने दिखाया है और अमेरिका ने माफ़ी भी माँगी है। इससे क्या सिद्ध होता है ? क्या यह नहीं कि अमेरिका की सैन्य-तकनीक खरी नहीं उतर रही है। दस साल पहले वह एराक में सद्दाम हुसैन का बाल भी बाँका नहीं कर पाई। पता नहीं अफगानिस्तान में वह कौन-सा बरगद उखाड़ेगी ? अगर सिर्फ हवाई हमलों से युद्ध जीता जा सकता होता तो मालविनास (फॉकलैन्ड्स) में अब से 20 साल पहले ब्रिटेन को पसीना नहीं छूटता। जब तक ब्रिटेन की गुरखा टुकड़ियों ने अर्जेन्टिनाई सैनिकों से दू-ब-दू लड़ाइयाँ नहीं लड़ीं, वह अपना कब्ज़ा नहीं जमा पाया।

अमेरिकी सैनिक भी अब अफगानिस्तान में उतर रहे हैं लेकिन कैसे उतर रहे हैं ? जैसे कौए उतरते हैं, घरों पर ! उतरे, दाना चुगा और उड़ लिए। क्या इस 'ले उड़ू' मानसिकता के दम पर तालिबान को खदेड़ा जा सकता है ? आखिरकार वे अफगान हैं। अफगानों को ज़मीनी युद्ध का जबर्दस्त अनुभव है। ज़रा-से अफगानिस्तान ने 80 साल में ब्रिटिश साम्राज्य के साथ तीन युद्ध लड़े और सोवियत साम्राज्य के साथ 12 वर्षीय युद्ध लड़ा। इन सभी युद्धों में उसने दुश्मन के दाँत खट्टे किए। पहले अफगान-युद्ध (1838-42) में ब्रिटिश भारत से गए 16 हजार सिपाहियों में से 15 हजार 999 सिपाहियों को अफगानों ने मार डाला। सिर्फ डॉ. ब्राइडन नामक एक फौजी डॉक्टर कन्दराओं में छिपता-छिपाता अपनी जान बचाकर पेशावर पहुँच पाया। सोवियत रूस ने 12 साल में 13 हजार से ज्यादा जवान मरवाए और बड़े बे-आबरू होकर उसे अफगान कूचे से निकलना पड़ा। इसी प्रकार बादशाह अमानुल्लाह को धमकाने के लिए अंग्रेज ने मई 1919 में तीसरे अफगान युद्ध के दौरान हवाई बमबारी भी की लेकिन हारकर उसे अफगानों से सन्धि करनी पड़ी, ऐसी सन्धि, जिसके कारण 40 साल पहले गन्दमक की सन्धि में छीने हुए सारे अधिकार उसे लौटाने पड़े। कहने का मतलब यह कि तालिबान को न तो गीदड़ भभकियों से डराया जा सकता है और न ही उड़न-छू तमाशों से ! उन्हें खदेड़ने के लिए जब तक बड़े पैमाने पर फौजी न उतारे जाएँ और जमकर जमीनी जंग न हो, कामयाबी हासिल होना आसान नहीं है।

अमेरिकी कार्रवाई को अपेक्षित सफलता इसलिए भी नहीं मिल रही है कि पाकिस्तान उसके साथ सहयोग नहीं कर रहा है। मुशर्रफ कर रहे हैं लेकिन मुशर्रफ पाकिस्तान नहीं हैं। यदि तालिबान का जन्मदाता पाकिस्तानी गुप्तचर विभाग अमेरिकियों को सहयोग दे रहा होता तो क्या उसामा अभी तक छिपा रह सकता था ? गुप्तचर-विभाग के मुखिया को आखिर हटाना क्यों पड़ा ! अमेरिकियों की समस्या यह भी है कि वे न अफगान भाषाएँ जानते हैं और न ही उन्हें अफगान भूगोल पता है। सोवियत रूस के ज्यादातर उज़बेक, ताज़िक, कज़ाक और तुर्कमेन जवान अफगानिस्तान की भाषाएँ भी जानते थे, मुसलमान भी थे और पड़ौसी होने के कारण वे थोड़ा-बहुत भूगोल भी समझते थे। इसके बावजूद वे मात खा गए। इसका एक बड़ा कारण यह भी था कि उनके विरुद्ध लड़ रहे मुजाहिदीन को अमेरिका और पाकिस्तान की सीधी मदद मिल रही थी। इसके अलावा अफगानिस्तान की सारी जनता उनके साथ थी जबकि तालिबान को कोई भी देश इस समय सीधी सैन्य सहायता नहीं दे रहा है और सम्पूर्ण अफगान जनता भी उनके साथ नहीं है।

पठानों के अलावा जितनी भी अफगान जातियाँ हैं, वे उनके विरुद्ध हैं यानी अफगानिस्तान का बहुमत उनके साथ नहीं है। इसके अलावा ज़ाहिरशाह-समर्थक पठान तथा बबरक कारमल और नूर मुहम्मद तरक्कइ के परचमी और खल्की पठान भी तालिबान के विरुद्ध हैं। इतना ही नहीं, अफगानिस्तान के सबसे लोकप्रिय नक्शबंदी और क़ादिरिया सम्प्रदायों के नेता हजरत सिबगतुल्लाह मुजद्ददी और पीर सय्यद अहमद गैलानी भी तालिबान के साथ नहीं हैं। बुरहानुद्दीन रब्बानी का उत्तरी गठबन्धन तालिबान पर अपनी बन्दूक पहले से ही ताने हुए है। ऐसी स्थिति में अमेरिका के विरुद्ध तालिबान उस तरह से नहीं टिक पाएँगे, जैसे कि रूस के विरुद्ध मुजाहिदीन डटे हुए थे। इसके बावजूद अगर तालिबान टिक गए और कुछ माह तक टिके रह गए तो क्या होगा ?

तालिबान के टिके रहने में सबसे अधिक सहायक होगा, अफगानिस्तान का भूगोल ! अफगानिस्तान के ऊँचे-ऊँचे पहाड़ों की चोटियाँ एक-दूसरे के काफ़ी नज़दीक होती हैं। वहाँ घाटियाँ इतनी सँकरी हैं कि उनके बीच हवाई जहाज क्या, हेलिकॉप्टर चलाना भी मुश्किल है। इसके अलावा पहाड़ों के नीचे इतनी गहरी खन्दकें, खाइयाँ और खोह बनी हुई हैं कि उनमें छिपे हुए छापामारों तक बम तथा प्रक्षेपास्त्र नहीं पहुँच सकते। अमेरिकी जवान खुद तो वहाँ तक पहुँच सकते हैं लेकिन सम्भावना यह भी है कि उनका लौटना मुश्किल हो जाए। वे अभिमन्यु की तरह फँस सकते हैं, जैसे कि कभी ब्रिटिश सिपाही फँसे थे। उनकी रसद तो खुट ही जाएगी, मौसम की मार भी उन्हें तबाह कर सकती है। महीने भर बाद अफगानिस्तान में शीत और हिमपात का साम्राज्य होगा। इसके अलावा रमजान का महीना भी शुरू हो जाएगा। इस्लामी जगत अधिक संवेदनशील हो उठेगा। तालिबान का मनोबल अभी तक काफी ऊँचा है। उन्होंने गैर-पठान उत्तरी गठबन्धन से भी अनुरोध किया है कि वे तालिबान का साथ दें और विदेशियों के विरुद्ध लड़ें। उन्होंने मुशर्रफ को भी बेशर्रफ (निर्लज्ज) कहना शुरू कर दिया है। वे पाकिस्तान को भी सबक सिखाने की धमकी दे रहे हैं।

ऐसी स्थिति में अमेरिकियों के लिए यह जरूरी हो गया है कि वे हजारों की संख्या में जवानों को उतारें। लेकिन कैसे उतारें ? मरने से अगर सबसे ज्यादा कोई डरता है तो वह अमेरिकी ही डरता है। अमेरिकी कांग्रेस ने बड़े बुश को बड़ी मुश्किल से एराक में जवान उतारने की अनुमति दी थी और क्लिंटन को तो यूगोस्लाविया में जवान उतारने ही नहीं दिए। छोटे बुश को अनुमति तो है लेकिन अगर वे उत्तरी गठबन्धन को जवानों के आगे कर देते तो तालिबान का सफाया ज्यादा आसान होता लेकिन इसमें बुश-प्रशासन के सामने दो दिक्कतें हैं। पहली

यह कि अगर गठबन्धन ने काबुल पर कब्जा कर लिया तो हो सकता है कि वह ज़ाहिरशाह को लौटने ही न दे और दूसरा, वह पठानों के साथ बदले निकालना शुरू कर दे यानी एक नए गह-युद्ध की शुरुआत ! इसीलिए गठबन्धन की फौजों के सामने डटी हुई तालिबान टुकड़ियों पर हवाई हमले करने में अमेरिका काफी देर तक आनाकानी करता रहा।

इस समय अमेरिका की सबसे बड़ी दुविधा यह है कि पहले तालिबान को कैसे निकाला जाए और फिर काबुल पर कब्ज़ा ज़ाहिरशाह के आने के पहले किया जाए या बाद में किया जाए ! अमेरिकी और पाकिस्तानी यह भूल रहे हैं कि उन्हें ज़ाहिरशाह से बहुत ज्यादा नहीं चिपकना चाहिए। वरना ज़ाहिरशाह पर वही विदेशी कठपुतलीवाला बिल्ला चिपक सकता है, जो कभी शाह शुजा और बबरक कारमल पर चिपका था। अफगान लोग इतने अधिक शक्की हैं कि उन्होंने अमीर अब्दुर रहमान और उनके बेटे अमीर हबीबुल्लाह पर भी अंग्रेज के दलाल होने का इल्ज़ाम लगा दिया था। यदि तालिबान का कोई शुद्ध अफगान विकल्प उभरता दिखा तो तालिबान में भी फूट पड़ सकती है। ज्यादातर तालिबान नेता गिलज़ई पठान हैं। गैर-गिलज़ई पठान और आधुनिक पठान भी तालिबान से टूट सकते हैं। इन्हें ही अमेरिका, पाकिस्तान और पीर गैलानी 'उदार तालिबान' की संज्ञा दे रहे हैं। यदि ये भी नहीं टूटे और तालिबान लम्बे टिक गए तो मुशर्रफ की जान को तो आफत हो ही जाएगी, पाकिस्तान के पठानों में भी बेचैनी बढ़ जाएगी। अमेरिकी फौजियों की लौटती हुई लाशें बुश-प्रशासन पर बहुत भारी पड़ेंगी, हालाँकि 11 सितम्बर ने बुश को अपूर्व और सशक्त जनादेश दे रखा है। अफगानिस्तान के बेकसूर लोग सेंत-मेंत में मारे जाएँगे, क्योंकि तालिबान अपनी जान बचाने के लिए बस्तियों, मस्जिदों, स्कूलों और अस्पतालों में भी पनाह लेंगे।

23.10.2001

पाकिस्तान से अमेरिकी मोहभंग और भारत

भारत की मजबूरी भी क्या मजबूरी है ? उसके अहाते में दंगल हो रहा है और वह तमाशबीन बना हुआ है। खुद कुछ भी नहीं कर पा रहा। वह दक्षिण एशिया की महाशक्ति है और दक्षिण एशिया में '21वीं सदी का पहला युद्ध' लड़ा जा रहा है। इस युद्ध में भारत की कोई भूमिका दिखाई नहीं पड़ रही है लेकिन फिर भी क्या वजह है कि दुनिया के बड़े-बड़े नेता भारत के चक्कर लगा रहे हैं ? इसका कारण अफगानिस्तान नहीं है। पाकिस्तान है। ये चक्कर पाकिस्तान के कारण लग रहे हैं। पश्चिमी देशों को डर है कि कहीं भारत और पाकिस्तान के बीच युद्ध नहीं छिड़ जाए। अगर छिड़ गया तो पता नहीं वह कहाँ तक चला जाए ? शायद परमाणु-युद्ध भड़क जाए। कहीं पिछले दोनों विश्व-युद्धों से भी अधिक भीषण युद्ध न छिड़ जाए।

पश्चिमी देशों का यह डर बड़ा शुभ है। कम से कम इस बहाने भारत का कुछ न कुछ महत्त्व तो बना हुआ है। उसकी पूछ-परख तो हो रही है। वरना इस समय सारी दुनिया का फोकस पाकिस्तान पर ही है। पाकिस्तान जो कुछ करेगा, उससे तय होगा कि अफगानिस्तान का भविष्य क्या है। क्या बुश प्रशासन को अब भी यह पल्ले नहीं पड़ा कि पाकिस्तान को अपना 'प्रधान मल्ल', खास सिपहसालार बनाकर उसने अक्लमंदी नहीं की। अफगानिस्तान में तालिबान की धुनाई करने के लिए पाकिस्तान की तटस्थता लाभदायक है, इसमें कोई शक नहीं लेकिन क्या वह सचमुच तटस्थ है ? इससे अच्छा तो यही होता कि वह तालिबान के साथ होता।

तब पाकिस्तान तालिबान की खुल्लमखुल्ला तरफदारी करता और अमेरिकी कार्रवाई का विरोध करता। कैसा विरोध करता ? क्या वह अमेरिकी बमवर्षक जहाजों को गिराने के लिए अपने जहाज भेजता ? अमेरिकी जवानों को पकड़ने के लिए क्या वह काबुल में फौजी उतरवाता ? क्या वह खाड़ी में खड़े अमेरिकी जंगी बेड़ों पर हवाई हमले करता ? क्या वह उज़बेकिस्तान और ताजिकिस्तान के हवाई अड्डों पर प्रहार करता? क्या वह अमेरिका के विरुद्ध जिहाद की घोषणा कर देता ? जाहिर है कि पाकिस्तान यह सबकुछ नहीं करता। और अगर करता तो

उसकी सख्त सजा उसे अमेरिका देता। ज्यादा से ज्यादा पाकिस्तान यह करता कि अमेरिका-विरोधी और तालिबान-समर्थक बयान रोज़ जारी करता, अन्तरराष्ट्रीय मुस्लिम समाज के गीले पटाखे को सुलगाने की कोशिश करता और भारत अगर अमेरिका का 'प्रधान मल्ल' होता तो यहाँ वह दंगे भड़काने पर आमादा हो जाता। इससे भी क्या फर्क पड़ता ? कुछ खास नहीं।

लेकिन अब पाकिस्तान क्या कर रहा है ? वह सबकुछ कर रहा है, जो अमेरिका के विरुद्ध होने पर करता। बल्कि वह भी कर रहा है, जो विरुद्ध होने की स्थिति में नहीं कर पाता। यानी अब वह अमेरिका का विश्वासपात्र बनकर उसके साथ धोखा कर रहा है। यदि पाकिस्तान अमेरिका के विरुद्ध होता तो उसे गुमराह तो नहीं कर पाता। अभी कमाण्डर अब्दुल हक की हत्या क्यों हुई ? पाकिस्तान ने उन्हें पूर्ण संरक्षण क्यों नहीं दिया ? इसीलिए कि पाकिस्तान और तालिबान के बीच गहरी साँठ-गाँठ है। अगर अब्दुल हक सफल हो जाते तो काबुल में पाकिस्तान की कठपुतलियों का क्या होता ? अब्दुल हक जैसे लोग जिएँ या मरें, पाकिस्तान की बला से ! शान्तिकामी अब्दुल हक की हत्या अमेरिका को लगा पहला जबर्दस्त धक्का है।

यदि पाकिस्तान सचमुच अमेरिका का साथ दे रहा होता तो उसामा बिन लादेन और मुल्ला उमर बहुत पहले ही पकड़ लिए जाते। जो लोग अरबी अखबारों और टी.वी. चैनल को आज तक भेंट-वार्ताएँ दे रहे हैं, उनका पता पाकिस्तानियों के पास न हो, इससे बड़ा झूठ क्या हो सकता है ? अब तो जनरल मुशर्रफ ने अपना गुप्तचर-मुखिया भी बदल लिया है। नया मुखिया क्या कर रहा है ? किसी भी युद्ध या पुलिस कार्रवाई में खुफिया सूचना प्राणवायु का काम करती है। आज अमेरिकी कार्रवाई बिना प्राणवायु के चल रही है। इसीलिए वह मुर्दा-गति को प्राप्त हो गई है। यदि पाकिस्तान खुल्लमखुल्ला तालिबान के साथ होता तो अमेरिका का क्या नुकसान होता ?

पाकिस्तान सरकार ने जैसा दावा किया था, क्या वास्तव में उसने अफगान-सीमा को सील कर दिया है ? यदि यह सच होता तो तीन हफ्ते में काबुल की कोई भी सरकार रसातल में चली जाती। अफगानिस्तान में कोहराम मच जाता। नंगे-भूखे लोग तालिबान को खुद ही पकड़-पकड़कर मार डालते। लेकिन घोषणाओं के बावजूद सीमाएँ खुली हुई हैं। यातायात और आवागमन जारी है। पिछले एक माह में लगभग 80 हजार शरणार्थी आ चुके हैं। बल्कि उलटा भी हो रहा है, हजारों पाकिस्तानी तालिबान हथियार और रसद लेकर अफगानिस्तान पहुँच रहे हैं। पाकिस्तान सरकार क्या कर रही है ? शायद वह ज्यादा कुछ कर भी नहीं सकती।

अगर वह उनके खिलाफ कुछ करेगी तो यह असम्भव नहीं कि मुशर्रफ के खिलाफ बगावत हो जाए। क्या मुशर्रफ की इतनी हिम्मत है कि वे पाकिस्तानी फौजों को पहले अपने तालिबान से निपटने को कहें और फिर अफगान तालिबान से ! जाहिर है कि वे ऐसा नहीं कर सकते। उन्होंने तो पाकिस्तानी हवाई अड्डों के इस्तेमाल की भी मनाही की है। वे अमेरिकियों से यह भी कह रहे हैं कि तालिबान-विरोधी अभियान रजमान के पहले ही खत्म किया जाए। कोई अमेरिकियों से पूछे कि यह यारी किस काम की है ? पाकिस्तान उनके लिए क्या कर रहा है ? उन्हें पहले से पता होना चाहिए था कि पाकिस्तान की बुनियाद में ही बड़ा खोट है। पहले तो मज़हब की नींव पर मुल्क बनाया गया और फिर पिछले 54 वर्षों में मज़हब की अफीम पर ही उसे पाला-पोसा गया। अब इस मज़हब के शेर पर से उसे कौन उतारे ? पाकिस्तान मज़हब के शेर पर सवार है। वह जिहाद की दहाड़ें मार रहा है। अमेरिका चाहता है कि पाकिस्तान गधे की सवारी करे। मुशर्रफ ने इसका जिम्मा भी ले लिया लेकिन मुशर्रफ की दाल रोज़ पतली होती जा रही है। अमेरिका को शीघ्र ही तय करना होगा कि पाकिस्तान के प्रति उसका सलूक क्या हो।

अमेरिकी नीति-निर्माताओं को कहीं तालिबानोत्तर अफगानिस्तान के पहले मुशर्रफोत्तर पाकिस्तान को न सँभालना पड़ जाए। ऐसी स्थिति में पाकिस्तानी परमाणु बमों पर उसे पहले से कब्जा करना होगा। यदि मुशर्रफ के तख्ता-पलट के बाद तालिबान-समर्थक फौजी या इस्लामी तत्त्व पाकिस्तान में काबिज हो गए तो इस समय जो पाक-अमेरिकी गठबन्धन-सा बना हुआ है, वह अपने आप टूट जाएगा। इस कुछ हफ्तों के छद्म से जो नुकसान हो रहा है, उसकी भरपाई के लिए अमेरिका को पाकिस्तान के विरुद्ध युद्ध की घोषणा करनी पड़ेगी। ऐसी स्थिति से बचने के लिए क्या यह कहीं बेहतर नहीं था कि अमेरिका शुरू से ही पाकिस्तान को उसी खाँचे में रखता, जिसमें अफगानिस्तान है और उसके साथ वैसा ही बर्ताव करता, जैसा कि उसका आचरण होता। अब न सिर्फ मुशर्रफ की अवैध फौजी सरकार को विश्व-मान्यता मिल गई है बल्कि लोग यह भी भूल गए हैं कि अफगानिस्तान की तरह स्वयं पाकिस्तान एक आतंकवादी राज्य है। प्रकारान्तर से अमेरिका आतंकवाद के हाथ-पाँव पर हथौड़े बरसा रहा है और मन-मस्तिष्क पर फूल चढ़ा रहा है। जब तक अमेरिका पाकिस्तान को सीधे तालिबान के विरुद्ध नहीं झोंकेगा, उसे अफगानिस्तान में सफलता कैसे मिलेगी ? क्या लस्त-पस्त उत्तरी गठबन्धन के भरोसे तालिबान को ध्वस्त किया जा सकता है ? स्वयं मुशर्रफ क्या यह जिम्मेदारी ले पाएँगे ? शायद कोई भी नहीं ले पाएगा। तो फिर अमेरिका पाकिस्तान की इस नकली और ऊपरी साँठ-गाँठ के बारे में शीघ्र ही पुनर्विचार क्यों नहीं करे?

यदि अमेरिका का तथाकथित पाकिस्तानी सहयोग से मोह-भंग हो जाए तो वह भारत की तरफ लौटेगा ! उसके पास कोई अन्य विकल्प नहीं है। यदि पाकिस्तान शत्रु-देश घोषित होता है तो अमेरिका को भारत पर निर्भर होना होगा। तालिबान से निपटने के लिए भारत अमेरिका को क्या-क्या नहीं दे सकता। फौज, हवाई अड्डे, ईंधन, रणनीति, खुफिया सूचनाएँ, उपचार और विश्राम की सुविधाएँ ! तालिबान को खत्म करने में क्या पाकिस्तान का उतना उत्साह हो सकता है, जितना भारत का होगा ? वास्तव में तालिबान को खत्म करना अमेरिका के लिए जितना जरूरी है, उससे ज्यादा जरूरी भारत के लिए है। अमेरिका का वह दूरस्थ और अनुमानित शत्रु है जबकि भारत का वह समीपस्थ और सुनिश्चित शत्रु है। मुल्ला उमर ने भारत को भी सबक सिखाने की घोषणा कर दी है। अब भारत कश्मीरी आतंकवाद की इस जड़ पर प्रहार क्यों नहीं करे ? क्षेत्रीय शक्ति होने के नाते भारत को तालिबान के विरुद्ध स्वत: ही कार्रवाई करनी चाहिए लेकिन उसका यह फर्ज़ यदि अमेरिका निभा रहा है तो इसमें क्या बुराई है। फिलहाल भारत का तमाशबीन बने रहना मजबूरी है लेकिन इस मजबूरी से पिण्ड छूटता हो तो भारत को वह मौका अवश्य झपट लेना चाहिए, वरना तालिबानोत्तर अफगानिस्तान के मन में भारत के लिए कृतज्ञता का कोई भाव नहीं होगा, जैसा कि उत्तर-साम्यवादी सरकारों के मन में नहीं था। तालिबानोत्तर अफगानिस्तान के पुनर्निर्माण में बरसनेवाले अरबों-खरबों डालरों में भी यदि भारत सही हिस्सेदारी चाहता है तो उसे अपनी कमर अभी से कसनी होगी। भारत का एकमात्र लक्ष्य काबुल से तालिबान को अपदस्थ करना होना चाहिए। लेकिन मुशर्रफ और पाकिस्तान मिलकर यदि इस लक्ष्य को ध्वस्त कर रहे हैं तो भारत और अमेरिका को मिलकर तालिबान और पाकिस्तान के विरुद्ध सीधी कार्रवाई करने में कोई हिचक क्यों होनी चाहिए।

29.10.2001

अफगानिस्तान में पिछलग्गू नीति क्यों?

कितनी अभागी है, भारत की अफगान नीति ! कभी वह अमेरिका की पिछलग्गू दिखाई पड़ती है तो कभी रूस की ! क्या भारत के अपने कोई राष्ट्रहित नहीं हैं ? अफगानिस्तान में हमें महाशक्तियों के हितों की रक्षा करनी है या भारत के हितों की ? यदि भारत के हितों की रक्षा करना हमारी विदेश नीति का धर्म है तो हम वे सब चालें क्यों चल रहे हैं, जिनका आखिरी अंजाम हमारी मात के अलावा कुछ नहीं हो सकता। पहले भी हम जबर्दस्त मात खा चुके हैं। ज़रा उसे याद करें। उससे सबक भी लें।

26 दिसम्बर 1979 ! ज्यों ही अफगानिस्तान में रूसी फौजें घुसीं, प्रधानमंत्री चौधरी चरणसिंह ने रूसी राजदूत वारान्तसोफ़ को मध्य-रात्रि में बुलाया और उनकी लू उतार दी। राष्ट्रपति ब्रेझनेव के लिए इससे बड़ा धक्का क्या हो सकता था ? जो बाद में ज़िया-उल-हक ने रूसी राजदूत को कहने की हिम्मत नहीं दिखाई, वह भारतीय प्रधानमंत्री ने कह डाली लेकिन ब्रेझनेव के सितारे बुलंद थे। भारत गुट-निरपेक्ष खेमे का नेता था और नई दिल्ली में हफ्ते भर में ही सत्ता पलट गई। इंदिरा गाँधी चुनाव जीत गईं। इंदिरा गाँधी बाक़ायदा प्रधानमंत्री पद सँभालती, उसके पहले ही संयुक्तराष्ट्र संघ में अफगानिस्तान पर भारत का नीति-वक्तव्य पढ़ा जाना था (11 जनवरी 1980)। आनन-फानन वक्तव्य तैयार हुआ और संयुक्तराष्ट्र में हमारे प्रतिनिधि ब्रजेश मिश्रा (आजकल प्रधानमंत्री के प्रधान सचिव) को दिल्ली से प्रेषित वह वक्तव्य मजबूरन पढ़ना पढ़ा। उस एक वक्तव्य ने सदियों से चले आ रहे भारत-अफगान प्रेम-संबंधों पर ऐसी धूल जमा दी कि उसे भारत आज तक भी पोंछ नहीं पाया है। उस वक्तव्य की ध्वनि यह थी कि भारत अफगानिस्तान में रूसी हस्तक्षेप को गलत नहीं मानता और वह उसका विरोध नहीं करेगा। बाद में स्वयं प्रधानमंत्री इंदिरा गाँधी और विदेश मंत्री नरसिंहराव ने संसद में और उसके बाहर अनेक सफाइयाँ पेश कीं। साफ़-साफ़ कहा कि भारत रूसी सैन्य हस्तक्षेप और (अमेरिकी-पाकिस्तानी) अड़ंगेबाज़ी दोनों का विरोध करता है लेकिन अफगानिस्तान के बच्चे-बच्चे ने भारत को लानत की निगाह से देखा। यदि

उन दिनों काबुल के टी.वी. पर इंदिराजी का चेहरा दिखाई पड़ता तो लोग फारसी और पश्तो में गालियाँ बकने लगते और कुछ लोग तो अपने टी.वी. स्क्रीन पर थूक भी देते थे। लाख समझाने पर भी वे नहीं मानते थे कि भारत ने रूसी 'हमले' का समर्थन कदापि नहीं किया है। जल्दबाज़ी में हुई इस भूल का नतीजा यह है कि अफगानिस्तान में जो लॉबी हमेशा पाकिस्तान-विरोधी रही है, वह भी भारत-विरोधी बन गई। दुनिया के दर्जनों देशों में बसे बड़े-बड़े अफगान नेताओं को भारत की तरफ़ खींचकर लाने में जो कठिनाइयाँ पिछले बीस वर्षों में मैंने अनुभव की हैं, उनका ज़िक्र यहाँ नहीं किया जा सकता लेकिन मेरी चिंता यह भी है कि भारत पहले जैसे रूस के साथ बह गया, वैसे ही इस बार अगर वह अमेरिका के साथ बह गया तो उसके दुष्परिणाम हमें लम्बे समय तक भुगतने पड़ेंगे।

इसका मतलब यह नहीं है कि भारत अमेरिकी कार्रवाई का विरोध करता तो बेहतर होता। अमेरिकी कार्रवाई का समर्थन भारत को इसलिए करना चाहिए कि अफगानिस्तान में वह भारत का ही काम कर रहा है। क्षेत्रीय महाशक्ति होने के नाते जो काम भारत को करना चाहिए और वह नहीं कर पा रहा है, उसे करने के लिए अमेरिका मैदान में आ गया लेकिन हमें यह नहीं भूलना चाहिए कि अमेरिका वहाँ भारत के खातिर नहीं आया है। वह खुद के खातिर आया है। इसीलिए अमेरिका को भारत समर्थन अवश्य दे लेकिन समर्थन का मतलब ब्लैंक चेक नहीं है। आज दुनिया का हर अफगान इस बात से त्रस्त है कि बेकसूर अफगान औरतों-मर्दों और बच्चों पर हमले हो रहे हैं लेकिन कसूरवार लोगों को अमेरिका छू तक नहीं पा रहा है। इस बारे में रूस और चीन भी मुँह खोल रहे हैं लेकिन भारत की बोलती बंद है। क्यों ? क्या हम अमेरिका की कठपुतली हैं ? यदि भारत सरकार तालिबान का नाश चाहती है तो रूस और चीन भी तो यही चाहते हैं। रूस के दक्षिणी क्षेत्रों और चेचेन्या में तालिबान की सहायता से जो उपद्रव हो रहे हैं, क्या वे कश्मीरी उपद्रवों से कम भयंकर हैं ? और चीन के सिंक्यांग प्रान्त में इस्लाम के नाम पर बगावत की जो आग सुलगाई जा रही है, उसके कारण क्या चीन तालिबान से कम खफ़ा है ? इसके बावजूद रूस और चीन अमेरिकी बमबारी पर चुप्पी लगाए नहीं बैठे हुए हैं। वे अफगानिस्तान के पक्ष में बोल रहे हैं। वे तालिबान के विरुद्ध हैं लेकिन अफगानिस्तान के पक्ष में हैं।

इसके विपरीत, भारत सरकार अमेरिका की तरह तालिबान के विरुद्ध तो है ही, वह अफगानिस्तान के प्रति भी निर्मम दिखाई पड़ती है। लगता है, भारत सरकार इस बारीकी को समझ नहीं पा रही है। अगर समझती होती तो कुछ बोलती। बोलती ही नहीं, कुछ करती। उसने अफगानों की मदद के लिए जो दस

करोड़ डॉलर की घोषणा की है, वह दस करोड़ कहाँ है ? अगर वह सिर्फ उत्तरी-गठबंधन (शुमाली इत्तेहाद) के हाथों में जा रहा है तो मानकर चलिए कि शेष अफगानिस्तान में वह रुपया भारतीय हितों की कब्र खोदेगा ? उत्तरी गठबंधन के लोग हमारे मित्र हैं, उनकी सरकार को संयुक्तराष्ट्र और हमने मान्यता दे रखी है, उनकी सहायता करना हमारा कर्त्तव्य है लेकिन प्रश्न यह है कि बमबारी कौन-से इलाकों में हो रही है, लोग कहाँ मर रहे हैं, मदद की जरूरत कहाँ है? क्या काबुल और कंधार उत्तरी गठबंधन के इलाके में हैं ? मदद चाहिए काबुल और कंधार के लोगों के लिए लेकिन पता नहीं, वह कहाँ भेजी जा रही है। जरूरत इस बात की थी कि संकट में फँसे अफगानों के लिए भारत सरकार अपनी मदद सीधे काबुल और कंधार पहुँचवाती और पाकिस्तान के जरिए पहुँचाती। तुरखम और चमन के दरवाज़े से पहुँचनेवाली मदद कारगर भी होती और चमत्कारी भी। पाकिस्तान अगर कुछ हीला-हवाला करता तो उसकी किरकिरी होती। वह तालिबान को मदद कर रहा है और हम अफगानिस्तान को करते।

अफगानिस्तान में शांति शीघ्रातिशीघ्र स्थापित हो और तालिबानोत्तर ढाँचे की रूपरेखा बने, यह सबसे जरूरी काम है लेकिन इस मामले में भारत की अपनी कोई मौलिक पहल नहीं है। पहल कैसी होगी ? कुछ दूरगामी सोच हो तो पहल हो। रूस, अमेरिका और पाकिस्तान की तरह हम भी टाँग अड़ाने में लगे हुए हैं। हम कौन होते हैं, यह तय करनेवाले कि तालिबानोत्तर अफगानिस्तान में किसका राज हो ? इस तरह की कोशिश डेढ़ सौ साल पहले ब्रिटेन ने की थी, 22 साल पहले रूस ने की थी और 9 साल पहले पाकिस्तान ने की थी। तीनों बुरी तरह से मात खा गए। आजकल रूस ने जो शिगूफ़ा छोड़ा है, हम उसी की माला जपे जा रहे हैं। हम 'नरमपंथी तालिबान' को बर्दाश्त नहीं करेंगे। क्यों नहीं करेंगे ? क्या इसलिए कि 'नरमपंथियों' का समर्थन मुशर्रफ भी कर रहे हैं। ये 'नरमपंथी तालिबान' कौन हैं ? उनके नाम क्या हैं ? क्या भारत सरकार के पास उनकी कोई सूची है ? अगर होती तो हम कंधार में पिटते क्या ? सरकार में अगर कूटनीतिक कौशल होता तो उन्हें पटा लेती और अपने लोगों को छुड़ा लेती। आतंकवादियों को छोड़ना भी नहीं पड़ता। लेकिन भारत सरकार बार-बार दोहरा रही है कि तालिबान में किसी नरमपंथी के होने का सवाल ही नहीं उठता। क्या भाजपा में नरमपंथी नहीं हैं ? स्वयं अटलविहारी वाजपेयी नरमपंथ के मूर्तिमन्त स्वरूप हैं। नरमपंथी कहाँ नहीं होते ? क्या राजा रावण की लंका में विभीषण नरमपंथी नहीं थे ? अफगानिस्तान में इधर जितनी भी सरकारें बदली हैं, उन सबमें पिछली सरकारों के अनेक स्तम्भों को स्थान मिला है, जैसे जगजीवन राम

को जनता सरकार में मिला था। इसीलिए आज जो भी पश्तून लोग तालिबान के साथ हैं और उनसे टूटकर आना चाहते हों, अन्दरूनी जानकारी देना चाहते हों, उन्हें नष्ट करने में मदद करना चाहते हों, उनका स्वागत किया जाना चाहिए। तालिबान में नरमपंथियों की खोज की जानी चाहिए और अगर न मिलें तो उन्हें पैदा किया जाना चाहिए।

यदि नरमपंथियों का मतलब वे तत्त्व हैं, जो पाकिस्तान के ज़रखरीद गुलाम हैं तो उनके बारे में भारत को चिन्तित होने की जरूरत नहीं है। उन्हें तो काबुल की कोई भी प्रामाणिक सरकार बर्दाश्त नहीं करेगी। पाकिस्तान ने जब-जब दादागीरी दिखाई है, काबुल ने उसे बेहिसाब झटके दिए हैं। 20 साल तक पाकिस्तान के मेहमान रहे मुजाहिदीन ने काबुल में अपनी सरकार बनाते ही डूरेन्ड-रेखा की निन्दा कर दी, जो पाकिस्तान की आशा पर मर्मान्तक तुषारापात था। इसीलिए रूस के सुर में सुर मिलाना भारत के लिए अनिवार्य नहीं होना चाहिए। यह रूस की मजबूरी है कि उत्तरी गठबंधन की हर माँग का वह समर्थन करे, क्योंकि वह पठानों के दिल में घर नहीं कर पाया और गैर-पठान उत्तरी गठबंधन की वह खुलेआम सहायता कर रहा है। वह अपने राष्ट्रहितों की रक्षा गैर-पठानों के ज़रिए ही करेगा। लेकिन हमारी क्या मजबूरी है ? पठान तो भारत के परम्परागत मित्र रहे हैं। हम उन्हें क्यों चिढ़ाएँ ? तालिबानोत्तर अफगानिस्तान में क्या पठानों के बिना कोई सरकार बन सकती है और अगर बन गई तो क्या चल सकती है ? उत्तरी गठबंधन का भारत स्पष्ट समर्थन करे, इसमें कोई बुराई नहीं है लेकिन 'नरम तालिबान' और उनके बहाने सबसे बड़े पठान समुदाय से दूरी बनाकर भारत को क्या लाभ होगा ? काबुल में जो भी सरकार बनेगी, वह अगर भारत से दूरी रखेगी तो अरबों-खरबों डॉलरों से दुबारा बननेवाले अफगानिस्तान में क्या भारत को उसका उचित हिस्सा मिल पाएगा ? भारत का सारा ध्यान अपने हितों की रक्षा पर लगना चाहिए।

अपने हितों की रक्षा के लिए यह जरूरी है कि भारत सरकार की अफगान नीति पूर्णतया स्वायत्त हो। उसका आचरण क्षेत्रीय महाशक्ति की तरह होना चाहिए, न कि बाहरी विश्वशक्तियों के पिछलग्गू की तरह ! यह कितना दुखद है कि भारत रूस और अमेरिका से मिन्नतें कर रहा है कि उसे 6 जमा 2 याने आठ राष्ट्रों की महफिल में शामिल किया जाए। कौन हैं, ये आठ राष्ट्र ? छह वे हैं, जिनकी सीमाएँ अफगानिस्तान को छूती हैं—पाकिस्तान, ईरान, तुर्कमेनिस्तान, उज़्बेकिस्तान, ताज़िकिस्तान और छठा है चीन ! वाखान नामक सुदूर उत्तर का क्षेत्र चीन को छूता है। बाकी रूस और अमेरिका ! ये दोनों इसलिए कि इन दोनों ने ही

अफगानिस्तान को अपना अखाड़ा बना रखा था। इन आठों में भारत की क्या तुक है ? भारत को किस आधार पर शामिल किया जाए ? भारत क्यों बेताब है इस रेवड़ में शामिल होने के लिए ? इस अष्ट समूह ने अब तक कौन-सा तीर मारा है ? जबानी जमा-खर्च करने के अलावा उसने अब तक क्या किया है ? इसके अलावा भारत के प्रवेश का पाकिस्तान डटकर विरोध करेगा। क्या भारत की भूमिका ऐसी नहीं हो सकती कि ये आठों राष्ट्र उसकी गर्ज़ करें और उससे शामिल होने का अनुरोध करें ? अफगानिस्तान के प्रश्न पर भारत और पाकिस्तान के बीच कोई हल्की-सी सहमति भी हो जाए तो उसके चमत्कारी परिणाम होंगे। अपने दर्द की दवा मास्को और वाशिंगटन में खोजने के साथ-साथ या उसके पहले इस्लामाबाद में खोजी जाए तो आराम ज़रा जल्दी होगा और उसका भला असर कश्मीर पर भी आए बिना नहीं रहेगा। अफगानिस्तान, पाकिस्तान और भारत के राष्ट्रहित यदि एक सीध में खड़े हो जाएँ तो मध्य एशिया के विश्व-भंडारों के दरवाज़े सभी के लिए एक साथ खुल जाएँगे।

10.11.2001

अटल और मुशर्रफ की गणेश-परिक्रमा

जैसे लोग गणेशजी की परिक्रमा करते हैं, अटलजी और मुशर्रफ भी महाशक्तियों के चक्कर लगा आए हैं। यदि अटलजी रूस, अमेरिका और ब्रिटेन गए तो मुशर्रफ ईरान, फ्रांस, ब्रिटेन और अमेरिका गए। अटलजी न्यूयॉर्क में ईरान के राष्ट्रपति से मिले तो मुशर्रफ कई अन्य राष्ट्राध्यक्षों से मिले। दोनों ने संयुक्तराष्ट्र महासभा में भाषण दिए। दोनों देशों के आशु-विश्लेषक बता रहे हैं कि उनके नेताओं की यात्राएँ कितनी सफल रहीं। दोनों नेताओं के समर्थक अपने-अपने देश में खुशी से फूले नहीं समा रहे।

भारत और पाकिस्तान के कितने मंसूबे पूरे हुए, इस पर हम आगे विचार करेंगे लेकिन ध्यान देने योग्य सबसे पहली बात यह है कि इन यात्राओं के दौरान हमारे दोनों दक्षिण एशियाई राष्ट्रों ने महाशक्तियों के ही मंसूबे पूरे किए। दोनों ने अपने मेज़बान राष्ट्रों की हाँ में हाँ मिलाई। प्राय: राष्ट्रीय नेतागण दूसरे देशों में इसलिए जाते हैं कि वे अपने राष्ट्रहितों का सम्पादन करें लेकिन क्या खूब खेल हुआ है कि दोनों नेताओं ने अपने राष्ट्रहितों के लिए जितना पाया है, उससे कहीं ज्यादा उन्होंने मेज़बान राष्ट्रों के हितों के लिए दिया है।

कैसे दिया है ? सबसे पहला उदाहरण कश्मीर का ही लें। कश्मीर के सवाल पर दो-टूक समर्थन न तो पूतिन ने दिया और न ही बुश ने ! भारत-रूस संयुक्त विज्ञप्ति में यह जरूर कहा गया कि बहुजातीय और लोकतांत्रिक देशों में 'आत्म-निर्णय' की आड़ में हिंसा और आतंकवाद का सहारा लिया जा रहा है लेकिन कश्मीर का नामोल्लेख तक नहीं किया गया। भारत और रूस दोनों ही कश्मीर और चेचेन्या में आतंकवाद के शिकार हो रहे हैं लेकिन दोनों ही गोलमोल भाषा क्यों बोल रहे हैं ? क्या इसका कारण यह नहीं कि दोनों ही अमेरिका का जरूरत से ज्यादा ख्याल कर रहे हैं ? इस समय अमेरिका अपना सारा ध्यान अफगानिस्तान पर केन्द्रित किए हुए है। वह नहीं चाहता कि कश्मीर या चेचेन्या जैसे मामलों पर चर्चा भी हो। इसीलिए बुश ने 'आत्म-निर्णय' आदि शब्दों पर घुमा-फिराकर भी वार नहीं किया। रूस तो एक कदम और आगे निकल गया।

उसने भारत को खुलेआम सलाह दे दी है कि वह कश्मीर पर पाकिस्तान से बात करे। इस समय यह सलाह ठीक है या नहीं, यह अलग प्रश्न है लेकिन रूसी सलाह भारत की इस परम्परागत टेक के विरुद्ध है कि कश्मीर के मामले में कोई तीसरा देश टाँग न अड़ाए ! इसके अलावा आगरा में पटखनी खाने के बाद भारत सरकार अभी तक अपने कपड़े झाड़ने-पोंछने में लगी हुई है। पाकिस्तान से बात करने में उसे अभी गहन अरुचि है जैसे कि उसे लाहौर के पहले थी। ऐसे में रूसी सलाह विचित्र-सी लगती है। ऐसी सलाह तो वाशिंगटन के बड़े मियाँ ने भी नहीं दी। छोटे मियाँ सुभान अल्लाह ! ये वो ही छोटे मियाँ हैं, जिन्होंने कभी कश्मीर पर कहा था कि तुम आवाज़ दोगे और हम चले आएँगे !

बड़े मियाँ की म्यान में सिर्फ एक ही तलवार है। उसका नाम है–अफगानिस्तान ! अब इस म्यान में दूसरी या तीसरी तलवार कैसे फँसे ? इसीलिए चेचेन्या या कश्मीर का वे नाम ही नहीं लेते ! मेहमान राष्ट्र कितने सभ्य हैं। प्रधानमंत्री वाजपेयी ने कश्मीर का मसला न तो बुश के साथ उठाया और न ही संयुक्तराष्ट्र में उसका ज़िक्र किया। बुश के थाने में उन्होंने जो एफ.आई.आर. (प्रथम सूचना रपट) दर्ज कराई थी, श्रीनगर बम-विस्फोट की, उसे भूल गए क्या ? उसका क्या हुआ ? मेज़बान के ग़म में हम अपना ग़म भूल गए। मेज़बान ने हमें पुड़िया दे दी कि अफगानिस्तान के बाद भी वह आतंकवाद के विरुद्ध लड़ता रहेगा। इसका बहुतों ने यह मतलब निकाल लिया कि अफगानिस्तान के बाद कश्मीर की बारी है। हम खुश हैं। विदेश मंत्री जसवंतसिंह के यथार्थवाद की दाद देनी पड़ेगी कि उन्होंने वाशिंगटन में ही कह दिया कि कश्मीर की लड़ाई तो हमें 'अपुन भरोसे' ही लड़नी पड़ेगी। सच्चाई यही है।

भारत के प्रधानमंत्री से हुई बात में तो कश्मीर टल गया लेकिन मुशर्रफ उसे कैसे टलने देते। उन्होंने उसे जमकर उठाया। नतीजा क्या हुआ ? बुश को बोलना पड़ा कि कश्मीर पर भारत-पाक बात करें और कश्मीरी जनता की राय के मुताबिक समाधान निकालें ? इसका मतलब क्या हुआ ? वही हुआ, जो मुशर्रफ चाहते हैं। आतंकवाद की बात दरकिनार हो गई और 'आत्म-निर्णय' की बात सिर पर चढ़कर बोल रही है। इसके पहले बुश भारत के प्रधानमंत्री से कह चुके थे कि किसी भी बहाने आतंकवाद को उचित नहीं ठहराया जा सकता। उसे तो खत्म करना ही होगा। यानी बुश ने अटलजी को आतंकवाद पर खुश कर दिया और मुशर्रफ को कश्मीर पर ! गंगा गए तो गंगादास और जमना गए तो जमनादास ! बुश को अपना उल्लू सीधा करना है न कि भारत और पाक के पचड़े में पड़ना है।

बुश के सामने सबसे बड़ी चुनौती यही है कि वे भारत-पाक रस्से पर अपनी नट-चाल को कैसे साधे रहें ? न इधर गिरें, न उधर ! वे अपनी इस कलाबाज़ी

में सफल हैं। भारत और पाकिस्तान को जो-जो दे सकते हैं, वे देते जा रहे हैं। दोनों अपना मुँह खोलते हैं और वे उसमें लड्डू रख देते हैं ताकि मुँह का इस्तेमाल लड्डू खाने में हो, जुबान चलाने में न हो ! भारत को अमेरिका ने कई चीज़ें दे दीं। जैसे पहले दोहरी तकनीक देने पर रोक थी, उसे हटा लिया यानी पहले जो डर था कि सब्ज़ी काटने का चाकू कहीं सीना चीरने में इस्तेमाल न हो, वह डर अब जाता रहा। इस तरह की तकनीक का भारत को काफी फायदा होगा, इसमें शक नहीं है। 1998 के परमाणु विस्फोट के बाद जो प्रतिबंध लगे थे, वे भी हटाए जा रहे हैं। इसका लाभ भारत की अनेक वैज्ञानिक और व्यापारिक संस्थाओं को मिलेगा। संयुक्त विज्ञप्ति में एक 'नई सामरिक रूपरेखा का संवाद' शुरू करने की बात कही गई है। इस रूपरेखा में सैनिक अड्डे नहीं होंगे, यह जसवंतसिंह ने पहले ही स्पष्ट कर दिया है। आशा की जानी चाहिए कि अफगानिस्तान के ठंडे हो जाने के बाद भी यह रूपरेखा गर्म रहेगी। इसी प्रकार अन्तरिक्ष अनुसंधान में कुछ नए आयाम खुलेंगे और आर्थिक संबंधों में भी !

भारत के मुकाबले पाकिस्तान को कुछ ज्यादा ही मिला है। एक अरब डॉलर कोई छोटी-मोटी राशि नहीं है। इसके अलावा पाकिस्तानी कपड़े पर तट-कर की रियायत के कारण पाकिस्तान को फायदा तो होगा ही, भारत को नुकसान भी हो सकता है। अमेरिका पाकिस्तान को जितना भी दे, कम है, क्योंकि इस समय वह अमेरिकी बंदूक का कुन्दा बना हुआ है। इसीलिए पत्रकार परिषद् में बुश ने मुशर्रफ की पीठ भी जमकर थपथपाई। अभी साल भर पहले तक जिस मुशर्रफ का नाम भी बुश को पता नहीं था और जिसे 'लोकतंत्रहन्ता जनरल' की तरह जाना जाता था, उस मुशर्रफ को बुश ने मजबूत देश के 'मजबूत नेता' कहा। जाहिर है कि इस तरह के किसी प्रोत्साहक प्रमाण-पत्र की जरूरत अटलजी को नहीं थी और मुशर्रफ की तरह अटलजी अपनी टोपी फैलाने के लिए अमेरिका नहीं गए थे। इन यात्राओं से पाकिस्तान और मुशर्रफ को निजी तौर पर विशेष लाभ हुआ है, इसमें शक नहीं है। सभी लोकतांत्रिक देशों ने उनका स्वागत किया है। पाकिस्तान में लोकतंत्र रहे या न रहे, यह मुद्दा अब दरी के नीचे सरक गया है।

संयुक्तराष्ट्र महासभा में यदि अटलजी ने आतंकवाद को मुख्य मुद्दा बनाया तो मुशर्रफ ने कश्मीर और भारत को बनाया। अटलजी ने आतंकवाद पर ज़ोर देकर सारे पश्चिम का ध्यान आकर्षित किया और वे एक जिम्मेदार राष्ट्र के प्रधानमंत्री की तरह पेश आए लेकिन उससे भारत को क्या लाभ हुआ ? जबकि करगिल के खलनायक ने यह सिद्ध करने की कोशिश की कि वह शांति का मसीहा है। भारत के साथ परमाणु-समझौते का प्रस्ताव रखकर मुशर्रफ ने पश्चिमी राष्ट्रों को खुश

करने की कोशिश की, जो यह मानकर चल रहे हैं कि अगला परमाणु-युद्ध कश्मीर पर ही होनेवाला है। इसके अलावा मुशर्रफ ने भारत के इस प्रचार की काट करने की भी कोशिश की कि कश्मीर और आतंकवाद एक-दूसरे के पर्याय हैं। उन्होंने कश्मीर के 'जन-आंदोलन' और आतंकवाद को दो अलग-अलग मुद्दे बताया और आतंकवाद का घड़ा भारत के माथे फोड़ दिया। उन्होंने पूछा कि संयुक्तराष्ट्र के प्रस्ताव का 'उल्लंघन' करनेवाला भारत आतंकवादी है या अपने अधिकार माँगनेवाली कश्मीर की जनता ? मुशर्रफ की तरह कश्मीर और आतंकवाद को बुश ने भी अलग-अलग मुद्दे मान लिया था। ऐसे में भारत सरकार की राजनैतिक उपलब्धि क्या रही ? कोरी लिहाज़दारी दिखाने के अलावा भारत क्या कर सका ? यह ठीक है कि इस यात्रा के दौरान अमेरिका के साथ आतंकवाद ही मुख्य मुद्दा रखा जाना चाहिए था लेकिन जब तक भारत कश्मीर को अपना मुख्य मुद्दा नहीं बनाएगा, वह हमेशा मात खाता रहेगा। आतंकवाद, घुसपैठ और छोटे-मोटे सीमा-युद्ध तो आनुषंगिक और तात्कालिक पहलू हैं। असली मुद्दा है, कश्मीर। कश्मीर पर दबी जुबान, रक्षात्मक तेवर और हकलाहट छोड़ने का यह स्वर्णिम अवसर था लेकिन यह अवसर भी भारत ने अपने हाथ से निकल जाने दिया।

इस यात्रा के दौरान दोनों नेताओं के साथ अफगानिस्तान का मसला भी उठा लेकिन मानना पड़ेगा कि वह दोयम दर्जे पर ही रहा। कोई नई बात न अमेरिका और रूस ने कही और न ही भारत और पाकिस्तान ने। अटलजी ने यह जरूर कहा कि जमीनी युद्ध के बिना काबुल हाथ नहीं आएगा। यह बात तो भारत के अफगान-विशेषज्ञ पहले दिन से ही कह रहे थे। भारत की यह बात भी पूतिन और बुश ने स्पष्ट रूप से नहीं मानी कि संयुक्तराष्ट्र के तत्त्वावधान में जो 6+2=8 राष्ट्रों की कमेटी अफगान-संकट के लिए बनी हुई है, उसमें भारत को भी जोड़ा जाए ! भारतीय विदेश नीति की कैसी विडम्बना है कि क्षेत्रीय महाशक्ति होते हुए भी हम अपने क्षेत्र में ही अपनी भूमिका के लिए महाशक्तियों का मुँह जोह रहे हैं। हमें हमारी भूमिका के बारे में उन्होंने एक हवाई लॉलीपॉप थमा दिया है और अपने लिए यह आश्वस्ति ले ली है कि जब तक वे अफगानिस्तान में व्यस्त हैं, हम कश्मीर पर खाली-पीली बोम मारते रहेंगे। अटलजी और मुशर्रफ के लिए अमेरिका ने लाल गलीचे सिर्फ इसलिए बिछाए थे कि दोनों ही वादा करें कि वे अमेरिका के अफगान-हवन में हड्डी नहीं बनेंगे। कश्मीर का मुद्दा भड़काकर कोई दूसरा मोर्चा नहीं खोलेंगे। बुश का यह लक्ष्य पूरा हुआ और हमारे दोनों दक्षिण एशियाई नेताओं की गणेश-परिक्रमा भी पूरी हो गई ! क्या बुरा हुआ ?

12.11.2001

अफगानिस्तान में अब आगे क्या होगा ?

तालिबान काबुल से जिस तरह भागे हैं, उससे पता चलता है कि वे कितने बहादुर हैं। पठानियत के माथे पर उन्होंने कलंक का टीका लगा दिया है। बुज़कशी का भयंकर खेल खेलनेवाले ये जिहादी बुज़दिल साबित हुए हैं। पाँच साल के अपने राज में वे अफगानिस्तान के पाँच प्रांतों में भी लोकप्रिय नहीं हो पाए। जिन पठानों के नाम पर उन्होंने अपनी हुकूमत चलाई, उन पठानों के गढ़ जलालाबाद में भी अब उनका कोई नामलेवा-पानीदेवा नहीं है। सिर्फ कन्धार और उरुजगान के कुछ हिस्सों में वे अभी जमे हुए हैं। वह भी इसलिए कि वे गिलजई (खिलजी) पठानों के इलाके हैं लेकिन इन इलाकों में भी वे अब कितने दिन टिक पाएँगे ? तालिबान के पतन पर सारा अफगानिस्तान जिस तरह जश्न मना रहा है, उससे हमारा यह विश्लेषण सही सिद्ध हुआ है कि अफगानिस्तान की 90 प्रतिशत ज़मीन पर तो तालिबान ने कब्जा कर लिया था लेकिन वे 90 प्रतिशत लोगों को अपना दुश्मन भी बना चुके थे। तालिबान के पतन से अफगान जनता तो मुक्त हुई ही, इस्लाम को भी राहत मिली है। तालिबान की वजह से पिछले पाँच वर्षों में इस्लाम जितना बदनाम हुआ, उतना पिछले चौदह सौ साल में भी नहीं हुआ। उम्मीद की जानी चाहिए कि अब अफगानिस्तान के साथ-साथ इस्लाम के भी दिन फिरेंगे।

इस समय अफगानिस्तान में राजनीतिक शून्य कायम हो गया है। पिछले ढाई सौ साल में वहाँ लगभग बीस बार सत्ता बदली है लेकिन ऐसा कभी नहीं हुआ कि काबुल का सिंहासन चार-छह दिन खाली पड़ा रहा हो। यों तो उत्तरी गठबंधन जिसका असली फारसी नाम है, 'जब्हे-मुत्तहिदा' यानी संयुक्त मोर्चे की फौजें काबुल पहुँच गई हैं। उसके अध्यक्ष और प्रवासी मुजाहिदीन सरकार के राष्ट्रपति बुरहानुद्दीन रब्बानी काबुल पहुँचनेवाले हैं लेकिन उनकी स्थिति लगभग त्रिशंकु की तरह है। जिस संयुक्तराष्ट्र संघ ने उन्हें मान्यता दे रखी है, वही संयुक्तराष्ट्र संघ एक अन्य अन्तरिम सरकार का ताना-बाना भी बुन रहा है। यहाँ असली प्रश्न यह है कि संयुक्तराष्ट्र द्वारा प्रस्तावित अन्तरिम सरकार को रब्बानी स्वीकार करेंगे या नहीं ? उनका तर्क यह हो सकता है कि उन्होंने 1992 से 96 तक काबुल पर राज

किया था और उनकी सरकार को ही अन्तरराष्ट्रीय मान्यता प्राप्त है, इसलिए वे ही अन्तरिम सरकार क्यों न बनाएँ ? इसके अलावा तालिबान के विरुद्ध वे सतत संग्राम चलाते रहे हैं और अब जबकि विजयश्री उनके हाथ लगी है, काबुल का ताज किसी और के सिर पर क्यों रखा जाए ? इतना ही नहीं, वे संयुक्तराष्ट्र और अमेरिका, दोनों की इस इच्छा का लगभग पूर्ण पालन कर रहे हैं कि वे इस विजय-वेला को प्रतिशोध का अग्निकुंड नहीं बना रहे हैं। नई दिल्ली स्थित 'जब्हे-मुत्तहिदा' के राजदूत मसूद खलीली ने साफ़-साफ़ कह दिया कि काबुल में किसी अन्य फौज की क्या जरूरत है ? यदि खलीली का बयान रब्बानी की सहमति से आया है तो मानना पड़ेगा कि अफगानिस्तान अब कठिनाइयों के एक नए दौर में प्रवेश करेगा। रब्बानी की मुख्यतया गैर-पठान फौज अगले दो वर्ष तक दौलते-इंतकाली (अन्तरिम सरकार) को चला पाएगी, इसमें पाकिस्तान को तो आपत्ति है ही, अमेरिका, संयुक्तराष्ट्र और शांति गठबंधन को भी गहरा शक है। संयुक्तराष्ट्र का प्रयत्न है कि अफगानिस्तान अगले दो साल तक एक अन्तरराष्ट्रीय सेना के नियंत्रण में रहे। यह सेना तुर्की, जोर्डन, इंडोनेशिया, मलेशिया तथा बांग्लादेश जैसे मुस्लिम राष्ट्रों की हो।

आशा की जानी चाहिए कि रब्बानी जैसे परिपक्व और विवेकशील नेता त्यागवत्ति का परिचय देंगे और संयुक्तराष्ट्र द्वारा प्रस्तावित अन्तरिम सरकार को स्वीकार कर लेंगे। संयुक्तराष्ट्र के प्रतिनिधि लक्दर ब्राहिमी की योजना के मुताबिक काबुल में दो साल तक अन्तरिम सरकार कार्य करेगी। इस बीच वह अफगानिस्तान के लिए लोकतांत्रिक संविधान बनाएगी, अफगानिस्तान के पुनर्निर्माण का ढाँचा खड़ा करेगी, शांति और व्यवस्था कायम करने के साथ-साथ लाखों विस्थापितों का पुनर्वास करेगी। यह सरकार पूर्व बादशाह ज़ाहिरशाह के तत्त्वावधान में बने, ऐसा प्रयत्न कई राष्ट्र कर रहे हैं। ज़ाहिरशाह को राज करने का 40 साल का अनुभव है और वे पठान भी हैं। यह सरकार तभी अपना काम शुरू करेगी, जब रब्बानी स्वयं अपनी सरकार भंग करेंगे। यह शुभ-संकेत है कि रब्बानी खेमे के किसी प्रवक्ता ने अभी तक यह दावा नहीं किया है कि वे काबुल में अपनी सरकार चलाएँगे। संयुक्तराष्ट्र स्थित उनके प्रतिनिधि डॉ. रवान फरहादी ने कहा है कि रब्बानी की फौजें अमेरिका और संयुक्तराष्ट्र की सहमति से ही काबुल में घुसी हैं ताकि भागते हुए तालिबान की लूटमार और हत्या से वह अफगानों को बचा सके। ऐसी स्थिति में काबुल पर संयुक्त मोर्चे के कब्जे को अमेरिका की अवज्ञा और पाकिस्तान की पराजय के रूप में देखना उचित नहीं होगा। लेकिन अगर अन्तरिम सरकार के निर्माण में अधिक समय लग गया तो काबुल की राजनीति में अनगिनत

पेंचो-खम पड़ सकते हैं। अमेरिका और संयुक्तराष्ट्र संघ को न केवल काबुल की मुजाहिदीन सरकार बल्कि छोटे-मोटे अनेक क्षत्रपों से भी निपटना पड़ सकता है। संयुक्त मोर्चे में फूट भी पड़ सकती है।

दक्षिण एशिया के लिए यह दुर्भाग्यपूर्ण बात ही होगी कि अब कश्मीर के साथ-साथ काबुल का अखाड़ा भी खुल जाए। भारत और पाकिस्तान जिस तरह कश्मीर को लेकर खींचतान में लगे रहते हैं, अगर वही दंगल वे काबुल में भी लड़ेंगे तो दोनों को नुकसान होगा ! कश्मीर में दोनों के हितों में सीधी टकराहट है जबकि काबुल में वे अगर चाहें तो दोनों के हितों में पर्याप्त समन्वय भी पैदा कर सकते हैं। इस संबंध में भारत सरकार ने आवश्यक लचीलापन दिखाया है। प्रधानमंत्री वाजपेयी ने लंदन से चलते वक्त साफ़ कहा है कि वे सिर्फ उत्तरी गठबंधन की सरकार पर जोर नहीं देंगे और वे पश्तून तत्त्वों की भागीदारी भी आवश्यक समझते हैं। यानी भारत काबुल में ऐसी सरकार चाहता है, जो सभी अफगान समुदायों का समुचित प्रतिनिधित्व करे। इसी प्रकार क्षेत्रीय महाशक्ति होने के नाते भारत के मुँह से यह बात भी अत्यंत शोभनीय प्रतीत होगी कि भारत काबुल में ऐसी सरकार भी चाहता है जो अफगानिस्तान के सभी पड़ौसी देशों से मैत्रीपूर्ण सम्बन्ध बनाए रखे यानी काबुल में हम पाकिस्तान-विरोधी सरकार खड़ी करने पर कमर नहीं कसे हुए हैं। भारत का ऐसा रचनात्मक रवैया पाकिस्तान का बुखार तो उतारेगा ही, वह अमेरिका को भी अनुकूल प्रतीत होगा। इसी प्रकार पाकिस्तान को गैर-पठान संयुक्त मोर्चे के विरुद्ध अपने दुराग्रह को छोड़ना होगा अन्यथा वह काबुल और वाशिंगटन, दोनों को रुष्ट करेगा।

यदि हम पाकिस्तान को काबुल में पटखनी मारने की कोशिश करेंगे तो अब खाली बैठे तालिबान कश्मीर की तरफ़ मुखातिब हो जाएँगे ! यदि काबुल में भारत-पाक अविरोध (संभव हो तो सहयोग) का माहौल बनेगा तो उसका अच्छा असर कश्मीर समेत अन्य मुद्दों पर भी पड़ेगा। पाकिस्तान के वर्तमान हुक्मरानों में अगर इतिहास से सबक लेने की कुव्वत है तो वे अब अफगानिस्तान में 'सामरिक पिछवाड़े' (स्ट्रेटजिक डेप्थ) की तलाश बंद करेंगे और 'व्यापारिक अगवाड़े' (बिज़नेस डेप्थ) की तलाश शुरू करेंगे। इस तलाश में भारत उनका साथ देगा ताकि मध्य एशिया के तेल, गैस तथा अन्य खनिज सीधे भारत आ सकें और भारत का तकनीकी और व्यावसायिक ज्ञान आर्यों के देशों में दुबारा छा सके। इसी रचनात्मक रवैए का लाभ इस समय जितना भारत को मिल सकता है, अफगानिस्तान में किसी को नहीं मिल सकता। अफगानिस्तान के पुनर्निर्माण के लिए अब अरबों डॉलर बरसेंगे लेकिन निर्माण-कार्य करेगा कौन ? भारत के

मुकाबले कोई अन्य राष्ट्र नहीं टिक सकता। भारत के तकनीशियन, इंजीनियर, वैज्ञानिक, अध्यापक, डॉक्टर और मंत्रालयों के सलाहकार ज़ाहिरशाह और दाऊद के ज़माने में जितने लोकप्रिय रहे हैं, किसी अन्य देश के नहीं रहे। हममज़हब होने के बावजूद अफगान लोग कई कारणों से पाकिस्तानी विशेषज्ञों को पसंद नहीं करते। ऐसी स्थिति में भारतीय उद्यमियों के लिए अफगानिस्तान में अपूर्व अवसर उपस्थित हुआ है। इस स्वर्णिम अवसर को हमें राजनीति की गटर में बहने नहीं देना है। यह कितना अच्छा हुआ कि भारत 6 + 2 = 8 के अष्ट-राष्ट्रीय समूह का सदस्य नहीं बना और अब उस 21 राष्ट्रीय समूह का सदस्य बन गया है, जिसने अफगानिस्तान के पुनर्निर्माण की जिम्मेदारी अपने कंधों पर ली है। अष्ट-राष्ट्रीय समूह का भारत सदस्य बनता तो वह जबरन सदस्यता होती लेकिन इस नए समूह में भारत का स्थान अमेरिका के बाद सर्वाधिक महत्त्वपूर्ण हो सकता है। यह ठीक है कि इस नए समूह में कई ऐसे भी छोटे-मोटे राष्ट्र हैं, जो भारत से भी अधिक पैसा देंगे लेकिन भारत तो अफगानिस्तान में अपने कुशल कार्यकर्ताओं की पूरी फौज ही उतार सकता है।

आतंकवाद की दो भुजाएँ थीं। एक काबुल में और दूसरी कश्मीर में। काबुल से तालिबान गए, भारत का आधा लक्ष्य पूरा हुआ। आतंकवाद की एक भुजा टूटी, अब दूसरी भुजा की बारी है। शेष लक्ष्य पूरा कैसे हो, यह हमारी चिन्ता का विषय है। आतंकवाद की दूसरी भुजा पर अमेरिका उतने ही उत्साह से प्रहार करेगा, इसमें सभी को संदेह है। शायद अब प्रहार की जरूरत ही न पड़े। अफगानिस्तान के सवाल पर पूतिन और बुश की सहमति चेचेन्या और कश्मीर तक क्यों नहीं पहुँच सकती ? एक तरफ़ उसामा और अल-क़ायदा का खात्मा हो और दूसरी तरफ पाकिस्तान पर लगाम लगे, यह जरूरी है। डर यही है कि अफगानिस्तान में अब अमेरिका का सिरदर्द खत्म होते ही कहीं कश्मीर में भारत का सिरदर्द न बढ़ जाए। यदि भारत पर बातचीत का दबाव बढ़े और आतंकवाद न घटे तो भारत सरकार को कश्मीरी तालिबान पर धावा बोलने की तैयारी करनी पड़ेगी।

अफगानिस्तान की तीन तत्काल चुनौतियाँ

क्या कभी किसी ने सोचा था कि तालिबान इस तरह सिर पर पाँव रखकर भागेंगे ? काबुल में उनका नामो-निशान तक नहीं मिल रहा। लगता है, भागने की तैयारी वे कई हफ्तों से कर रहे थे लेकिन उनकी लम्बी जुबान भी जोरों से चल रही थी। वे बार-बार बयान जारी कर रहे थे कि उन्हें अमेरिकी फौजियों का बेसब्री से इन्तज़ार है। वे चाहते थे कि अमेरिकी फौजियों को वे गाजर-मूली की तरह काट डालें। वे ऐसा जरूर कर सकते थे बशर्ते कि अफगानिस्तान उनके साथ होता, जैसा कि सन् 1842 में दोस्त मुहम्मद के साथ था। उस समय काबुल की औरतों ने भी अंग्रेज सिपाहियों को पकड़-पकड़कर क़त्ल कर दिया था। इस बार अमेरिकी फौजी ज़मीन पर आकर लड़ते, उसके पहले ही बेचारे तालिबान भाग खड़े हुए। भागे भी तो किनके डर से ? किन्हीं काफ़िरों के डर से नहीं। अपने ही मुसलमान भाइयों के डर से। अफगानों के डर से, जिनमें ज्यादातर ताज़िक, उज़बेक और हजारा हैं। इससे क्या सिद्ध हुआ ?

क्या यह नहीं कि जिहाद का नारा बोगस था ? जिहाद मुसलमानों के खिलाफ़ किया जाता है या काफ़िरों के? क्या पीर गैलानी, प्रो. बुरहानुद्दीन रब्बानी और यूनिस खालिस जैसे बुर्जुग लोग मुसलमान नहीं हैं ? इन नेताओं को मैंने काबुल, पेशावर और लंदन में भी पाँच बार नमाज़ पढ़ते हुए और सख्त रोज़ा रखते हुए देखा है। लाखों मुसलमान इनके मुरीद और शागिर्द हैं। अगर ये मुसलमान नहीं हैं तो कौन मुसलमान हैं ? ये सिर्फ मुसलमान ही नहीं हैं, ये अपने आपको मुजाहिदीन भी कहते हैं। इनकी सरकार मुजाहिदीन सरकार कहलाती थी। मुजाहिद यानी जिहाद करनेवाला ! अब असली जिहादी किसे माना जाए ? इन मुजाहिदों को या उन तालिबों को ? तालिब का मतलब वह, जिसे तलब हो, जिज्ञासा हो, जो छात्र हो, जो धर्म का मर्म जानना चाहता हो। पाँच साल में इन तालिबों ने जो कुछ किया, वह कौन-सा धर्म था ? इस्लाम के नाम को उन्होंने कलंकित ही किया । हजार साल में अफगानिस्तान के इस्लाम का रूप अरबी इस्लाम से काफी अलग हो गया है। तालिबान इतिहास के चक्र को हजार साल पीछे घुमाना चाहते थे। वह भी उसामा, आतिफ और जवाहिरी जैसे अरबों के नेतत्व में ! यह

अफगान स्वाभिमान का अपमान था। इसीलिए अफगान जनता उन्हें पचा नहीं पाई वरना क्या वजह है कि अफगान जनता ने उनका ज़रा भी साथ नहीं दिया। जैसा जश्न तालिबान के भागने पर मनाया जा रहा है, वैसा तो 1929 में डकैत-राजा बच्चा-ए-सक्का के उलटने पर भी नहीं मनाया गया था। उस समय ज़ाहिरशाह के पिता नादिरखान ने जब काबुल फतेह किया तो काफी लूटपाट मची, अराजकता फैली और मारकाट भी हुई लेकिन इस बार काबुल में अद्‌भुत समाँ बँधा हुआ है। कोई विधिवत सरकार नहीं होने के बावजूद भगदड़ नहीं मच रही अर्थात् अफगान लोगों के दिल में एक नया संगीत गूँज रहा है। वह संगीत है, राष्ट्र-राज्य का ! वे अब कबीलों, जातियों, समुदायों और इलाकों में बँटकर नहीं रहना चाहते। पिछले 23 साल के अनुभव ने उन्हें सिखा दिया है कि कबीलाई या इलाक़ाई दादागीरी का कोई फायदा नहीं है। उसका असली फायदा उठाने की कोशिश या तो पड़ौसी राष्ट्र करते हैं या महाशक्तियाँ करती हैं। अफगानों के पल्ले सिर्फ खून-खराबा ही पड़ता है। इस्लाम और जिहाद का नारा सिर्फ अपनी गोटी गर्म करने के लिए दिया जाता है।

तालिबान जैसा अफगानिस्तान अपने पीछे छोड़े जा रहे हैं, उसका नक्शा खींचना भी मुश्किल है। जैसा अफगानिस्तान 1747 में अहमदशाह अब्दाली ने खड़ा किया था या ज़ाहिरशाह ने 1973 में छोड़ा था, वैसा अफगानिस्तान तो अभी एक सपना ही है। सबसे पहली तात्कालिक चुनौती तो यह है कि सभी इलाकों को एकछत्र अंतरिम प्रशासन के अन्तर्गत कैसे लाया जाए ? इस समय स्थिति यह है कि अलग-अलग क्षेत्रों के विजेताओं ने अपनी-अपनी सेनाएँ खड़ी कर रखी हैं, अपनी-अपनी मुद्राएँ चला रखी हैं, अपना-अपना प्रशासन थोप रखा है और अपने-अपने मंत्रिमंडल तक बना रखे हैं। ये लोग क्या अपने ताज़ियों को सेंत-मेंत में ही गलने देंगे ? यों भी अफगानिस्तान के अनेक इलाके और कबीले काबुल की सत्ता को नाममात्र की ही मान्यता देते रहे हैं। 1978 में सरदार दाऊद के पतन के बाद से यह स्वच्छन्दता बढ़ती ही गई। 14 साल का कम्युनिस्ट राज, चार साल का मुजाहिदीन राज और पाँच साल का तालिबान राज भी अराजकता की इस प्रवत्ति पर लगाम नहीं लगा पाया। अफगानिस्तान के जो इलाके पिछले सौ साल से सुशासित थे, वे भी स्वच्छन्द हो गए। इन सब क्षेत्रों को एक सूत्र में वही सरकार बाँध सकती है, जो सभी क्षेत्रों और सभी जातियों का समुचित प्रतिनिधित्व करे। यह प्रयत्न कम्युनिस्ट सरकार के राष्ट्रपति नजीबुल्लाह ने बहुत ज़ोरदार ढंग से किया लेकिन उन्हें सफलता नहीं मिली। 1992 में मुजाहिदीन सरकार के राष्ट्रपति रब्बानी ने पश्तूनों के नेता हिकमतयार, उज़बेकों के नेता अब्दुल रशीद दोस्तम तथा अन्य अल्पसंख्यक नेताओं को भी प्रतिनिधित्व दिया लेकिन उनकी सरकार आपसी झगड़ों और पाकिस्तानी षड्यन्त्रों के कारण नहीं चल

पाई। तालिबान ने तो इस लोकतांत्रिक फार्मूले की परवाह ही नहीं की। सम्पूर्ण तालिबान सरकार पर कन्धारी पठान ही अपना शिकंजा कसे रहे। अब जबकि काबुल से तालिबान का कब्जा खत्म हो गया है, सारे अफगानिस्तान को एक सूत्र में पिरोना काफी टेढ़ी खीर होगा। यदि ज़ाहिरशाह भी आ जाएँ तो यह काम आसान नहीं होगा। इसीलिए स्वयं उस्ताद रब्बानी एक सर्वमान्य और सर्वप्रतिनिधि अंतरिम सरकार के निर्माण पर जोर दे रहे हैं।

तालिबानोत्तर सरकार के लिए दूसरी बड़ी चुनौती यह है कि एक-दूसरे के खून की प्यासी जातियों में समन्वय कैसे स्थापित किया जाए ? पिछले दो-ढाई दशक में जातीय वैमनस्य इतना बढ़ गया था कि कभी पठान और ताज़िकों में लड़ाई छिड़ जाती थी तो कभी हजारा और ताज़िकों में और कभी उज़बेकों और ताज़िकों में ! तात्पर्य यह कि कब कौन-सा समुदाय किसी अन्य समुदाय से भिड़ जाएगा, यह पता नहीं चलता था। समुदायों के बीच तनाव इतना बढ़ जाता था कि काबुल शहर के विभिन्न मोहल्लों में भी अलग-अलग समुदायों की सरकारें चलने लगती थीं। यह समस्या अब भी खत्म नहीं हुई है। डर यही है कि अगर संयुक्तराष्ट्र की सहायता से बननेवाली अन्तरिम सरकार को ज्यादा वक़्त लग गया तो कहीं वर्तमान संयुक्त मोर्चे में ही फूट न पड़ जाए। पाकिस्तान तो चाहता ही है कि पठान लोग संयुक्त मोर्चे के विरुद्ध बगावत कर दें। यों भी संयुक्त मोर्चे को पाकिस्तानियों और तालिबान ने 'उत्तरी गठबन्धन' नाम दिया हुआ है। यह नाम नहीं, कुनाम है। बदनाम करने के लिए दिया गया नाम है। इसका मतलब यह हुआ कि उस्ताद रब्बानी का संयुक्त मोर्चा सिर्फ उत्तरी अफगानिस्तान का प्रतिनिधित्व करता है यानी केवल उन लोगों का, जो हिन्दुकुश के उत्तर में रहते हैं, अर्थात् ताज़िकों, उज़बेकों, किरगिजों, तुर्कमेनों का संगठन। कुछ हद तक यह सही भी है लेकिन रब्बानी ने अपने संगठन का नाम 'जब्हे-मुत्तहिदा' रखा है याने संयुक्त मोर्चा। इस मोर्चे में पठान लोग भी हैं। रब्बानी के नई दिल्ली स्थित राजदूत मसूद खलीली पठान हैं, उनके प्रधानमंत्री (अब दिवंगत) गफूरजई भी पठान ही थे और पिछले साल उन्होंने अपनी जो शूरा बुलाई थी, उसमें 88 पठान कमांडरों ने भाग लिया था। पिछले 25 वर्षों में जबकि सातों मुजाहिदीन नेता पेशावर में डेरा डाले हुए थे, उस्ताद रब्बानी से मैं कई बार मिला। वे ताज़िक होते हुए भी इतने उदार थे कि मुझसे मिलने के लिए अनेक पश्तून और उज़बेक नेताओं को अपने मुख्यालय में खुद ही बुला लेते थे। अब भी काबुल पहुँचते ही उन्होंने अन्य जातियों के नेताओं से सम्पर्क शुरू कर दिया है। 1992 में उन्हें इस कार्य में इसलिए सफलता नहीं मिली कि जब मुजाहिदीन ने काबुल में प्रवेश किया तो उनके हर धड़े के साथ दो-दो हजार

हथियारबंद स्वयंसेवक भी चले आए और उन्होंने एक-दूसरे पर हमले शुरू कर दिए। लगभग 20 हजार लोग मारे गए। इस बार काबुल पर फिरक़ावाराना कब्ज़ा नहीं हुआ है और पाकिस्तानी तार भी कट चुका है, इसीलिए उम्मीद है कि इस बार काबुल में कठपुतलियों का नशंस नाच नहीं होगा। संयुक्त मोर्चे के ताज़िक, उज़बेक, हज़ारा और पठान जवानों में आपसी भिड़न्त नहीं होगी।

फिर भी दो कठिनाइयाँ स्पष्ट दिखाई देती हैं। एक तो यह कि कन्धार और उरूजगान आदि पठान प्रान्तों में जमा तालिबान को संयुक्त मोर्चे के सेनापति जनरल फहीम कैसे खदेड़ेंगे और दूसरी यह कि यदि संयुक्तराष्ट्रीय सेना आ गई तो वे अपने फौजियों को नि:शस्त्र कैसे करेंगे ? अभी तो बगराम में डेढ़ सौ अंग्रेज सैनिकों का आना ही तनाव पैदा कर रहा है। पाकिस्तान की इस आशा पर तो पानी फिर ही गया है कि काबुल को सेनारहित क्षेत्र घोषित कर दिया जाए। सेना तो अब वहाँ घुस गई है और उस 'उत्तरी गठबंधन' की सेना घुस गई है, जिसे काबुल से हटाने के लिए ही पाकिस्तान ने तालिबान को खड़ा किया था। कुंदूज़ और कंधार में तालिबान आत्म-समर्पण के लिए गली खोज रहे हैं, यह आशाजनक संकेत हैं।

तालिबानोत्तर सरकार की तीसरी बड़ी चुनौती यह है कि काबुल को पड़ौसी देशों और महाशक्तियों की कठपुतली बनने से कैसे बचाया जाए ? कम्युनिस्ट सरकार के पहले नेता नूर मुहम्मद तरक्कइ ने 1978 में अफगानिस्तान को सोवियत साम्राज्य का 'विस्तार' (अंग) ही घोषित कर दिया था। उस सरकार ने लगभग हर सप्ताह रूस के साथ एक नए समझौते पर दस्तखत किए। आजकल भी रूस रब्बानी सरकार पर जमकर डोरे डाल रहा है। वह उसे एक मात्र कानूनी सरकार घोषित कर रहा है। उसका प्रतिनिधिमंडल काबुल भी पहुँच चुका है। इसी प्रकार पाँच साल तक तालिबान सरकार पाकिस्तान की कठपुतली सरकार बनी रही। उत्तर में दोस्तम की सरकार उज़बेकिस्तान का विस्तार बन गई थी। इसी तरह प्रो. रब्बानी के संबंध ताज़िकिस्तान की सरकार के साथ अत्यन्त घनिष्ट हो गए थे। हज़ारा फौजों पर ईरान का सीधा वरदहस्त तो था ही। इस तरह आपात्काल में मर्यादा न रही, न सही, लेकिन अब जबकि अफगानिस्तान को राष्ट्र-राज्य के रूप में पुनर्जन्म लेना है, इस मामले में अत्यधिक सावधानी की जरूरत होगी। दूसरे शब्दों में काबुल में वही अन्तरिम सरकार चल पाएगी, जो एक तो सभी जातियों और क्षेत्रों का समुचित प्रतिनिधित्व करेगी और दूसरा, जो किसी भी बाहरी राष्ट्र के साथ नत्थी नहीं होगी और अपने पड़ौसी राष्ट्रों के साथ सद्भावनापूर्ण संबंध रखेगी।

19.11.2001

दे रहे थे, वे सब भी आज इस सरकार का स्वागत कर रहे हैं, जैसे रूस और अमेरिका तथा भारत और पाकिस्तान ! इतना ही नहीं, सभी देश अफगानिस्तान के पुनर्निर्माण के लिए कतसंकल्प हैं।

6.12.2001

●●●